A WAY OF BEING:

THE FOUNDER OF THE HUMAN POTENTIAL MOVEMENT LOOKS BACK ON A DISTINGUISHED CAREER

论人的成长（第二版）

[美]卡尔·罗杰斯 著　石孟磊 等译

世界图书出版公司
北京·广州·上海·西安

图书在版编目（CIP）数据

论人的成长：第二版 /（美）卡尔·罗杰斯（Carl R. Rogers）著；石孟磊，邹丹，张瑶瑶译. —2版. —北京：世界图书出版有限公司北京分公司，2018.10（2024.10 重印）

书名原文：A Way of Being: The Founder of the Human Potential Movement Looks Back on a Distinguished Career

ISBN 978-7-5192-5147-5

Ⅰ.①论… Ⅱ.①卡… ②石… ③邹… ④张… Ⅲ.①人本主义—研究 Ⅳ.① B087

中国版本图书馆 CIP 数据核字（2018）第 224744 号

书　　名　论人的成长（第二版）
　　　　　LUN REN DE CHENGZHANG

著　　者　[美] 卡尔·罗杰斯（Carl R. Rogers）
译　　者　石孟磊　邹　丹　张瑶瑶
责任编辑　王　洋　于　彬　张瑶瑶
装帧设计　蔡　彬

出版发行　世界图书出版有限公司北京分公司
地　　址　北京市东城区朝内大街 137 号
邮　　编　100010
电　　话　010-64038355（发行）　64037380（客服）　64033507（总编室）
网　　址　http://www.wpcbj.com.cn
邮　　箱　wpcbjst@vip.163.com
销　　售　新华书店
印　　刷　河北鑫彩博图印刷有限公司
开　　本　880mm × 1230mm　1/32
印　　张　10.5
字　　数　275 千字
版　　次　2019 年 1 月第 2 版
印　　次　2024 年 10 月第 7 次印刷
国际书号　ISBN 978-7-5192-5147-5
定　　价　59.80 元

推荐序

在卡尔·罗杰斯的第一份教学工作中，他与一群心理学系的学生打成一片。在他快四十岁的时候，磁带刚刚出现，罗杰斯和他的学生们兴奋地听着心理治疗访谈的录音磁带。罗杰斯会时不时地按下暂停，回放某些访谈片段。他这样做一方面能够指出访谈时咨询师出现的失误，另一方面可以指出访谈中来访者表现出的显著进步。

这是罗杰斯的这本《论人的成长》中的一幕。试想，二十年以后，又会是什么样的场景。

在一次学术研讨会上，大家讨论一位在数十年前自杀的病人艾伦·韦斯特的案例。罗杰斯表达的观点的深度和思想的强度让在场听众为之震惊：仿佛艾伦·韦斯特是他熟知的老友，仿佛她昨天才喝药自杀。罗杰斯不仅为她悲惨荒芜的一生感到悲痛，也对精神病医生通过毫无人情味和带有偏见的精确诊断，将其移情为一个物体（object）而感到愤怒。罗杰斯问，他们怎么可以这样做？如果他们知道，将人看成物的疗法永远无法成功；如果他们能尊重她，将其看成一个真实的个体，体会到她的现实生活，他们就有可能化解来访者这种致命的孤独。

另外一出场景出现在十五年之后。七十岁的卡尔·罗杰斯被邀请在美国心理学大会上发表荣誉演讲。听众们放松地靠在椅子上，等着他来富有涵养地回顾大家盼望已久且备受推崇的七十年。然而，罗杰斯用一系列挑战晃醒了他们。他督促学校心理咨询教师不要仅仅满足于治疗那些被过时的、没有意义的教育系统摧残的学生，而要努力改变这种系统，以及参与设计一个新系统，从而解放孩子的好奇心，增强其学习的乐趣。随后，他还斥责专业主义的局限。他认为，证书和执照弊大于利：赢得了大众信任的江湖骗子太多，而很多有天赋的治疗师却被拒之门外；过去美国心理学会严格的官僚主义已经将这个领域变得刻板，也扼杀了创造性。在这次演讲中，没有人打瞌睡。

从这些场景，还有那些《论人的成长》这本书中提到的场景中，卡尔·罗杰斯对他人成长的贡献显而易见。罗杰斯喜欢用“个人中心”（person-centered）这个术语来概括他的疗法。自从在罗切斯特治疗过失足青年和贫困儿童后，罗杰斯工作中的首要一点就是关心和尊重来访者的经验世界。他在那里工作了十二年。他开始渐渐形成自己关于治疗方法的观点。他认为，咨询师必须依靠来访者勾画出治疗工作的方向——因为来访者知道自己哪里不舒服，什么样的经历需要吐露，什么样的问题是关键性的。在他三十多岁的时候，他的一篇关于治疗儿童问题的文章获得了学术界的广泛关注，并因此被聘为俄亥俄州立大学教授。

他在当地开设了咨询先锋课程。（记得在二十世纪三十年代后期，我们所知的临床心理学是不存在的。）很快，随着他关于治疗的观点日益完善，他写了一本教材《咨询和心理治疗》（*Counseling and Psychotherapy*），但是出版商不愿意将其出版。出版商说，他们更希望看到已有的课程或领域的教材。最终，这本《咨询和心理治疗》和罗洛·梅的《咨询的艺术》（*The Art of Counseling*）注定在临床心理学的诞生中起到了关键作用，决定了人本主义疗法的未来。

卡尔·罗杰斯是个坚强的战士，他参与了许多战斗——与医学和精神病学领域的战斗，因为他们阻止心理学家去“治疗”病人；与还原论者（如斯金纳）观点上的斗争，因为还原论者否定了选择、意愿和目的的中心地位；与精神分析论者程序性的斗争，精神分析论者认为来访者中心疗法太过简单和反智。

如今，半个世纪过后，通过几十年的心理疗法的研究，罗杰斯的疗法似乎非常正确、自我证实、非常确凿。这些研究很难归功于那些激烈的战斗，因为这些战斗甚至不能理解其内容。如今，有经验的治疗师赞同罗杰斯职业生涯早期就领会的观点——治疗的关键是治疗关系。当然，治疗师与病人真诚地联系在一起很有必要——治疗师越真实，越能避免自我防御、职业面具和角色限制，病人就越容易有回报，向着建设性的方向变化。当然，治疗师需要无评判和无条件地接受病人。同时，治疗师需要共情地进入来访者的未来世界。

然而，罗杰斯有一个新奇的想法，强迫自己将工作记录下来。他的主要工具是客观的证据。他还是提倡用实证研究说明心理疗法过程和结果的活跃分子。他的关于治疗师—来访者关系的重要方面的研究——共情、真诚和无条件积极关注——继续被社会科学家看成相关研究的典范。

在罗洛·梅的强力召唤下，罗杰斯用了毕生努力创造和发展了心理治疗的人本疗法。虽然这两位对此种疗法的目标和方法的观点基本一致［而且也都在联合神学院（the Union Theological Seminary）学习过］，但他们取得成功的途径不同：卡尔·罗杰斯是从实证研究中获得成功，罗洛·梅则是从文学、哲学和神话研究中获得成功。

在职业生涯中，罗杰斯因其疗法看似过于简单而受人攻击。而且很多实操者将来访者中心疗法仅理解为咨询师需要重复来访者谈话的最后几个字。然而，那些熟知罗杰斯、看过他的访谈，或者仔细读过他著作的人知道，他的疗法既不简单也不死板。

事实上，罗杰斯总是从下而上，而不是从上而下深入访谈的。也就是说，他首先立足于对自己和其他治疗师治疗工作的直接观察，然后产生初级但是可验证的假设。（这是罗杰斯疗法与精神分析疗法最主要的不同点，因为精神分析是先做出高层次推断，从而建立一个没有办法验证的假设，最后再推导和规范精神分析疗法。）然而，在罗杰斯的职业生涯初期，他确实得到了几个基础的假设，而他后面的工作也都建立在这几个假设基础上。

他相信实相（reality）和人们选择的重要性；他相信，相比于知识的理解（intellectual understanding），经验式学习（experiential learning）更有利于个人的理解和成长变化，是更强有力的方法；他还相信每个个体内在都有自我实现的趋势（an actualizing tendency）——一种内在的朝向成长和完善的倾向。罗杰斯经常提到他深信不疑的一种在所有有机体中都有的成长冲动（formative impulse，一种平衡的熵力量）。因为相信人类自我实现的趋势，他加入了人本主义思想者的队伍。这支队伍有尼采、克尔凯郭尔、阿德勒、戈尔茨坦、马斯洛和霍妮，他们都相信每个个体都存在一种自我理解（self-understanding）和个人变化（personal change）的巨大潜力。因此，尼采说过关于人类的完美性（human perfectibility）的第一句金句就是“成为你自己”；卡伦·霍妮，一个特立独行的心理分析学家，她认为，“就像橡树果实长大了会变成橡树一样，孩子长大后会成为成人”。从这一观点产生的治疗任务并不是一种建构、一种重建、一种操作，或者一种塑造；相反，这是一种促进，移除成长中的障碍以及帮助个体释放一些本来就存在的东西。

罗杰斯相信，“个人中心”取向可以给人们的改变带来如此巨大的力量，以至于没有什么原因可以将其局限于心理学的诸多问题中。因此，他试图在许多非临床领域中应用此疗法。在数十年中，他在教育项目中主张以下观点：教育应该既包括认识学习，也包括情感学习；教师应该关注学生这个整体，应该创造一个接受、真诚和共情的环境；教师和学校的员工应该接受“个人中心”取向的培训，应该付出努力建造学生的自尊，以及激发他们与生俱来的求知欲。

会心小组（encounter groups）常常被视为“正常人团体疗法”。它们徘徊在教育和治疗之间，或者没那么恭敬地说，它们是处于“头脑收缩和思维扩展”（head shrinking and mind expansion）之间。在二十世纪六十年代，罗杰斯就懂得细腻的团体体验包含着令人改变的巨大潜力。他投身于会心小组运动中，而且在团队领导力技术方面做出了巨大贡献。与强制的、控制的领导风格不同，他认为个人中心取向不仅适用于个人咨询，在团队体验中也同样重要。团队领导者既是领导者，也是参与者；他们可以通过自身来创造出最有利的环境。罗杰斯遵循着自己的方法，他与组员的协议也揭示了他那惊人的真诚：在他的个案工作中，他不仅公开了自己的私人问题，也揭示了其他成员的梦想——他认为这些会引导其他人进行建设性的内省。

对小团体有效的方法对大团体依然有效。在罗杰斯七十五岁时，他带领了几百名社区建设成员，他相信个人中心小组是解决人类冲突的强有力的工具：无论这种冲突是民族的还是世界的。为了能在跨文化和种族矛盾问题中有所建树，罗杰斯在他生命的最后十年中四处游走。他在南非组建了黑人和白人的沟通小组；在巴西就个人自由与自我实现话题进行了大规模演讲；促成了十七个中美洲国家的高层行政人员的冲突解决工作坊；在苏联众多的工作坊中演示了“来访者中心”咨询。他参与了非常多国际活动，因此还被诺贝尔和平奖提名。

此书首先介绍了罗杰斯关于沟通的观点，他认为对自己感觉和想法准确而真诚的沟通非常重要。他避免任何畏惧、劝说或操纵。在某种程度上，这样的介绍有点肤浅。虽然很少有人需要更多的介绍，也没人想要更少的介绍。就像读者们将要看到的，罗杰斯用极度的清晰和极大的魅力“为自己代言”。

欧文·亚龙

自 序

很多时候，我会惊讶于自己在生活和工作中的改变。这本书涵盖了我在过去数十年中的大部分变化（大约70%）。这本书还集合了我最近写的各种资料。书中的部分观点已经在期刊上发表过，也有些观点尚未发表。在介绍本书内容之前，我想先回溯一些事件，这些里程碑式的事件标志着我的改变。

1941年，我写了一本关于咨询和心理疗法的书，第二年出版了。我意识到，自己对待个体的方式以及与个体工作的方式不同于其他咨询师，由此酝酿了这本书。这本书完全关注“求助者”和“一个需要救助的个体”之间的差异，并没有其他引申含义。

十年后，也就是1951年，这种观点在“来访者中心疗法”中体现得更加充分，我也更加有把握地将此观点提出。此书中普遍的观点就是，这种疗法的原则可以应用在其他领域中。在其他学者的文章中，或者其他人的经验中，也有关于团体治疗、团体领导力和管理、学生为中心的教育方法的讨论。这个领域的应用非常广泛。

1961年，我写了一本书，自己命名为《心理治疗师眼中的心理疗法》（*A Therapist's View of Psychotherapy*），因为我认为这本书中所有章节都是关于个人工作的，虽然事实上有一些章节是关于这个扩展领域的应用。不幸的是，出版社对此书名不感兴趣，他们修饰了其中一章的章节名，并建议我将其命名为《成为人》（*On Becoming a Person*）。我接受了这个建议。我原以为这本书是写给心理治疗师看的，但是令我惊讶的是，我发现这本书是为大众写的——护士、家庭主妇、商业人士、牧师、官员、老师、年轻人——各种各样的人。这本书有英文版，还有很多其他语言的版本，在全球的销量有千百万册。这样巨大的影响力让我不得不走出自己狭隘的观点——我以为我写的东西只有治疗师感兴趣。读者的强烈回应不仅拓宽了我的生命，也拓宽了我的思维。我相信我所写的内容既然包括了治疗师和来访者之间关系的真相，那么肯定也包含了婚姻、学校、管理中关系的真相，还有文化和国家的关系的真相。

我想现在应该回到这本书和其内容上来。本书的前五章非常个人化———其中包括我在人际关系中的经历、成长的体验、人生观的起源、对自己职业的观点，以及我对于"实相"的看法。从本质上说，这些章节是我为自己写的。它们是否能够打动你、触及你的经历，我无法预测。

在全书的行文中，一直会遇到"他或她"的问题。多亏了我女儿和其他男女平等主义者的朋友们，我对语言上的性别不平等越来越敏感。我认为女性应该得到平等对待，而且我也这么做了。但是直到最近几年我才清楚地认识到，只用男性的代词代表所有人也是一种性别贬低。我更倾向让文章表达它该表达的内容，而不是尽力让语言跟上现在的标准，因为这样会让文字看起来不那么真诚。我写下的话都是我说过的话。

此书的第二部分重点突出了我的专业观点和参加的各种活动。这些应用范围的变化可以用术语的变化来表示；旧术语“来访者中心疗法”已经变为“个人中心取向”。换句话说，我不再局限于讨论心理疗法，我讨论的是一种观点、一种哲学、一种生活方式、一种存在方式，这种方式适用于任何将成长作为目标的情境——比如个人成长、小组成长和团体成长。第二部分中的两篇文章写于去年，其他一些文章是更早的作品，但是这些文章汇集在一起呈现了我现今工作和各种想法的方方面面。我个人最喜欢有六个小故事的那一章——这是我经历的快照，我从中感受很深。

我在第三部分谈到了教育问题，这是一个我能稍感胜任的领域；我给教育机构展现了一些前景，也提供了一些想法来应对未来我们会面临的问题。但是我担心自己的观点并不正统，可能在暂时尚属保守主义的教育环境下不会流行，在不断缩减预算和目光短浅的时代不会流行。我的这些想法是关于学习的遥远未来。

因为对其他领域的科学思考和新发展有所了解，我在文章的最后一部分发表了自己对文化巨大改变的一些看法，也推测了我们的世界会以什么样的方式变化。我还就未来什么样的人能够生活在变化的世界给出了自己的看法。

文中的一些章节曾以不同的方式被发表过。第四章“变老还是变成熟”、第九章“建立个人中心的团体：对未来的启示”，以及第十五章“明天的世界和明天的人”是首次公开发表。

此书的主题——存在方式，即任何国家、任何职业的人都能非常热衷的、使生命得以扩展的方式——在每章中都有所体现。只有你能判断此书是否对你有用。欢迎你加入成长的旅途！

卡尔·罗杰斯

目录 CONTENTS

第一部分　个人体验和观点

第二部分　关于个人中心取向

第三部分　教育过程及其未来

第四部分　展望未来：一个自我中心的剧本

第一部分

个人体验和观点

第一章

关于沟通的经验

1964年秋天，我受邀去位于帕萨迪纳的加州理工学院演讲。该学院是国际科学界顶尖学府之一。其大多数演讲者来自物理科学领域。因为演讲者组成了高学术造诣的顶尖团队，所以吸引了大量听众。演讲者无论研究的是天文、微生物还是理论物理，都希望能够在此演讲。我被请来演讲的主题是沟通。

当我开始为演讲搜集资料、整理笔记的时候，我对自己所做的一切越来越不满意。关于演讲的想法从我的脑袋中慢慢退去，最后全部消失。

最终，演讲只是演示了我为解决沟通问题所做的努力，而不是真正谈论沟通这个主题。

我了解一些关于沟通的知识，而且可以收集到更多资料来扩充。最初答应做这个演讲时，我原打算收集一些资料，组织成演讲稿。后来，我反复思量，觉得这个想法不太好。如今，在行为科学领域中，知识并不是最重要的。社会上出现了明显的浪潮，寻求与人性相关的人生体验，寻求内心的真切要求。在这种知识层面上，我们不能仅仅探讨认知和智力的知识，这些几乎都可以以口头形式交流，我们需要的是体验式的、与个体相关的本能反应，情感、思想和意见。因此，我决定在情感层面跟大家沟通，而不是讲关于沟通的知识。其实这并不是一件容易的事情。一般情况下，在小团体中，大家互相真诚地接受彼此的时候比较适合这种形式。在大型场合进行这样的尝试，我也非常担心。确实，当我知道在场观众的确切人数时，我曾想过放弃这个念头。而当妻子给了我莫大的鼓励后，我又重拾信心，决定做一次尝试。

当我得知在这里演讲通常只是演示时，这更加让我下定决心。虽然大家通常认为，我做的不是一场演示，但是在某种程度上，我希望这被看作一场演示，而且是大家能够接受的情感和体验层面的演示。

其实，我要做的事情很简单。我只想分享一些自己在沟通方面学习到的事情。我学到的这些东西都根植于自己的个人经历。我并不是想让你们学习我或者做同样的事情，我只是认为，如果我将自己的个人经历坦诚相告，你们可以与自己的个人经历做比较，从而判断其真伪。我在与他人的交流中使用的双向交流法，让我感觉开心、温暖和满足。也有时候，在某些程度上，也可能是事后，我觉得不太舒服、不太高兴，对自己不太满意。某些时候，我与他人的交流让我觉得自己得到了扩展、提升和丰富，加快了个人成长的步伐。很多时候，我同时能感觉到其他人也有同样的反应，他的自我也被提升，其自我发展和自我功能被提升了一个层次。当然，也有时候，我们双方都会觉得个人发展停止了，甚至是退步了。我很肯定，我是确切地希望沟通的双方都能够成长，而尽力避免双方停滞不前的沟通。

我想首先与大家分享的是能够真正地倾听某人。我想，这可能是自己的固有特质之一。我记得，还在小学的时候，当同学问老师一个问题，老师总是会给出一个完美的答案，可惜，不是这个问题的答案。痛苦和愁闷一直折磨着我。我很想说的是："你根本没听清他的问题！"当时我就感觉到，由于沟通不畅导致孩子绝望，这种现象还是很常见的。

真正的倾听给我带来快乐，我想我知道其中的原因。真正的倾听，可以让我与被倾听者紧密联系在一起，从而丰富自己的生活体验。我对个体、对人格以及对人际关系的了解，全部都是通过倾听获得的。在真正的倾听中，你还可以得到一种特殊的满足，就好像听到天籁一般，因为你除了能获得关于个人的显而易见的信息，还能获得超越个人的、普适的信息。人际沟通中暗藏着适合于任何人的系统的心理规律、心理面向。所以，倾听不仅让你懂得别人，也让你感觉自己触及了世间的真理。

当然，当我说我钟情于倾听时，我指的是深度倾听。我听到的是思想、想法和情感基调，我能听到话语中带着个人特色的意义，甚至这些意义是说话者自己没有意识到的。很多时候，话语的表面意义并不重要，我可以听到那些隐藏的、来自个人深处的内心诉求。

我学会问自己，我能够听到一个人的内部世界吗？我能了解吗？我能跟对方达到深层共鸣吗？我能够感知到对方虽然有些担心，但还与我沟通的意义吗？他也能知道这些吗？

在一次访谈中，我遇见一个青少年。起初，他与其他青少年一样，没有任何目的。当我问他来访的目的时，他更加坚持认为自己没有任何目的。我问："你没有什么想做的？"他回答："没有……呃……我想继续活下去。"我现在还记得那一刻的感受。我对那个阶段有非常强烈的共情。他极有可能像其他人一样，很简单地告诉我，不知从何时开始，是否继续生活对他来说是个很重要的问题。因此，我尝试从各个层面与他达到共鸣。我不确定他究竟想告诉我什么。我仅仅想知道那句话可能暗藏的意思，可能暗示他有段时间曾考虑自杀。我愿意并且能够从各个层面倾听他，这可能会让他在访谈之前愿意告诉我，他在不久前差点把自己弄死。我想用以上这个小片段来举例说明，当对方尝试沟通时，什么才是你在各个层面的真正的倾听。

我再举一些简短的例子。不久前，一位友人在长途电话里向我咨询一些事情。对话结束，我挂了电话。电话中，他说话的语调真的让我为之一震。我对自己说，我们讨论的客观事情的背后有一种苦恼、挫败，甚至是一种绝望，而这些情绪对现在的事情没有任何帮助。我能明显感受到这些，所以我写了封信给这位友人："可能我要说的话是完全错误的，如果真是如此，你可以直接将我的信丢到垃圾箱里。当我挂掉你的电话的那刻，我觉得你的声音听起来痛苦和无奈，可能还很绝望。"紧接着，我尝试告诉他我自己对他以及他处境的一些感受，我希望这种方式对他有所帮助。我忐忑不安地寄出了这封信，怀疑自己是不是犯了一个低级错误。很快我就收到一封回信。我的这位友人非常感激我的倾听。我非常准确地听到了他的语调背后的意思。我也非常高兴我能够倾听到他，这样才能开始真正的沟通。很多时候，比如在这个例子中，话语表达的是一种意思，而说话的语调可能传达出另一种截然不同的意思。

我发现，不仅在治疗访谈中，对我来说，在档期很密集的团体体验中，倾听也可以带来一系列影响。当我真的倾听了某人，明白了此刻对他的重要意义（当然倾听的不仅是语言，而是倾听到他本人），而且当我让他明白我了解了他句子背后的意义时，接下来会发生很多事情。首先出现的是一个充满感激的眼神。接下来，他整个人都放松了。他希望告诉我更多有关他的事情。他整个人在一幅自由的画面中翻滚向前。而且，他更愿意接受变化的过程。

我还常常会注意到，我对一个人倾听得越深入，那么对其带来的影响会越大。基本上，每当个体意识到我的深层倾听时，他的眼眶都会湿润。在某种程度上，我觉得这是开心的眼泪，就好像他在说："谢天谢地，真的有人懂我了，有人体会到我的感受了。"每当此刻，我就会想象有个犯人被关在地牢里，每天发出莫尔斯电码："有人能听懂我吗？有人在吗？"终于，他听到一套微弱的电码说："是的。"只是一个简单的回复就能让他逃离孤单的牢笼，使他又成为真正的人。如今，很多人都生活在自己的牢笼中，没有任何迹象表明牢笼外世界的存在，你必须非常敏锐地捕捉到来自牢笼中的微弱讯号。

如果这听起来有点儿伤感，有些夸张，那么我想分享一段经历。我最近以负责人的身份参与一个15人的互助小组。在最初几周，组员需要写下那些自己不情愿在小组中分享的感情或情绪。此过程匿名进行。一位男士写道："我人缘不太好，我有坚不可摧的外在屏障。外面的世界没有办法闯入其中来伤害我，当然我的内心也无法出去。我压抑了太多情绪，几乎都快情绪枯竭了。在这种情况下，我并不开心。但是我不知道该做什么。如果知道别人对我是什么态度，以及为什么对我这样，可能会有帮助。"这段话明显就是来自牢笼的讯息。也就是那个周末，小组的一位成员承认自己就是匿名话语的主人。他写出了更多关于自己孤立的感受和完全冷漠的细节。他觉得生活太残酷，不仅在工作上，在社会生活上也是如此。最悲哀的是他的家庭。渐渐地，他在这个互助小组中的表达力增强了，对伤害的恐惧也减少了，而且更愿意与别人分享自己，这对我们所有参与者来说，是一个非常有价值的体验。

几周后，当我收到那位成员的一封信，询问我其他问题的时候，我觉得有趣又高兴。他在信中写道："当我从互助小组回来时，我发现自己多多少少像一个被诱奸了的小姑娘，心情很紧张。而这恰恰就是这个姑娘一直等待的和想要的！我现在还不太肯定谁应该对这个'诱惑'负责——你，整个小组，还是你们所有人。我还怀疑是那封匿名信。总之，非常感谢你带来的那次有意义且非常有趣的体验。”我觉得他这样说并不过分，因为小组里面好几个人都能真诚地倾听他，他便从牢笼中被释放出来，在某种程度上走了出来，走进了美好人际关系的温暖世界。

下面是我想与大家分享的第二点：我喜欢被别人倾听。我曾经有段时间认为生活中处处都是无法解决的问题，自己一直盘旋于痛苦的循环中，觉得自己没有价值、处于绝望中。但是比较幸运的是，这些时候我都找到了一些可以倾听我的人，他们从我混乱不堪的感情中拯救了我。相比于我对他们的了解，他们能够了解我的内心更深层处。他们仅仅是倾听，而不会对我做出任何评价、判断、表扬，或者评估。他们仅仅是用耳朵听，对我与之沟通的各个阶段进行必要的澄清和反应。我可以证明，当你心理处于压力状态时，有人真正倾听了你，并没有附带任何评价，没有尝试分散你的责任，也没有想改造你，这种感觉真的极好！每当这个时候，我都觉得自己的压力纾解了，体验到的恐惧、内疚、绝望、迷惑等情绪都得以抒发。当我倾听别人或被别人倾听时，我就能够用全新的角度看待自己的生活，并继续下去。你会惊奇地发现，很多不可能解决的事情得到了解决，很多看起来不能解释的困惑变得非常清晰。我由衷地感谢那些带有体贴、同情和关怀的倾听。

当我不能倾听他人、不能理解他人的时候，如果仅仅是由于缺乏理解、没有集中注意力或者话语本身理解的困难，我会对自己有一丝不满意。但是真正让我讨厌自己的，不是因为我非常确定他将要说什么而不去倾听，而是当后来我意识到我听到的只是我确定他会说的话，我根本没有真正地倾听。更糟糕的是，当我扭曲他的信息，使之成为我希望他说的话时，我就只听到这些。这是一件非常微妙的事情，而我能将它做得天衣无缝。只要把他的话稍微改动一点，把他的意思稍微歪曲一点，他就不仅看上去说了我希望他说的话，而且成为我想他成为的人。只有当我意识到他的抵制，或者我自己慢慢意识到我在巧妙地操纵他时，我才开始厌恶自己。我也知道，在双向沟通的那头，当你获知别人倾听到的是你根本没有说过的话时，会有多么沮丧。

我想跟大家分享的最后一点是：当我努力将最深层的自己、内心最私密的地方、内心世界吐露给别人的时候，他却根本没有理解，我有多么绝望、多么自闭。当我冒险将自己非常私密的东西与他人分享的时候，他并没有接收到这个信息，也没有理解，我就觉得非常受打击，而且非常孤独。我后来慢慢明白，这样的经验会促使一些个体患上精神病。这让他们希望自己被他人理解的愿望破灭了。一旦他们不抱有希望，他们的内心世界就会越来越混乱。而他们也就只能活在自己的内心世界里，就再也不能活在与别人分享的体验中了。我非常同情他们，因为我知道当我试着分享自己的珍贵的、敏感的内心世界，而获得的只是评价、安慰，甚至是对我意思的扭曲时，我最大的反应就是："这有什么用！"此时此刻，你就会深切体会到，什么才是孤独。

所以，到目前为止，在人际关系中，具有创意、活跃、敏感、精确、同情、不带评判色彩的倾听对我来说非常重要；提供这样的倾听也非常重要；特别是在我生命的某些时候，有这样的倾听确实帮助很大。当我倾听别人的时候，我感觉到自己的内在成长了；当我被人倾听的时候，我又非常确信自己成长了、放松了，也更加强壮了。

再来谈谈我在其他领域的心得。

当我觉得真实，当我能够靠近正发生在我身上的事情的时候，我会产生一种满足感。通过各种办法确切地知道自己在当下的体验，并不是一件容易的事儿。但是我发现通过多年的努力，我在这方面的能力有所提升，这在某种程度上鼓舞了我。我相信，这是一个终身的任务，没有人能够完全接近所有发生在自己身上的体验。

有些时候，我会用"一致"（congruence）这个词代替"真诚"（realness）这个词。我这样做，是说我对当下的体验刚好就在现在的意识中，而在我意识中的又恰恰是我沟通中的，这三个层次中的任何两层都是匹配和一致的。此时，我会觉得自己是个整体，我就是完整的一体。当然，在大多数情况下，跟其他人一样，我会表现出某些程度的不一致。我发现，真实、真诚，或者一致——无论你给的名词是什么——是达成最佳沟通的基础。

靠近正在发生的事情，指的是什么呢？我想描述作为一名治疗师会遇到的问题，来回答这个问题。很多时候，治疗师突然“冒出来”的感觉似乎对治疗没有什么帮助。但是，我学会了接受和相信这种感觉，还尝试将这种感觉传递给我的来访者。比如，一位来访者正在对我讲话，我突然看到一幅画面，这个来访者就像个小男孩，合起双手，恳求着说：“请给我这个，请给我这个吧！”我意识到，如果我想真诚地存在于这段关系中，表达我的感受，那么就非常有可能激起他深层的共鸣，使我们的关系更进一步。

还有一个例子。跟其他作者一样，当我开始写作时，我不太能跟自己贴得太亲近，很容易因为写一些容易获得赞同、受同事欢迎，或者比较流行的主张而分心。我怎样才能听从于我自己正在想说、想写的呢？其实，这是一件困难的事情。很多时候，我甚至很有技巧地让自己听从内心的想法。我会告诉自己，我写书不是为了出版，只是为了自己得到满足。我会在一些旧的废纸上写东西，这样就不会责怪自己浪费纸。我粗略地写下自己脑袋中的想法和感觉，很杂乱地写，不连贯也没有成任何组织。这样，我就能更接近真实的自己，接近自己的感受和想法。在这个基础上写下来的东西，我从来没有感到愧疚，而且经常拿出来与其他人深入讨论。当我感觉与自己很亲密、与自己深藏在表面下的情感和感觉很亲密时，我会非常高兴。

当我能够与他人互相传达真实性时，我会有一种满足感。这一点非常难，一部分原因是我的体验每时每刻都在变化。体验和沟通之间通常会相隔一段时间，有时候隔了一小会儿，有时是片刻，也有时是几天、几周，甚至几个月。我有了某些体会，有了某些感受，而只有到后来，当感受好到可以冒险跟他人分享时，我才敢于沟通。如果我可以在当下用内在真实的自己去交流，我能够感到真诚、自然和生气蓬勃。

如果我遇到了他人的真诚，我会觉得非常美好。在过去的几年中，会心小组是我人生的重要体验。在那里，经常有人会说一些话，清晰而完整。当一个人没有躲在外表后，而是在诉说内心深处时，你很容易觉察到。而此时，我会飞奔过去。我希望遇到这样真诚的人。有时候，他们表达出来的感情是正向的，有时候确实又是负向的。我突然想起一位身居要职的男士，他是一位科学家，在一所大型电子公司担任研究总监。在某个会心小组中，他有一天突然鼓起勇气说出自己的孤独。他告诉我们，在他的生命中从来没有过一个朋友——他认识很多人，但是没有人可以算作他的朋友。“事实上，”他说，“在这个世界上，能跟我存在相当的沟通关系的只有两个人，那就是我的两个孩子。”他说完话，落下了悲伤的泪水。我相信这些泪水他已经强忍了很多年。他将孤独感表达出来的这种诚实和真诚，让每个组员都能在某种心理学意义上跟他建立联结。更重要的是，他想要变得更加真实的勇气，使得在场的所有人在沟通中更加真诚，让大家从日常的面具下走了出来。

当我意识到，我可能太过恐惧、太过害怕而没有让我更贴近自己的体验，从而没有那么真诚和一致的时候，我会感到失望。当然，这种意识往往会比较滞后。随后，有个难以启齿的事件很快进入我的脑海。多年前，我受邀到斯坦福行为科学发展研究中心做一名研究员。这里的研究员是一群极其聪明和博学的学者。我猜想，他们肯定有一大套展示自己知识和成就的特殊本领。每个研究员要留给别人深刻的印象，表现得更加自信，这一点似乎看起来很重要。我发现自己也在做同样的事情——扮演一个更加自信、更加有竞争力的人。当我意识到我的状态时，我对自己的厌恶无法形容。我不是我自己！我只是在扮演一个角色！

当我长时间压抑自己的情感，然后以扭曲的、带有攻击性的或者伤人的方式爆发后，我会感到很后悔。我有个非常喜欢的朋友，但是他有一种行为的固定模式彻底惹恼了我。因为我的常态是表现得友善、礼貌和开心，所以我将此恼怒压抑了很长时间，最后彻底爆发。这不仅充分表达了我的恼怒，也攻击了他。他非常受伤，事后，我们花了不少时间修复我们的关系。

当我有勇气允许他人表现真实的自己，或者与我不同时，我由衷地感到高兴。我认为这常常是一种具有威胁的可能性。在某些方面，我发现这是检测团队领导力和亲子关系的终极测验。我会允许我的成员或者子女成为一个独立的人，与我有不同的想法、目的和价值观吗？我想起去年有一名成员，他很有想法、很聪明，但价值观明显与我不同，做事方式也与我大相径庭。让他成为他自己，让他发展成与我完全不同的人，让我觉得自己只成功了一部分，这种时候确实让人很纠结。然而，这种程度的成功，让我对自己很满意，因为我认为这种允许他人与你完全不同的行为成就了他人的自由发展。

当我发现自己微妙地以自己的影像控制或者塑造他人的时候，我会感到生气。这曾是我职业经历中非常痛苦的一部分。我讨厌拥有“追随者”——这种学生小心翼翼地将自己塑造成他们认为我希望他们成为的样子。我对他们采取了某些措施，但是我无法避免在某些情况下，我以不知道的方式不知不觉地控制了这些人，使之成为我的翻版，而不能成为他们有权成为的、独立的专家。

当我允许自己表达真实的自己，让他人明白或者允许他人真实表达时，我感到很满意。我相信这一观点在前文中已经表达得非常清楚。当我不能允许自己真实表达或者阻止其他人真实表达时，我会沮丧。当我能够让自己“一致”和“真诚”时，我常常能够帮助到他人。而其他人一目了然的真诚和一致，也经常能够帮助我。当一个人内心深层的真诚遇到另外一个人的真诚时，在这样非常珍贵的时刻，马丁·布伯所称的“你—我的关系”（I-thou relationship）就产生了。这种深层的双向的相遇不经常发生，但是我确信，这种情况如果从没发生，我们就没有成为一个真正的人。

我想谈谈从人际关系中学到的其他东西，那些曾经来得很慢也令我痛苦过的东西。

当触及真相，或者允许自己感受到有人关心我、羡慕我或者鼓励我时，我就能够让自己感到温暖和满足。因为在过去，我认为这做起来非常困难。很长一段时间，我几乎漠视一切来自自己的正面情绪。我之前的反应是：“谁？我？你不可能关心我。你可能只是喜欢我做的事情，或者我取得的成就，而不是我本人。”在这一方面，我的疗法对我自己起到了很大帮助作用。到现在为止，我都不是总能接受别人给予的温暖和爱。但是当我发现我能做到的时候，我感觉释放了。我知道有些人称赞我是为了获得某些东西。有些人赞扬我是因为他们不想表现得有敌意。但是我现在已经意识到，有人是真正发自内心地感激我、喜欢我、爱我，我也想感受到并接受这些。由于我能够接受并吸收这些可爱的情感，我想，我没以前那么冷漠了。

当我真心赞扬或者关心其他人，以及我感受到这种情感已经传递到那个人身上的时候，我会有一种富足感。和很多人一样，我曾经担心流露出自己的情感。“如果我关心他，他就能控制我。”“如果我爱她，我就要试着控制她。”我承认自己花了很长时间才慢慢降低这种担心。和来访者一样，我也慢慢地才知道，接受或者给予温柔、正向的情感都不会有危险。

为了进一步说明我的观点，我想再举一个最近会心小组的例子。一位女士自称是一个“大嗓门、易怒、亢奋的人”，她的婚姻已经触礁，觉得生命已经不值得继续下去了。她说：“我害怕人们的取笑和践踏，这种担心压得我喘不过气来。毫无疑问，这也将我自己和家庭拖向了地狱。我抱着最后一丝希望来工作小组寻求帮助——这真是一片绝望汪洋中的一只信任的小船。”她在小组中讲述了自己的经历，说道：“对我来说，真正的转折点只是你的一个简单的动作，你用手臂搂着我的肩膀。一天下午，我想挑衅说你根本不是我们组的一员，因为根本没人会抱着你哭泣。在前一天的日记中，我是这样写的——‘天呀，这世界上根本没人爱我’。第二天，你好像真的发觉我的孤寂，我快要被压垮了……我将你的这个举动看成对我表示接受——接受那个愚蠢的我、易怒的我。我从没有过这样的感受。我感觉自己被需要，是可爱的、有能力的、兴奋的、激动的，等等。诸如此类的感觉其实仅仅是被爱的感觉。你可以想象如洪水般的感激、谦逊，还有彻底的放松环绕着我。我怀着满心喜悦，写下‘我真的感受到爱了’。我怕自己会很快忘记这种感觉。”

当然，这位女士说的那个人是我，然而，在某些程度上，她说的也是我想说的话。我也有相同的感受。

另外一个例子是关于爱的体验和给予。我想起了我参与的一个小组中的一位行政人员，他是一名具有高度责任感和高超技术的工程师。在小组第一次会面的时候，他就给我留下了深刻的印象，而且我认为他还有点冷漠、孤僻，多少还有些悲痛、愤恨和悲观。当他提到他如何办公时，就好像是通过一本书来管理大家——没有一丝温暖和情感。在之前的一次交流中，他提到了他的妻子。一位小组成员问他：“你爱你的妻子吗？”他沉默了很长时间，随后那位提问的人说道：“好吧，我知道你的答案了。”这位行政人员连忙说：“等等，我没有立刻回答是因为我在思考‘我有爱过人吗’，我不认为我爱过任何人。”

几天以后，当其他小组成员分享了自己的孤独和寂寞，感觉自己好像躲在面具后面生活时，他聚精会神地听着。第二天，这位工程师说：“昨晚我仔细想了一下那位成员的话。我甚至还流下了眼泪。我不记得上次流眼泪是什么时候，这次我是真的有感而发。我想，我感受到的可能是爱。”

在我的意料之中，一周还没结束，这位工程师就思考用不同的方法来对待他的儿子，之前他对儿子的要求非常严格。他还开始由衷地感谢妻子对他的爱——他现在感觉到自己可以给予某些回报的爱。

我之前对给予和接受爱的恐惧变得越来越少，所以我喜爱别人的能力增强了。我后来发现，这种能力其实很有限；更常见的情况是，我们爱别人是为了控制他们，而不是因为我们喜欢他们。我所知道的最美妙的感觉——也是对别人来说最能促进成长的——来自我对别人的喜爱，就如同我喜爱日落一样。人们和日落一样美妙，只要你让他们成为那样。事实上，我们喜爱日落有可能只是因为我们不能控制它。当我欣赏日落的时候，我不会说："右下角的橘黄色再柔和一点，在云彩中再加点粉色。"我没有这么做，我没有尝试控制日落。我充满敬畏地看着日落。当我能像欣赏日落那样欣赏我的同事、我的儿子、我的女儿、我的孙子们，我的自我感觉最好。我相信这是某种优秀的特质，也是最令我满意的特质。

我想简要提到自己学到的另外一些事情。我不为它感到骄傲，不过看起来它是一个事实。当我没有受到重视和表扬的时候，我不仅感觉到被贬低了，而且我的情绪也影响了我的行为。而当我被人重视时，我就变得有魅力和开放，我就是个有趣的人。在一个充满敌意和不被赏识的小组中，我就什么都不行。人们非常有理由怀疑，他是如何获得这么大声誉的。我希望自己有能力在各种小组中都表现得一致，但是实际上，在充满温暖和趣味的小组中的那个我，跟在充满敌意和冷漠的小组中的我，完全不是一个人。

因此，重视和喜爱某人或者被某人重视和喜爱是一种能促进成长的经历。一个人被充满欣赏地喜爱，而不是占有式的喜爱，就会绽放和发展那个独一无二的自我。而给予非占有式爱的那个人，也会更加充实。至少，以上是我的体会。

我可以给出一些研究来证明上面我提到的一些特质——带有同理心的倾听、一致或者真诚、接受和重视他人——出现在人际关系中，会带来更好的沟通和有建设性的个性改变。但是我也感觉到，出示研究证据在我这篇文章中好像不合时宜。

我想用从密集的小组体验中得出的两段话来收尾。那是一个为期一周的工作坊，我引用的这两段话是工作坊结束数周后，两位小组成员写的。我当时让每个人写下当下的感受，并在所有小组成员面前读出来。

第一段话是一位男士讲关于他在工作坊之后的一些非常糟糕的经历，这些经历包括其与继父的相处。

继父不关心我个人，却只关心我所做的事。我被彻底动摇了。我就像从一个极端走到了另外一个极端。我又开始怀疑我的目标，还有我的能力。好几次，我都倾听小组成员的讲话，去倾听你们所说的和所做的，这让我感觉到，我也并不是一无是处的——我不用具体地证明我是有用的，这样可以保持情绪天平的平衡，带我走出抑郁。我得出个结论：与你们在一起的这段经历极大地影响了我，我由衷地表示感激。这与个体治疗不同。你们中不需要有任何人对我表示关心，不需要帮助我，不需要让我知道什么可以帮助我自己，也不需要让我知道我是可以帮助大家的——但是你们都做到了。因此，这是我目前经历过的最有意义的事情。当我觉得需要退缩、打破自然的生活，无论什么原因，我都记得那十二个人说过，放手、言行一致、做回自己，而且他们会因为许多荒诞的事情而更加喜欢我。这让我很多次有勇气从混乱中走出来。我的每一个举动好像也帮助了其他人去体会相似的自由。

我也更能够让其他人走进我的生活——允许他们关心我，我也能接受他们的温暖。我记得，我在会心小组中产生这种变化的那个时刻，就好像我扫除了长久以来的障碍——以至于我深切感受到了对于你们的一种开放的新体验。我不用害怕，不用挣脱或者恐惧地从这种感觉带来的自由中逃脱——我只需要待在那儿，让你们与我同在。

第二段话来自一个女士的报告。她与丈夫一起参加这个人际关系工作坊，虽然他们在不同的小组中。她非常详尽地述说了她在小组中的感受和付诸行动后的结果。

对我来说，采取果断行动是非常难的事情。我将自己受伤和孤独的感情隐藏起来，甚至对自己最亲密的朋友。只有当我压抑住自己的情感，开玩笑式或者随意地说话时，才能说出我的痛苦。但是这样并不能帮助我走出痛苦。你们把我支持疼痛的后墙给推翻了，与你们在一起很好，就算受伤着——只要不退缩。

另外，被人误解或者批评是一件非常痛苦的事情，以至于我选择不去分享大多数我生命中真正有意义的事情，无论好的还是坏的。直到现在，我才敢于冒着受伤之险。在小组中，我直面这些恐惧，而且获得了无比的解脱，从而发现，你们的批评和误解给我带来的不是深深的伤害（非常庆幸，没有敌意），而是一些好奇、后悔、气恼，或许还有些伤心。但是我非常感激大家帮助我看清那部分自己——之前我不希望看见或者面对的那部分。我很确定你们对人的关心和尊敬，我全然接受了，而且发现这很有帮助，甚至当我可能激怒和疏远你们的时候，你们依然如此。

很多次，我觉得自己有些害怕这个小组，虽然不是害怕你们中的任何一人。我时不时需要跟一个人讨论，但是在一个星期的课程中，你们大多数人有时真的能帮到我。这段经历让我更加信任他人，让我对别人更加开放了。

最好的结果是我现在可以完全放松。直到我不在压力之下，我才意识到我一直处于长期的压力下。当我的情感和疲劳让我没有办法成为好的倾听者时，我比以前更加敏感。因为我发现自己内心的受伤和焦虑，甚至是压抑，让我不容易成为别人真正的聆听者。从那个时候开始，我比任何时候都能更好地倾听、更有益地反馈。我已经能够更好地察觉到自己的感受和体会——对自我的一种开放。这是之前从未有过的。

对我来说，“一致”更像理想化的状态而非现实。平心而论，我发现“一致”体验起来有些不安，表达起来有些恐惧。这是第一个真正安全的地方，我可以发现我自己曾经是什么样的人，去体验和表达自我。现在，我发现自我缺乏一致是多么痛苦。我能够开放地对待我的体验，并且在我们之间保持这种开放，让我得到放松和快乐。这是一种全新的体验，令人振奋。你让我们能够如此开放地面对彼此，对此我深表感激。

我相信，在这些经历中，你会看见一些促进人际沟通成长的要素，这些要素对我来说意义重大。细心倾听的能力，有人倾听所带来的深度喜悦，做更真实的自己的能力（这也会吸引其他人的真诚），最后，还有更加自由地给予和接受爱——这些，在我的经历中，是促成人际关系扩大和增强的重要因素。

第二章

人际关系及其成长的哲学

这是一篇带有很强个人传记色彩的文章。我希望能够提供一些线索，来展现我的信念系统是如何发展和改变的。直到现在，它几乎与我年轻时候所接受的教育和信念，是完全相反的。我尽最大的努力指出那些使我观点不断改变的因素，其中有外部因素，也有一些内部因素，还有一些因素来自“关系”。这篇文章最早出现在1972年8月人本主义心理学会在夏威夷檀香山举办的大会上，而且它好像真正打动了在场听众。我希望这对你们也同样有意义。

在这里，我想探讨自己对他人的态度以及方法的变化和发展。虽然我的专业方法在这几年中改变很多，但是这里不仅会涉及我的专业方法，也会涉及我个人的方法。

让我先讲讲我的童年。我出生在一个严格的宗教激进主义家庭中，我将父母的价值观投射在其他人身上。我不能肯定自己是不是真的相信这些。我只知道我按照这样的价值观行动。我相信，对待我们大家庭成员以外的人的态度可以概括成这样的话："其他人的行为怪异，这在我们家是不允许的。许多人玩扑克、看电影、抽烟、跳舞、喝酒或者参加其他活动，有些难以启齿。因为我们也不知道更好的方法，所以最好的做法就是忍受他们，不与这些人近距离接触，在自己的家庭中生活。'出淤泥而不染'是一条值得遵守的法则。"

如果我没有记错，整个小学阶段，我行为的特点就是这种无意识的傲慢独立。因此，我当时没有亲密的朋友。那个时候，有成群的与我年纪相仿的男孩女孩在我家后面的街上骑车，但是我从来没去过他们家，他们也从来没有来过我家。

在所有家庭成员中，我最喜欢和弟弟们在一起玩耍，我非常嫉妒隔壁的大哥哥，并且非常崇拜我最大的哥哥，虽然我们的年龄差异太大，无法交流。我知道我的父母爱我，但是我从来没有与他们分享过我的想法和感受，因为我知道，这些想法会被他们评价，发现不足。我的想法、幻想和一些在意的感受，都不与人分享。

总结起来，在我的少年时代，可以说我完全缺乏现在所重视的与他人的亲密关系和沟通。我对待家人以外的人的态度是疏离和冷漠的，这一点是从我父母那里获得的。

我在同一所小学待了七年。从那以后，一直到我毕业工作，我从来没有在同一所学校待过两年以上，毫无疑问，这也对我造成了影响。

中学的时候，我认为我开始有点意识到自己渴望陪伴。但是我的这种渴望的满足，首先被父母的态度阻碍，其次被环境阻碍。我换了三所不同的中学，没有在一所学校待过两年以上。每两所学校之间的距离都很远。所以我从来没有建立社会根源，也从来没有和其他同学参加过课外活动和晚会。我尊重和喜爱一些同学，而且有一些同学或许也尊重、喜欢我——可能大部分是因为我的好成绩——但是我们从来没有足够的时间发展一段友谊，我也没有任何亲密的人际关系。我在高中的唯一一次约会，是参加高年级的聚餐。

因此，在成年的关键几年中，我没有亲密朋友，只有非常浅表的人际接触。当我有非常体贴的老师时，我在那两学期的英文作文中表达过我的情感。在家，我感觉与隔壁的哥哥更加亲密，但是因为五岁的年龄差距，我们无法进行更深入的交流。当时，在任何事情上，包括在人际关系上，我更像一个完全的局外人和旁观者。我认为，我搜集和饲养夜间飞行的飞蛾的强烈的科学兴趣，毫无疑问，是对缺乏亲密分享的补偿。到现在，我意识到，我自己是一个特别的、独来独往的人，在内心给其他人只留下了一丁点儿空间。我缺乏社交能力，与他人只有表面的接触。在这个阶段，我的幻想匪夷所思，差不多可以被诊断为精神分裂症，但幸运的是，我没有见过心理学家。

在我孤独的经历中，大学生活代表了第一次突破。我进入了威斯康星大学（University of Wisconsin）的农学院，随后就加入了在基督教青年会（YMCA）上遇到的一伙人中。虽然开始时大家只是以这单纯的兴趣聚在一起，但是后来发展出各种各样自主的活动。在这里，我第一次发现，拥有朋友很重要。这里关于道德和伦理话题的想法和态度的讨论生动、愉悦和有趣。特别在一对一的基础上，还有人分享私人问题。在这个群体中的两年，对我来说，意味着很多，后来我转到文理学院学习历史，就慢慢与他们失去了联系。

在此期间，我可以说，自己开始了对职业生涯的摸索。我担任了少年俱乐部的负责人，而且很享受这段经历。在我的印象中，我们的活动只局限于我们可以参加的——徒步旅行、野餐、游泳，等等。我不记得我曾经鼓励或者组织过关于男生兴趣爱好的讨论。当我的同辈开始关心沟通的时候，我也明显地被这种沟通的可能性所吸引。但是我怀疑，我是否梦想过这对十二岁的孩子来说，是一件可能发生的事情。

在暑假，我还是贫困少年夏令营的营地辅导员。这个夏令营还有其他九个辅导员，而我带领了一百个男生。我们兼职带领采草莓以及随后的体育活动，这让我想到了一个非常适宜的计划。在这里，我第一次有了对“帮助”关系毫无把握的尝试。当时我们宿舍有些物品和钱财不翼而飞，所有的证据都指向一个男生。我和其他几个辅导员将他带走，想让他承认错误。当时，“洗脑”这个术语还没有出现，但是我们真的擅长此道。我们引诱他，和他争论，劝说他，我们有时很友善，有时很严肃——还有人为他祈祷，但是令我们失望的是，这些尝试都对他无效。当我现在回想起这个令人尴尬的场面时，我推测我当时认为，帮助他就是让他认罪，这样就能为他指一条明路。

另一方面，我变得越来越社会化。我开始和女生约会，虽然当时肯定心存害怕，但那是一个开始。我发现我可以更自由地与稍成熟的女生交流。作为一名大一新生，我还与几个大二的学姐约会。这个时候，我也开始与海伦约会，她后来成为我的妻子。我们之间的深度交流内容包括希望、理想，还有一步步实现的目标。我当时发现，个人的想法和对未来的梦想确实可以在相互的基础上与他人分享。这是一种成长的经历。

大学两年后，我与海伦分隔两地，但这场恋爱持续了两年，在这两年间我们交流很频繁。两年后，我们结婚了。现在回头看来，我意识到，我和她的沟通是我经历过的第一次包含真正关心、亲近和分享的关系。这段关系对我来说意味着全部。在结婚的头两年中，我们学到了非常重要的一课。通过一些巧合，我们认识到，那些关系中看起来不能分享的东西——那些烦人、令人不高兴的秘密——其实是最值得分享的。这一课学起来有些困难、冒险、令人害怕。我们也学了好多次。这是令我们夫妻二人丰富和发展的一段经历。

同时，在纽约联合神学院（Union Theological Seminary）的研究生院中，我和妻子不仅有自己的学术方向，还会共同参加一些课程——她越来越像一名艺术家，直到我需要继续学习，而她需要在家照顾孩子。虽然因为学术课程，我在宗教上转变方向，但是我的两段经历，使我形成了与其他人产生联结的方式。第一段经历是自我组织、自我指导的无领导学生研讨会。在那里，我们分享了我们思考的话题的职责，以及我们开展课程的方式。更重要的是，我们开始分享我们的疑虑和工作中的个人问题。我们逐渐变成了互信小组，讨论一些深度问题，最后能互相体谅，这些改变了我们中大多数人的生活。第二段经历是古德温·沃森博士讲授的一堂名为“与年轻人一起工作”的课程。古德温·沃森博士生前是一位著名的、活跃的国家训练实验室（National Training Laboratories，NTL）培训师，同时，在教育中，他又是一位激进的领导。参加这个课程时，我第一次清晰地意识到，与个体亲密的工作可能会成为一种职业。这种可能性让我走出了宗教工作。这两段经历让我“跨过马路”，到了哥伦比亚大学的师范学院，古德温·沃森成为我的论文指导老师，我也开始从事临床心理学工作。同时，我通过威廉·赫德·基尔帕特里克接触到了约翰·杜威的思想。

到这个时候，我已经在理解与他人的关系上进行了实验性的尝试。我学到的东西对我后来的成长很重要。我已经知道，与他人的深层次的分享是可以实现的，而且可以让人得到充实。我也认识到，在亲密关系中，那些“不能”分享的东西恰恰是最重要的、最值得分享的。我也发现，我们可以相信一个团队会朝着显著的、有意义的个人成长的方向发展。我甚至开始意识到，每个学校的负责人可以只带着大家成长，信任他们监管下的学生。我还发现，我们可以帮助处于困境中的人们，但是如何给予帮助，大家的想法有很大差异。

在我临床心理学研究生的培训中，我学到了两种方法来对待寻求帮助的个体。我在师范学院学到的方法是通过测验、测量、诊断性访谈及治疗的描述性建议等来了解一个人。然而，莉塔·霍林沃思博士的人格让这种冷冰冰的方法变得温暖了一些。她更像是教我们如何做人，而不是如何上课。后来，当我在当时比较有影响力的新建的儿童指导中心（Institute for Child Guidance）实习时，我接触到的环境与之前的大不相同。因为精神分析师掌管着这个中心，我对个体的了解更加深入。我知道，一个人，如果没有七十多页的冗长的案例史，没有祖父母、父母、叔叔、阿姨，以及病人自己的人格动力学分析（出生创伤、断奶的方式、独立程度、与兄弟姐妹的关系等），这个人是无法被了解的。接下来就是大量的测试，包括最新的罗夏（墨迹）测验，最后要对孩子进行很多访谈，才能决定他们需要采取什么样的治疗方式。最终的结果都比较相似：对孩子们进行精神分析，妈妈们被送去社工处同样对待。在有些情况下，会要求心理学家辅导孩子。然而，我在这里进行了第一个治疗案例。这个案例是以辅导开始的，后来发展成为私人访谈。观察到一个人的改变，让我非常激动。但是我无法说清楚，这种改变是因为我的热情，还是因为我的技巧。

当我回头想，我意识到自己对访谈和治疗的兴趣肯定有部分源自我早年的孤独。从这兴趣里，我与其他人的关系更加亲密，能满足我持有的某种渴望。这种治疗访谈也提供了一个与人亲密，但又不用像与熟人那样经过一段又长又痛苦的逐步了解和沟通的机会。

当我完成了在纽约的工作时，因为刚受过培训，我知道如何专业地对待人们。尽管师范学院与工作中心的理念差距很大，但它是在某种程度上让我得知相同的准则："要搜集这个个体的大量数据——过去经历、智商、特殊能力和人格。从这些资料中，我可以形成详细的诊断说明，比如个体当前行为的原因、处理这个问题的个人的和社会的资源，还有对其未来的预测。我会努力地将这些翻译成简单的语言，讲给负责的机构、父母，以及儿童（如果孩子能听懂的话）。我会给予很好的建议，还会通过反复回访来加强这些建议的效果。在上述方法中，我保持彻底的客观、专业，以及与受帮助的人保持人际疏远，除非必须用人际关怀来建立一个满意的关系。”

现在，这个对我来说有点不太可信，不过它确实是真实的事情，因为我还可以回想起那种鄙视：一位精神病医师，不是分析师，他只是简单地表现出喜欢孩子的样子，来治疗这些问题儿童。他甚至将这些孩子带回自己的家里。很明显，他根本不知道“专业性”的重要性。

因此，当我去纽约的罗切斯特加入儿童研究院（the Child Study Department）——主要为少年犯和在社会机构监护下的贫困家庭儿童提供指导的诊所——时，我知道该做什么。我当时非常肯定，我（痛苦地）记得，我告诉父母们社会团体，我们的诊所与汽车修理厂非常相似：你有一个问题，想获得专业的诊断；我们给予建议，告诉你如何改正这个问题。

但是我的看法慢慢改变了。因为一直待在这个社区，我发现，我得接受我自己给出的建议所带来的结果——不是所有建议都有效果。我帮助过的很多孩子都住在隔壁，所以我可以每天看见他们。有时候，我会惊奇地发现，在经过一场“良好”的访谈之后（访谈中我给这个男孩解释了他所有不良行为的原因），他拒绝与我见面。所以我必须赢得他的心，让他回来，好让我知道我错在哪里。我开始学习，纯经验式地学习。

后来，作为新建的独立的罗切斯特指导中心（Rochester Guidance Center）的主任（该中心用于替代原来的儿童研究中心），我接触到了更多自我寻诊的病人。我们没有凌驾于儿童和父母之上的权力，为了能给予病人帮助，我们需要建立关系。

后来发生了一些事件彻底改变了我的治疗方法：我先讲述一个在脑海中极其清晰的事件。一位聪慧的母亲将其行为极其不良的儿子带到诊所来。我听取了她的经历。另一位心理学家给孩子做测试。在讨论会上，我们认为母亲对儿子的拒绝是关键问题。我将和她一起解决这个问题。另外一个心理学家给她儿子进行游戏治疗。在一次次的访谈中，我尝试——因为经验丰富了，我现在会更加轻柔和温和——帮助母亲发现自己对儿子的拒绝，以及这种拒绝对儿子的影响。但是这些都不起一点儿作用。十几次的访谈后，我告诉她，我认为我们都努力了，但是没有任何成效，所以可能要停止治疗了。她同意了。然后，她准备离开时，突然转身问："你们这里也为成人进行咨询吗？"我很迷惑，回答说，有时会做。于是她坐回椅子上，开始将她与丈夫之间的棘手问题一吐而出，她急需一些帮助。我被击垮了。她的这些故事与我刚从她那里听到的经历没有任何相似之处。我根本不知道该做什么，只是在倾听。最终，几次访谈过后，不仅她和丈夫的关系得到了改善，由于她变得更加自由和真诚，她儿子的问题行为也消失了。她是我后来的数年中不时会联系的第一位来访者，一直到她儿子上了大学。

这对我来说是重要的一课。我更像是跟随她的指引，而不是我自己的。我只是倾听，而不是尝试劝说她理解我已经理解的诊断。这更像是人际关系，而不是那么“专业”。然而，结果说明了一切。

差不多在这个时候，我参加了奥托·冉克的为期两天的研讨会，我发现在他的治疗中（不是理论中），他强调的一些事情恰恰是我刚刚学到的。我备受鼓舞和肯定。我雇用了一名社会工作者，她在社工费城学区学过朗氏“关系疗法”（Rankian “relationship therapy”），我从她身上学到了很多。所以我的观念变化得越来越多。我的一本书《问题儿童的临床治疗》（*Clinical Treatment of the Problem Child*）就体现了这种观念的变化。这本书写于1937年至1938年，其中有很长一章的内容是关于关系疗法的，虽然此书的大部分内容是关于诊断——描述疗法的。

我在1940年加入俄亥俄州立大学，当我将自己的临床工作观点呈现给聪明的、爱提问的研究生时，我变得更加充实。在那里，我开始意识到，我说的关于咨询和心理治疗的内容是很新颖的，甚至是原创的，我还写了关于这个主题的书。我想记录下治疗访谈的梦想也实现了，这让我的兴趣集中在访谈中不同反应产生的效果上，也使得我们更加重视技术——被称为非指导性技术（nondirective technique）。

但是我发现，这种对来访者本人及其探索和解决自己问题的能力的信任，已经触及其他领域。如果我信任来访者，为什么不能信任我的学生呢？如果这种方法适用于陷入困境的个体，那为什么不能适用于面对困难的小组？我发现我从事的不是一种新的疗法，而是一种完全不同的生活哲学和关系哲学。

在俄亥俄州，我攻克了几个议题。当我有机会在芝加哥大学开设新的咨询中心时，我可以设置自己的规则，挑选自己的员工。我也准备好形成和执行自己人际关系的新方法。我认为我能再一次用简短的话陈述这种方法：

“我想冒险尝试对小组成员报以信任，努力形成一种氛围，让每个小组成员都对整个小组的行动负责，小组也对每个成员的行为负责。我有小组的领导权，但我打算完全将其交还给这个小组。

“我打算将这种信任应用在学生身上，以及课程小组上，让他们自己选择自己的学习方向以及评估自己的学习进程。”

我在芝加哥学到了很多东西，我有大量机会来验证我前文陈述的假设。我做了大量实证来验证我们的治疗方法假设，虽然我从很早就已经开始验证了。1957年，我发展出了一套严密的治疗理论和治疗关系理论，我提出了“治疗学人格改变的必须和必要条件”。这些都是个人态度，不是职业训练。这只是我大胆的想法，但它提供了可供验证的假设，而且在接下来的十五年中，引出了大量研究。那些条件中的大部分已经被验证。

当时，在学生的催促下，我与马丁·布伯和索伦·克尔凯郭尔熟悉起来。我感觉新方法受到了极大的支持。我还惊奇地发现，这种新方法是家庭成长版的存在哲学。

这还是我的个人生活得以快速成长的阶段。一个非常失败的治疗关系让我陷入了深层的内心危机中，最后让我的同事给予治疗。

有一天，全新的洞察席卷而来，然后又在接下来的绝望的浪潮中完全失去，我现在明白，这是一种什么感觉。不过我慢慢地从其间走出来，最后我领悟到了其他人首先领悟的道理。我明白，我不仅要相信我的来访者、员工和学生，我也要相信自己。慢慢地，我学会相信自己的感觉、想法，还有脑袋里不断出现的目标。这虽然不是一件容易的事，但它是最值得学习和保持的。我发现自己变得更加轻松、更加真诚、更能深入了解，这不仅体现在与来访者的关系上，也体现在我与其他人的关系上。

上述所有我提到的内容都被迅速推广到团体关系中——首先，早在1946年就应用于我在芝加哥开设的工作坊中，后来是最近我投入比较多的团体中。在术语形成之前，这些都是会心小组。

我将快速地回顾自己在威斯康星大学和拉由拉市的那些年。在威斯康星，我再次发现自己在芝加哥就学习到的东西——大体来说，大部分心理学家不接受新观点。我可能也是这样，虽然我挣扎着对抗自卫的倾向。但是学生们总是做出最积极的反应。

在威斯康星的一次实验中，我违反了我辛苦学习到的某点知识，后来引发了灾难性的后果。为了研究适用于精神分裂者的疗法，我聚集了一组大型研究团队，并将权力和责任授予了这个团队。但是我没有进一步为他们建立一种亲密、开放的人际沟通的氛围。这种氛围是团队担当其职责的基础。接下来，当产生严重的危机时，我还犯了致命的错误：我打算收回我给予团队的权力。反抗和混乱是必然的结果。这是我有史以来最惨痛的一课——如何实施公司参与性管理的一课。

我在拉由拉市的经历更加愉快一些。一群意气相投的人最终开设了人类研究中心（Center for Studies of the Person）。这是个非常少见的研究，令人兴奋。我将描述这个研究中人际间的内容，但我无法描述我们中心成员参与的所有活动，因为其活动范围从肯尼亚到罗马到爱尔兰，从新泽西州到科罗拉多州到西雅图，从心理疗法到写作，再到深奥的研究，从组织咨询到带领各种团队，从学习团队促进（group facilitation）到引发教育方法的改革。从心理学角度来讲，我们是一个亲密的共同体，互相支持，也开放性地批评彼此。虽然我们的主管肩负常规的职责，但是大家的权力是平等的。每个人都有责任提供支持。当时，我们只有一笔来自私人基金会的拨款，数目很小。我们不喜欢被约束——虽然这种约束常常是无形的，这种约束常常来自大笔的拨款或政府的拨款。让我们大家聚集在一起的因素纯粹是对人类的尊严与能力的共同兴趣，以及互相之间深层次的、真实的沟通。对我来说，这是一个绝佳的实验：它完全基于人际分享的强度建立了一个功能小组，而且是绝对非组织性的。

我特别容易过于狂热。还有一件事情，我想在这里提及。这个想法首先来自李奥·泰勒，她在私人信件中指出，我的一些想法和行为看来起来像是连接东西方思想的桥梁。这是个令人惊奇的观点，但是我发现，最近我很欣赏一些佛学和禅宗的内容，特别是老子的一些话。老子是约两千五百年前的中国的一名智者。让我引用几行他的话，这些话引起了我的高度共鸣：

致虚极，守静笃，万物并作，吾以观复。夫物芸芸，各归其根。

一句话将我最喜欢的两个思想家结合了起来。马丁·布伯努力解释道家的“无为”思想。无为是整体的行动，但是最有效的是顺其自然的状态，所以经常被称为“nonaction”（无为），听起来有点让人误解。布伯这样解释这个概念：

对生命中的事物施加干预，意味着同时伤害它们和自己……突出自己的人拥有微小且显著的力量，不突出自己的人拥有强大且神秘的力量……

完美的人……不会干涉生命中的个体，他不会将自己强加于其上，但是他会“帮助所有生命获得自由”。通过他的合一（unity），他也带领大家达到合一，他解放了万事万物的本性和命运，也将其中的“道”解放。

我想，我对人们所做的努力，也越来越朝向解放“他们的本性和命运”这个目标。

如果有人寻找一个高效的团体促进者，那么他需要进一步看看老子的思想：

最好的领导，

是人们很少知道他的存在，
人们服从和称赞的领导次之，
人们鄙视的领导更次……
好的领导，说得很少，
当工作做完，目标就实现了，
他们总会说："这事儿我们自己做。"

（宾纳，1962）

但是我最喜欢的句子，总结了我深层的理念，出自老子：

如果我不干预他人，他们会关心自己，
如果我不指挥他人，他们会自己行动，
如果我不教育他人，他们会自己进步，
如果我不强求他人，他们会成为自己。

（弗里德曼，1972）

我承认，上述引句过于简化，但是对我来说，它包含了一些真理，而这些真理是我们西方文化还没有给予重视的。

结　论

我相信，我已经清楚地讲述了这些年来自己信念变化的漫长道路。早些时候，我认为：这个人是个彻底的坏人；从专业上看，这个人最好被看成物品；只有通过专业知识才能给予其帮助；专家可以建议、操作和改变个体，使其产生期望的结果。

相反，让我总结一下我现在的观点，这些观点是我想一直引以为生的。就如我已经说明的，我经常不能从这些学到的信念中汲取经验教训，很多时候是小的方面，有时候也会犯大错。我会将学到的观点一一列出，不是按照我学习的顺序，而是以一种更加自然的顺序来呈现。

我开始珍惜自己经历所展现的方方面面。我珍惜生气、温柔、羞愧、受伤、爱、焦虑、给予和害怕等各种情感——各种突然出现的正面的或者负面的反应。我会珍惜涌现的各种想法——愚蠢的、有创意的、怪异的、明智的、琐碎的。我喜欢各种行为冲动——恰当的、疯狂的、成就取向的、性欲的、凶残的。我希望接受所有情感、想法和冲动作为自我丰富的一部分。我不期望按照这些行事，但是当我全部接受它们，我能变得更加真实；因此，我的行为会在当下的环境下更加合适。

基于我的经验，我已经发现，如果我能够引发一种真诚、珍视以及理解的氛围，就会发生令人兴奋的事情。在这种氛围中的个体和团体，会由刻板变得更加灵活，远离静止的生活而朝向流动的生活，远离依赖而朝向自主，远离防御而朝向自我接受，远离可预测性而朝向出乎意料的创造性。他们是自我实现倾向的活生生的证据。

我已经明白，在任何有意义的或者持续的关系中，持续的感情应该被表达出来。如果它们作为属于我自己的感情被表达出来，那么结果可能会使人有些失望，不过最终会比拒绝感情或者将它们隐藏起来更加有益。

我发现对我来说，人际关系最好以一种节奏存在：开放和表达，然后同化；流动和变化，然后得到暂时的安静；冒险和焦虑，然后得到暂时的安全感。我不会留在一个持续的会心小组中。

对我来说，彻底的开放比防御使我受益更多。但这一点很难实现，即使是部分实现也很难，不过对一段关系来说，这是巨大的充实感。

对我来说，与真实经验的质朴保持亲近是非常有必要的。我不能生活在抽象中。所以，与人们的真实关系、插入土壤中的脏手、对花朵的观察，或者欣赏日落，是我生活的必需品。至少，有一只脚需要站在现实的土壤中。

我喜欢生活的大部分时间朝向外部世界。我珍惜那些内省的时光——探索自己、冥想和思考。不过这必须通过其他事情来平衡——与人交流、创造（无论是种一朵花、写一本书，还是制造一件木器）。

最后，我有一个观点，虽然只是个假设：我在此书中写到的、我参与形成的这个关于人际关系的哲学，可以应用到任何关于人的领域中。我相信它可以用于治疗、婚姻，适用于父母和儿童、老师和学生，适用于地位高的人，也适用于地位低的人，适用于不同种族的人。我甚至很大胆地认为，这在原始力量掌控的条件下也同样有效——比如在政治中，特别是在与其他种族的关系上。我用尽全力挑战当今的美国信念，“强权就是公理”——这一点在我们的对外政策中展露无遗，在我们不明智的战争中表达得更是淋漓尽致。按照我的估计，这是一条自我毁灭的道路。我赞同马丁·布伯，还有古老的东方智者所说的："对生命中的事物施加干预意味着同时伤害它们和自己，突出自己的人拥有微小且显著的力量，不突出自己的人拥有强大且神秘的力量。"

第三章

四十六年以来

天底下没有免费的午餐。这条意义深远的真理就是我写这一章的目的。我曾非常荣幸地获得APA（美国心理学会）颁发的杰出专业贡献奖（Distinguished Professional Contribution Award），还有一笔巨额奖金。但是随之而来的责任是为一场会议发表一篇文章，这个会议于1973年8月在蒙特利尔举行。我还记得自己当时为论文主题感到苦恼。我想起来我写过另外一篇文章，后来因为觉得不合适就放弃了。我选择回顾自己职业生涯的几条路线，回顾四十六年前在纽约儿童指导中心作为一名研究人员（确切地说，应该是“实习生”）时羽翼未丰的经验。这个中心由私人出资、纽约联邦基金慷慨资助，其目的是培训儿童指导诊所的工作人员，后来被迅速普及。（塞缪尔·贝克和我都在那一年学习了罗夏墨迹测验，这个测验当时由精神病医师戴维·列维博士从欧洲引进过来。）这年年末，实习快结束的时候，我在纽约的罗切斯特找了一份工作，年薪两千九百美元。本章后面会提到这个职位。

接下来我会讲到我已经影响到的一些国家。这些年，自从这篇文字写完，我应该增加更多内容，包括最近在波兰的有九十人参与的令人着迷的工作坊，这是我第一次在“铁幕”（Iron Curtain）后面的经验。

这一章的内容非常主观，这是从我的角度来看我的职业生涯。我按照自己的理解来呈现。我相信，旁观者的看法肯定与此大不相同。

从1927年至今，我一直是一名执业心理学家。我做过儿童诊断研究，也给儿童问题的治疗提过建议；我在1928年开发的儿童内心世界详细目录现在还有售。我给父母、学生和其他成人做过咨询；我给陷入危机的个体做过集中的心理治疗——正常的、神经质的、精神病的；我参与和发起了关于心理疗法和人格改变的研究；我形成了一套严谨的治疗理论。我有四十年的教师经验，促使我从认知和实验两个途径学习。我通过大量团体经验来促进人的发展；我尝试过用磁带、演示和胶卷来说清楚个人疗法和团体经历的过程；我尝试过用现在看起来数不过来的文字、磁带和录像带与大家交流我的经验。我曾在心理学家的专业联盟里工作过；我的职业生涯是连续的、多样化的、有争议的，但也是高回报的。

所以，我想过，这样的问题可能比较有趣：我这样的一个心理学家，当他回看这半个世纪以来的工作和学习时，会有何感想？对于这个问题，我会陈述我的观点。考虑到我的职业生涯以及各个阶段的发展和变化，我现在是如何看待那些年的呢？

惊人的影响力

当回顾自己的工作和其被接受程度时，我最大的反应就是惊讶。如果在三十五年前或者四十年前，有人告诉我，这个工作将会带来如此大的影响，我完全不会相信。我和同事做过的工作已经改变了各种各样的公司。我会在下文中提到一些公司。我的工作完全颠覆了咨询领域。它将心理疗法敞开面对公众监督和研究调查，并使高度主观的现象得以进行实证研究。在某种程度上，它还给教育方法带来了改变。它是改变工业（甚至是军队）领导力概念、社工实践概念、护理实践概念以及宗教工作概念的因素之一。它推动了会心小组运动中的一股重要浪潮。至少在某些地方，它还影响了哲学学科。它开始影响人种间和文化间的关系，它甚至还影响了神学和哲学的学生。

据我所知，我的工作改变了一些人的生活方向和目标，这些人身居法国、比利时、荷兰、挪威、日本、澳大利亚、新西兰和南非等国家；在美国以外的十二个国家，可以找到我的作品的译本；如果有人想读到我的所有作品，那么他可以在日本买到。我看到这个长长的清单的时候，被彻底震惊了。

假设性的解释

为什么我的工作有如此普遍的影响？我肯定不会将此归因于自己的特殊基因，也不会归因于我的眼光远大。我将所有功劳归于我的年轻的同事们多年来对我的想法和工作的扩展和深化，但是即使他们的努力也不足以引起这么深远的影响。在我提过的很多领域中，除了写文章，我和同事们都没有在其中工作过，或者某种程度地参与过。

对我来说，当我尝试理解这种现象时，我还没意识到我已经表达了一个观点，这个观点就流行起来了。就好像一个非常平静的池塘，一块鹅卵石就激起了波浪，波浪越传越远，以至于你都不相信这么大的动静是由一块鹅卵石造成的。或者用化学来比喻，就像溶液已经过饱和，那么一块非常小的晶体就能带出大量的晶体析出。

我的那个观点是什么？或者说那块鹅卵石、那个小晶体是什么？这是一个逐渐形成和被验证的假设，假设认为个体的内在存在大量资源用于自我认知，改变自我概念、态度以及自我导向行为——只有提供清晰的氛围，促进心理上的态度的改变，这种资源才能被发掘出来。

这个假设既新颖，在某种程度上也如此古老，但绝非纯理论。它是脚踏实地，一步步走出来的理论。

第一，我从艰难和挫败的经历中学到，仅仅理解性的倾听（listen understanding）来访者，并尝试传递这种理解，就可以给个体治疗带来强有力的改变。

第二，我和同事们意识到，在各种复杂的迷雾中，这种移情性的倾听（empathic listening）提供了一个通向人类心智运行的最清楚的窗口。

第三，我们只对我们的观察进行最低程度的推断，形成可验证的假设。我们可能也进行过高层次的推断，来开发抽象的、不可验证的、高层次的理论，不过我们认为，自己接地气的农业背景让我打消了这个念头。（弗洛伊德派的思想者会选择后者，以我的推断，这就是他们的疗法与来访者中心疗法之间最根本的不同。）

第四，在验证我们的假设的过程中，我们发现了关于人类和人类关系的研究结果。当新的发现产生时，这些结果和理论就一直在更新，而且这种更新一直持续到今天。

第五，因为我们的发现以涉及释放人们自我改变能力的方法为基础（在这些方法中，关系可以促进或毁灭这种自我导向式的改变），所以这些发现有非常广泛的应用。

第六，人们行为的改变以及不同质量的人际关系的影响等各种情况，几乎存在于人类的每种活动中。因此，有人开始意识到，这种疗法可验证的假设可能有最广泛的应用，或者重新验证、重新规划它，以用于无限种社会生活中。

这就是我想解释清楚的——这个震撼的、以不可思议的速度扩散的想法其实是以非常简单的问题开始的：我可以小心地观察和评估我与来访者的经历，来学着更加有效地帮助他们、解决他们的个人悲痛、自我防御、有破坏性的人际关系等问题吗？谁能想到这个试验性和探索性的答案会流传至今？

心理学的矛盾

你可能注意到，我列出的工作影响的领域有所遗漏。我没有说我和同事的工作影响了学院派心理学或者科学心理学。这并不是因为我的疏忽。我相信，比较精确的说法是，我们在学术心理学中、课堂上、教材上或者实验室中有一些小影响。这些地方只是简略地提到我的思想、我的理论或者我的疗法。但是总体来说，我认为我是学院派心理学家中一个比较尴尬的存在。我不太适合学院派心理学。我现在越来越同意这种评估。让我细细道来。

我相信，科学心理学和专业心理学对我和我的工作感到矛盾。我被看成——大部分根据传闻——无主见的、不科学的、狂热的、对学生太宽容的、对短暂的东西有奇怪和令人苦恼的热情（比如自我、治疗态度和会心小组）的人。我中伤了学术界最神圣的奥秘——专业课程和整个评估系统——从基础课程的评分到博士学位的颁发。我最多被大部分心理学教科书的作者在某一段中写为一名技术开发者——非指导性技术的开发者。我肯定不是心理学学术界的一分子。

然而，矛盾的另外一边更加引人注目。整个心理学界，科学的和专业的，一起赋予我荣誉称号——我认为，这比我应该得到的荣誉多得多。令我惊奇的是，我被授予前三大科学贡献奖之一，是在1956年，当时，我比现在更加有争议。我被选为美国应用心理学会（American Association for Applied Psychology）主席。我还被任命或者选举为一些重要委员会和部门的主席，这些荣誉经常触动我。然而，获得科学贡献奖以及随之而来的褒扬给我带来的情绪影响是我从来没有过的。当我被选为某部门的领导时，可能部分源于我的野心，因为我一心想在职业中走在前面。但是这个奖项对我来说（在某种程度上）是我收到的最“纯粹的”赞誉。数年来，我一直努力将看起来没有其他人关心的领域具体化。我前进的动力并不是获得奖励的野心或者希望。实证研究本身不只是向人证明一些东西——这当然不是科学的目标。在工作的基础阶段——仔细观察、记录下的访谈、对假设的直觉、对原始理论的发展——我最像一名真正的科学家，就像我曾经希望的那样。但是我以为，显而易见的是，只有我和同事们是知道和关心此事的。所以当我在1956年APA大会上被召唤来领取第一个心理学科学贡献奖（获奖的还有科勒和斯宾塞）时，我哽咽了，眼泪流了出来。这是一个生动的证明，证明我不仅让心理学家感到为难，他们也在某种程度上为我骄傲。对我来说，这比任何其他随后的奖项都更有个人意义，包括去年获得的第一个职业贡献奖。

我特别喜欢去年获得的荣誉，特别是非常坦白的表述，说我是这个行业中“讨厌的人”——只是现在这句话把我提高到了“值得尊敬的讨厌的人”。我喜欢这种矛盾的表达。

两场斗争

回顾这些年，我发现我曾参与了行业中非常重要的两场斗争。

与精神病学的斗争

第一场斗争与很多精神病学专业的成员的决定有关。他们认为不应该允许心理学家使用心理疗法、担任“精神卫生”（mental health）工作的行政职责，特别是当工作中涉及精神病医师时。我在纽约的罗切斯特第一次遇到这样的敌对。当时我们非常成功的儿童研究中心（一个社会机构的分支）在1939年重组为新的、独立的罗切斯特指导中心。一场精力充沛的战斗，部分在台面上，部分在台下进行。他们想撤掉我的主管职位，并用一名精神病医师代替。我的工作质量好像没有什么可质疑的，所以争论只是基于心理学家不能领导一个精神卫生机构——仅仅是“不恰当”。虽然数年来，儿童研究中心用兼职的方式雇佣过精神病医师，但是现在，精神病医师下决心再也不让心理学家有权力雇佣他们。我无法指出任何重要的先例，也不能寻求任何行业团体的帮助。这是一场孤军奋战。我非常感激董事会，虽然他们大多数是非专业人士。他们最终决定站在我这边。这对我来说是一场生死攸关的战争，因为这件事我做得很好而且我非常想继续做下去。

我在俄亥俄州立大学平静地度过五年后，于1945年来到芝加哥大学。在这里，这场战争重新开始，甚至更加激烈。没有一任精神病学院院长想与非传统的、无经验的咨询中心合作。最后，一任院长要求大学管理层关闭咨询中心，因为咨询中心的成员无照行医（即使用心理治疗）。我们还是没有获得任何支持，无论是从APA，还是从其他任何心理学组织。我用所有能找到的证据予以猛烈的反击。我又一次充满感激。这一次感谢大学校长，因为他的公平考量，以及建议精神病学院放弃他们的要求。他们也照做了。这是我参与的公开与精神病医师的两次战斗。大部分时间，我采取两种战略。一方面，我努力在大家共同的目标下调和这两个行业；另一方面，我也尝试快速追击。目前，心理学家在此领域的执业权利无人能挑战。在这个领域中，心理学家在研究中表现卓越，而且在实操和理论研究中也完全相当。

当被推向角落，就像在上面这两种情况下，我可以用尽力气拼搏，就像在六个孩子的家庭中长大的孩子一样。只知道我的观点和我温柔一面的人，都被我在全力以赴战斗状态下的态度和行为吓到了。我应该为了警告，竖起一块早期殖民地的牌子，上面画一条响尾蛇，写上座右铭："不要践踏我！"

1957年，我来到威斯康星大学。我很高兴地说，在那里，这些斗争最终以我组织的心理学与精神病学的联合会谈愉快结束。实际上，我发起成立了心理学家和精神病医师的小组，他们渐渐地平息了在这个州让两个行业决裂的初期的官司和立法之战。

与行为主义心理学的斗争

我职业生涯中的另外一场斗争，是在关于人类的研究中站在人本主义疗法的立场上。1956年的"罗杰斯—斯金纳讨论"是心理学界最值得重印的作品之一。对我来说，在任何深度上试图回顾这种持续存在的不同，都是很可笑的。我会简单扼要地陈述我这些年的看法。

为了避免误解，让我先说明，我很同意这种观点：操作性条件作用理论的发展和实现是一项富有创造性的成就。在促进某些种类的学习中，这是一个非常有价值的工具。我没有否认这个理论所做的贡献。但是这也不是我们观点分歧的基础。

我还想说明，我对斯金纳抱有很大的个人尊敬。他是一个诚实的人，希望根据自己的想法引导出符合逻辑的推论。因此，虽然我们存在巨大差异，但是丝毫没有降低我对他的尊重。我被几家期刊邀请对《超越自由与尊严》（*Beyond Freedom and Dignity*）一书做出回应，我婉言拒绝了，因为我觉得作者有权利坚持自己的观点。我对斯金纳比较失望的一方面是他拒绝将我们在明尼苏达大学进行的长达九个小时的对质内容发表。这些内容全部被录音，而且是我们之间存在的问题的最深层的探讨。参加此次对质会的其他成员都理解，录音带、文字记录都是可以发表的。会议结束后，斯金纳拒绝批准发表。我感觉，整个行业都被欺骗了。

我慢慢发觉，行为主义和人本主义取向的根本不同在于哲学的选择。这种选择问题可以讨论，但是没有办法用证据来解决。如果某人在数年前接受了斯金纳的观点——而且我相信其现在依然持有这种观点——那么环境会是此人行为的唯一影响因素，然而这又是牢不可破的因果关系。我和斯金纳做的所有工作，仅仅是在我们自己的条件作用下必然产生的结果。就如他指出的，人们被迫做出行为，但是表现得又好像是自由选择式的行为。就如同约翰·卡尔文早期推断的，根据这样的逻辑结果，大学就像一个巨大的时钟，在某一刻上紧发条，此后便上了锁，无法改变。因此，我们的决定、选择和价值观等想法，全部是幻觉。斯金纳发表著作的原因，不是他想表达自己的观点，或者指出自己重视的社会性质，而仅仅是他在条件作用下需要在纸上做出评论。令我感到惊奇的是，他在书中写了我们共同参与的一场会议的内容。

我所持有的个体治疗和团体治疗的经验，让我不能否认人们具有自主选择性这一事实和自主选择性的重要作用。对我来说，在某种程度上，人类是自己的建筑师。我已经给出了证据来证明，自我理解（self-understanding）的程度可能是预测一个人行为最重要的因素。所以对我来说，人本取向是最可行的取向。然而，对于每个人来说，他会选择与他性格最一致的道路——行为取向或者人本取向。

个体选择不同的道路并不等于说选择任何一条路都一样。比如，选择了人本哲学，就意味着选择了不同的研究主题和不同的研究方法，选择这种取向也意味着认为社会改变是基于人类改变的欲望和潜力，而不是基于条件作用。它通向民主的政治哲学，而不是精英的管理。所以，个人的选择确实会影响其选择的结果。

对我来说，一个技术取向的社会，倾心于行为主义取向，这一点非常符合逻辑。同样，学术心理学者——他们坚信“智力是一切”——更喜欢行为主义取向。如果大学的心理学家接受了后者的取向，他就会承认，作为一个主观的客体，他参与到自己的研究客体的选择、对数据的评估、与学生的关系中以及专业工作中。在这种情况下，“客观”的舒适的庇护衣必然会被脱下，呈现出一个易受影响的、不完整的、主观的个体，同时理智地和情感地、主观地和客观地，彻底地投入其所有活动中。可以理解，这听起来太具威胁性。

简单地说，这两个悖论的对抗是真正的分歧。如果极端的行为主义学者的观点是正确的，那么人类做的所有事情本质上都是毫无意义的，因为他只是无缝因果链条上的一个原子。如果彻底的人本主义学者的观点是正确的，那么个体的选择参与进来，这个主观的选择会对因果链条产生影响。那么，基于坚韧不破的因果关系的科学研究，必须从根本上被修正。我，还有其他人，都一直努力带着偏袒性地解释这个悖论——“自由和承诺”（Freedom and Commitment）这篇文章就是我做的努力——但是我相信，我们必须等待未来给这些悖论一个完整的解释。

坦白地说，我相信，在相当长的时间里，人本主义观点会占据优先地位。我也相信，美国人（作为一个民族）会开始拒绝技术对我们生活的占领。我们的文化，越来越依靠与自然的斗争以及对人类的控制，这种文化处于衰退之中。而在这衰败中应运而生的是一种新个体，有高度的自我意识，是自我指导的、内心世界的探索者，其对自我的探索可能比对外部世界和太空的探索更多，对机构的一致性和权威的教条嗤之以鼻。他不相信自己的行为是被塑造出的，也不相信可以塑造别人的行为。他肯定是个人本主义者，而非技术者。依我的判断，他有很强的生命力。

然而，我的这个信念存在一种例外。如果我们允许一人掌权，或者军队接管政府（很显然，我们一直很接近这种情况），就会发生另外一种情景。一个政府—军队—警察—工业复合体会很乐意在军队和工业竞争中使用科学技术和心理技术来控制人们的行为。我并不夸张地说，人本主义心理学家，因为强调个体独一无二的本质的自由和尊严，以及自我决定的能力，会被这样的政府首先禁止。

这个话题就谈到这里。我已经扯到未来了。我还是继续回顾，谈一些不那么严肃的问题。

两个困惑

有两种彼此迥异的话题困扰我：一个比较次要，另外一个是更深层次的担忧。

关于理论

到1950年，我越来越困惑于我的想法是否能形成一个连贯的理论形式。就在此时，西格蒙德·科赫（Sigmund Koch）邀请我参与他不朽的文集《心理学：一项科学研究》（*Psychology*：*A Study of a Science*）的工作。这刚好是我需要的小小的动力，在接下来的三四年中，我在这个理论构想上的努力比我之前写任何东西付出的努力都要多。我估计，这是当时关于人格和行为变化的陈述最严格的理论。一位有数学背景的年轻的心理学家最近跟我说："此理论如此精确，我可以翻译成数学术语。"我必须承认，我和他的想法差不多。

这个理论会出现在科赫的系列文集中，我当时非常高兴。因为我当时很肯定，这些文集会被后来的研究者和心理学家学习。我现在没有精确的数据，不过我怀疑，事实上没那么多人使用此书。当然，我写的那一章“以来访者为中心结构下的治疗、人格和人际关系理论”（A Theory of Therapy，Personality，and Interpersonal Relationships as Developed in the Client-Centered Framework）是我写过的作品中最被忽视的一篇。这一点没有特别打击到我，因为我相信，理论常常是教条式的，但是这让我困惑了数年。

关于创造性领导力

第二个困惑是另外一种性质的。在我年轻的时候，虽然我不是一个个人崇拜者，但是鉴于我处于不被接受的边缘，我还是仰望一些我认为的“真正的心理学家”。我记得，1936年伦纳德·卡迈克尔来到罗切斯特大学担任心理学系主任，我们的整个队伍和专业人员都沸腾了：按照他的要求配备了特殊实验室，为他的学生准备了大量奖学金、优厚的薪水。我可能有些许嫉妒，因为我的实验室在一所社会儿童研究中心旁边，这所中心是为了防止虐待儿童而建立的，但我的心中更充满了羡慕和期望。我对几个其他同事也有这样的感觉——他们都比我受到更好的心理学训练，在我看来，他们更聪明，而且有值得称赞的著作和研究。这些人应该在心理学界创造出伟大的观点，应该像杰出的化学家、物理学家或者天文学家那样，发挥出同等力量的智力和领导力。毫无疑问，我当时选择了那些在我们的领域未来会有杰出的创造力和生产力的领导。

但是我每次都错了。前文提到的卡迈克尔后来成了一名令人尊敬的行政人员，负责机构的高层工作。我选择的其他人也都有非常受人尊敬的职业，有些在心理学圈里，有些在圈外。但是他们并没有达到年轻时候的光辉前景。这一点让我深感困扰，因为他们都有一个共同点。他们已经对心理学失去了至关重要的创造兴趣。为什么？当他们年龄变大时，他们的兴趣太狭窄、不容易满足？他们缺少能指导工作的基本信念或人生观？他们的努力与更大的社会活动不相关？他们的贡献没有价值了？他们开始工作主要是为了让同事留下深刻的印象，这个动机后来随着年龄的增加降低了？他们努力支持和保卫自己早期的工作，阻碍了他们达到更有创造力的未知？我不知道答案。这些彻底让我不知所措，使我选择有创造性想法的未来领导时，更加小心翼翼。

我的学习资源

当我回顾自己思想和经验的所有丰富源泉时——这些源泉曾经滋养和正在滋养我的职业生涯，我可以列举出几个重要的资源。

来访者和小组参与者

首先以及最重要的资源是我治疗中的来访者以及小组中的成员。访谈中和小组会议中金矿般的资料震惊了我。首先，直觉经验吸收了口头表述、感觉、姿势，提供了一种复杂的学习类型，很难形容。接着，我听取磁带上的相互交流。这是经验流动里丢失的。声调细微的变化、半成型的句子、停顿和叹息，也部分地丢失了。如果手稿是费力写出来的，那么我有一架显微镜，从中我可以看出所谓的“人格改变的分子”。除了我提到的三种方法，我不知道还有什么方法能够将最深层次的经验学习与最抽象的认知、理论学习结合起来。这三种方法包括：在总的基础上依靠经验，在实验—认知的基础上再次听取这些经验，再一次学习经验中的每一个知识线索。就像我之前说的，这种访谈可能是通往人们陌生的内在世界和各种关系的最有价值和最透明的窗户。我想，如果我的工作没有从来访者和小组参与者的深层关系学习来的东西，我会一无是处。

年轻的同事

对我来说，第二重要的激励来源就是我与年轻人的共生关系。我不明白这种互相吸引，我只是依靠这种关系。在我年轻的时候，我确实从前辈那里学到了不少东西，有时候我甚至会从同龄的同事那里学习。但是在最近的三十五年中，任何真正的专业资源都是从这些年轻人身上学习到的。我对所有研究生、年轻的同事，以及那些教育过我和一直在教育我的好问的年轻听众表示深深的感激。我知道，许多年来，在帮助同龄的专业同事和帮助更年轻的团队的选择中，我都毫不犹豫地选择了后者。他们看起来更不会乏味、更少自我防御、对批评更加开放、他们的建议更加有创造力。我从他们身上收获得太多了。我曾开始写下案例感谢他们，但又怕对数百位年轻人不公平。在我们的关系中，这些年轻人无私地将他们的思想和情感贡献出来，这些关系点燃了我的创造力。他们让我激动过，我也让他们激动过。我希望，这是一个公平的互换，虽然我感觉我所获得的远远多于我所付出的。对那些岁数渐渐变大，但是没有被年轻的想法、年轻的生活方式激励的人，我深表遗憾。

学术阅读

在最后，我会讲到常常被认为是最重要的学习资源——文章。阅读对支持我的观点来说很重要。我意识到我不是一名学者，不是从别人的作品中获得自己的想法。然而，有时一本书不仅证实了我的探索性思考，还会引发我的更多思考。比如，索伦·克尔凯郭尔、马丁·布伯和迈克尔·波兰尼的作品就属于这一类。但是我必须承认，当我想变得学术时，运气起到了很大作用。运气，就是“偶然地创造出机会和意外发现的能力”。我有一种奇怪的感觉，觉得自己有这种能力。让我举个最近的例子。我在准备一篇名为“新新人类：一个新的革命”的文章时，发现有一些作者也提出了相同的观点。就在这时，弗雷德和安妮·理查兹送了一本新书《新贵》（*Homonovus*）给我。这本书来得非常及时。约翰·洛克菲勒三世也送了他的一本《第二次美国革命》（*The Second American Revolution*）给我，这本书与我的题目也非常相关。后来，我与一位来自北加州的朋友讨论我对自己APA文章的想法时，他说：“你读过乔伊斯·卡罗·奥兹发表在《周六评论》（*Saturday Review*）中的文章吗？”我必须承认，我既没有关注这篇文章，也没有关注过这个作者。他给的这篇文章的复印本不仅支持了我的观点，而且开阔了我对现代小说的新思路。因此，虽然文章的一部分内容可能看起来像是我在实验室里没日没夜研究出的结果，但是其中至少一半成果源自运气。在我的人生中，这样的事情经常发生。

我对沟通的关注

继续往回看——虽然这个姿势已经让我的脖子僵硬，我可以发现什么是我职业生涯中最重要的主题。这就是我对沟通的关注。由于某种原因，从早期开始，这就是我热情关注的主题。以前我看到他人沟通，我会很痛苦。我一直希望与自己交流，这样我就不会被人误解。我一直希望能够理解其他人传达的信息，无论是来访者、朋友还是家庭成员，理解得越深刻越好。我也一直希望能够被人了解。我已经尝试将与持有完全不同观点的个体的沟通变得更加透明化。为了让持有对立观点和经验的小组更好地沟通，我也做了工作，比如在陌生人之间、不同文化背景的人之间、不同社会阶层的人之间。为了说明我工作的全程，我会举出合适的例子。这里有一个例子。这段录下来的小组体验包括吸毒行业，有“直接的”个体，例如毒品代理人，也有“精神恍惚的”个体，包括已经被判刑的毒贩。这些人有白人，也有黑人；有年轻人，也有中年人；有来自贫民区的，也有中产阶级的。通过小组推进，沟通和亲近成为这个多样化小组有生命的部分。这个小组推进过程是我永远不会忘记的经历。不幸的是，这个片段的名字“因为这就是我的路”，并没有充分表达小组中发生的生动的互动。

对沟通的沉迷有其不可预期的回报。我对葛罗瑞亚这位年轻的女士进行了半小时的访谈，我们建立了深入的沟通关系。完全出乎我的意料，她和我保持联系长达八年，这主要得感谢我们达成的亲密感。我与兰迪——毒品公司中已经被判刑的毒贩——保持了一年多的经常接触。瓦克先生（我们复杂的精神分裂症患者心理治疗的研究中的一位来访者）八年以后找到我，说：“医生，你好！”让我知道他做得很好，从来没有返回医院，即使只有一天。这些年过去后，我想，这样的回报更有味道。

小　结

所以，非正式地看待我过去的职业生涯，我可以这样总结：

我对工作带来的影响感到震惊；

我模糊地理解为，时间加速了这一切；

我带着娱乐和喜爱看待自己在心理学领域创造的矛盾；

我带着满意看待与精神病学的战争结束；

在行为主义对抗人本主义哲学的持续的戏剧性事件中，我很高兴能成为其中的一部分；

当我认为的严谨理论被人忽略时，我感到迷惑和被贬低；

真正杰出人物的后期职业发展，让我感到困惑；

我非常感激自己的学习天赋，从那些我努力促进其发展和成长的个体身上学习的天赋；

我对年轻人非常有信心，我一直从他们身上学习；

我能更好地辨别出生活的主旋律是围绕着清楚的沟通以及其所有分支的结果。

现在与未来

我应该在此处停笔了，但是我停不下来。对我来说，回顾过去总有一种压力。我最关注的还是现在和未来。我需要快速地概述我现在的兴趣和活动，才能结束这一章。

我现在没有以前那么活跃地参与个人治疗和实证研究了。我发现，当一个人年过七十时，有些事情就力不从心了。我还继续参加会心小组，因为我相信这可能有显著的社会影响。例如，我参加了一个医学教育人性化的项目。到目前为止，两百多名高层医学教育家参与了这种集中小组体验。结果比我们想象的更加成功地促进了变化。这个项目可能会产生更加人性化的敏感的医生。这样的小组体验无疑呈现了可能产生影响的一个新领域。

我也帮助发起、参加了一部分跨种族、跨文化的小组，相信多元化群体之间更好的相互理解是我们地球得以存在的根本。在最困难的小组中，有贝尔法斯特人、北爱尔兰人。小组中的代表有激进的和不太激进的天主教徒、激进的和不太激进的新教徒，以及英格兰人。这个小组的录像展示了参与者为了达成更好的沟通所遇到的困难和部分进展——万里长征的第一步。我将这个小组看成一次实验，其结果可能有更深和更广的应用意义。

当我关于人们及其关系的整个方法的探讨进展缓慢的时候（几乎没有改变），我对其应用的兴趣就明显地转移了。我的主要兴趣不再是个体治疗的学习，而是更广泛的社会意义。当我说这句话的时候，脑袋中有一个疑问，之前这个疑问也一直在我的脑海里：

“我会不会同时干很多事，但是一样也干不好？”只有他人根据将来的数据才可以回答这个问题。

然后我开始做园艺。如果我早晨没有时间照看我的花朵，给移植的小芽浇水，撒下种子，杀死一些害虫，给一些出芽植物施肥，我就有受骗的感觉。我的花园出现的有趣的问题与我职业生涯中一直遇到的问题是一样的：什么才是成长的有利条件？在我的花园中，虽然挫折是即时的，但是结果会很快呈现，无论成功还是失败。当我通过给予它们耐心的、聪明的体谅及关心，并看到在这种环境下所产生的或稀有或繁茂的花朵时，这种满足感与我促进个人或者小组中的个体的成长时所获得的满足感是一样的。

第四章

变老还是变成熟

这一章是自传三部曲中的第三篇。在第二章中，我呈现了自我成长和思想发展的一些内容。在第三章中，我回顾了我的职业生涯。接下来要讲述的是我最近十年的生活，从六十五岁到七十五岁。我写这篇文章时已经七十八岁，所以我写了一部分“更新”内容，放在这一章的最后。

这一章内容我几次才写完。早在1977年，我为一个巴西大型工作坊写过第一个版本。然后我在圣地亚哥小范围地给一群听众介绍过修改版本。1977年7月，作为项目的一部分，我在拉荷亚提交了名为“活在当下：生命的阶段工作坊”的文章。

我被邀请去做关于老年生活的演讲。然而，我意识到，我对一般的衰老知之甚少，我真正认识的、上了年纪的人也就只有我自己。所以我只能谈论自己。

人到了七十五岁会是什么样子？这与五十五岁、三十五岁都不同，对我来说，它们之间的差距没有你想的那么大。我不肯定我的故事对其他人是否有用、是否重要，因为我一直非常幸运。我将要写下的一些理解和反思几乎都是为了自己。我将年龄段限制在六十五岁到七十五岁，因为六十五岁对很多人来说，代表创造性生活的结束以及退休期的开始，无论那意味着什么。

身体方面

我确实感觉到了体力的衰退，这在很多方面都能体现出来。十年前，我特别喜爱扔飞碟。现在，我的右肩膀患有非常严重的关节炎，以至于现在根本没有办法进行这种活动。在花园中，五年前我还能非常轻松地完成的工作，去年我做起来就有些困难，现在更加困难，只好留给每周来一次的园丁来完成。这种缓慢的衰退（还有各种视力的、心脏的小紊乱，等等）提醒我，我的身体部分是不会万古长青的。

然而，我仍然享受在海滩上长达七千米的散步。我能够提起重物，而且当我老婆生病的时候，购物、做饭、洗碗我都能完成，我还能轻松地拖起自己的行李箱。对我来说，女性形象是宇宙创造的最可爱的生物之一，我非常感激它。我现在还是性活跃的，这一点我很高兴，虽然我同情最高法院大法官奥利弗·温德尔·福尔摩斯在八十岁离开脱衣舞俱乐部的时候的评论：“让七十岁再来一次吧！”是的，六十五岁也行！六十岁也行！

所以，我充分意识到了，自己明显上了年纪。然而，从内心世界来说，在很多方面我还是一样的，无论年轻还是年老。这就是我将要讨论的那个人。

活　动

新的事业

在过去的十年中，我从事了很多新冒险，包括心理上的，甚至身体上的冒险。让我迷惑的是，在大多数情况下，我加入这些事业是源于别人的建议。这一点让我相信，我的内心常常是准备就绪的状态，我自己却没有意识到，而当其他人触动合适的按钮后，它就马上活跃起来。让我详细解释。

1968年，我的同事比尔·库尔森和其他人对我说过："我们团队应该形成一个新的、独立的机构。"出于这个建议，人类研究中心（Center for Studies of the Person）建立起来了——最滑稽的、最不可能的，以及可以想象的最有影响力的非组织。当他们提出这个建议时，我在小组中非常积极地促进其实现；在前面几年艰苦的日子里，我帮助建设这个中心——还有培训我们自己。

我的一个侄女，露丝·康奈尔，一名小学教师，问我："为什么在我们的教育推荐书单上没有一本你写的书？"这句话引发了我对《自由学习》（*Freedom to Learn*）这本书的初步设想。

我从来没有想过去影响地位意识很强的医学行业，直到我的同事奥瑞安丽·斯特罗德梦想着通过集中的小组体验让医生们更加人性化。充满怀疑但是也充满希望地，我将精力投入到这个项目的启动当中去。我们冒着很大的失败的风险。然而，这个项目现在越来越有影响力。九百多名医学教育者参与了会心小组，还有一些他们的配偶和实习医生，他们带来了一幅对医疗教育的“仰视图”（worm’s-eye-view）。这是个令人兴奋和收获颇丰的发展，现在除了我的一些小小的帮助外，他们不需要任何其他帮助。

这个夏天，我们举行了第五次为期十六天的以人为中心取向的集中工作坊。我从这些工作坊中学到的东西比过去十年中在任何一次活动中学到的都要多。我学会了存在的新方式，并将其付诸实践。在认知上和直觉上，我学会了团队作用程序和促进团队成为共同体（community）的方法。这是个令人惊奇的经历，其中一名强壮的员工现在已成为我们职业大家族中的一员。当我们尝试各种新办法和团队在一起时，我们越来越冒险。那么我是怎么参与到这一大型的、耗时的事业中的呢？四年前，我的女儿纳塔利跟我说：“我们为什么不一起开一个人本主义取向工作坊？”当时的我们俩都没想到，这句话会成为现实。

谈话同样促成了我的书《卡尔·罗杰斯论个人的力量》（*Carl Rogers on Personal Power*）的最初的构想。艾伦·尼尔森，当时是一名研究生，挑战我的观点，认为在来访者中心疗法中不存在任何“政治观点”。这一点让我必须时时刻刻准备追赶，因为一部分书稿呼之欲出。

蛮干还是聪明?

最近我干的最冒险的事情可能就是我与其他四位同事去巴西旅行。在那种情况下，爱德华多·班德拉在组织上的努力、憧憬以及说服力是我同意这次旅行的因素。有人认为，对我这个年纪的人来说，这次旅行旅途太长，对我来说太过困难。而对我自己来说，长达十四小时的飞行也让我有些疑虑。一些人觉得，我们努力想以任何方式影响一个大的国家都是骄傲自大的。但是这次训练的巴西促进者的目的是开设自己的集中工作坊，这些促进者都曾参加过我们在美国的工作坊。这样的机会确实很有吸引力。

然后出现了另外一个机会。我们打算在巴西的前三大城市见六百到八百名听众。这是一个为期两天的会议，在此期间，我们在一起总共要待十二个小时。在离开美国之前，我们一直认为这样大型的会议、这么短的时间，我们只能依靠讲解来完成。然而，当时间慢慢逼近，我们越来越强烈地意识到，如果不让听众参与掌控课程的节奏和方向，不给参与者机会来表达他们自己和体验自己的力量，就不符合我们一贯的原则。

所以我们采取了一些极端的冒险方式。在非常短的演讲过后，我们尝试了无领导的小组、特殊兴趣小组、示范会心小组、与听众的对话。但是最大胆的事情是我们让八百人形成一个巨大的圆，让大家表达感激和态度。想说话的人会拿到麦克风。参与者与工作人员一起参与，彼此平等。没有任何形式的个人领导或者小组领导。开始的时候有些混乱，但是后来人们开始倾听他人。有人对工作人员和小组进程进行批评——有时候还是比较猛烈的。也有人觉得他们从来没有在如此短的时间内学习到这么多。大家也存在巨大的分歧。当一个人狠狠地责备工作人员没有回答问题、没有控制局面，也没有举例说明时，接下来一个人说："但是如果他那么做了的话，我们还能这么自由地批评、自由地表达自己吗？"最终，大家建设性地讨论了回家后用这些学到的东西应该做些什么。

在圣保罗过了一夜之后，当这场活动变得极端混乱时，我也强烈地意识到我们还需要与这个团队待上六个小时。我记得，我拒绝与任何人谈论这次会议。我当时正在经历极度困惑。我既要开始一场注定会失败的、极为愚蠢的实验，还要帮助想出一个新办法，让八百个人明白自己的潜力，参与形成自己的学习体验。没有任何办法能够预测结果。

风险越大，满意度可能就会越高。在圣保罗的第二个晚上，他们就形成了真正意义上的共同体，人们都在体验自己的巨大改变。在这之后，数周和数月后的非正式的跟踪证实了，在那三个城市中，数百人的工作体验是非常有意义的。

我从来没有认为长途旅行会如此有价值。我收获颇丰，而且毫无疑问，我们能够创造出促进的氛围，让所有创造性的事物发生——无论是在个体层面、人际层面，还是团体层面。我相信我们在巴西留下了印记。当然，巴西让我们所有人有了变化。我们也拓宽了事业，知道自己在非常大的团队中能做什么。

以上就是在这期间我参与的一些活动，这些活动都给我带来了极大的益处。

冒险

在上述活动中，每一次互动都包含一个要素——冒险。确实，对我来说，最近的生活中我最珍惜的经历都会包含相当程度的冒险。所以我想停顿一下，推测一下自己冒险背后的原因。

当我可以非常满意地工作，用自己的经验轻而易举地解决问题时，是什么吸引我去尝试未知，为新事物下赌注？我不确定自己对这个问题是否想得很透彻，但是我发现了几个影响因素。

我想到的第一个相关因素是我的支持团队——松散的朋友圈和亲密的伙伴。他们中的大部分人都和我一起努力工作过。在这个团队的互动中，毫无疑问，我们确实或者含蓄地鼓励过彼此去尝试新的或者大胆的东西。例如，我很肯定，对于个人而言，我们巴西的团队没有成员可以体验到我们五年前一起工作时所体验的那么多。我们之所以冒那么大风险是因为，如果我们失败了，我们有同事还信任自己，还可以把各种碎片重新拼凑起来。我们互相鼓励对方。

第二个因素是我与年轻人的亲密的关系，以及年轻人带来的新的生活方式。我不知道为什么我有这份亲密的关系，但是我知道这确实存在。我写过“新人类”的明天，我自己也被这个新的成长和生活方式所吸引。我怀疑我可能只是以美好的想象来描述这样一类人。但是现在我确定了，因为我发现斯坦福研究中心（Stanford Research Institute）完成了一项实验，在实验中，估计有四千五百万美国人承认“生活方式反映了这些内心信念：首先，人性化的事物更好；其次，节俭地生活、节省、回收、不浪费更好；最后，内在生活是核心，而不是外在生活”。我属于这个团队，而且尝试用这种新方法生活，当然这存在冒险性和不确定性。

另外一个因素：我对安全感和确定性感到厌倦。我知道有时候，我准备的一篇演讲或者一篇文章深受听众的喜爱。这告诉我，我可以对二十批不同的听众做二十遍相同的演讲，这样就能保证很好的听众接受度。但是我做不来这个。如果相同的演讲我讲了三四遍，我就开始厌烦了，没有办法再做一次了。我可以赚钱，我可以获得正向的反馈，但是我就是做不了这个事。我厌烦，因为我知道这次演讲会带来什么样的结果，我讨厌自己重复说相同的东西。对我的生命来说，我必须尝试新东西。

但是可能我乐意冒险的主要原因是，我已经发现这样做，无论成功还是失败，我都学到了东西。学习，特别是从经验中学习，是让我的生活更加有价值的主要因素。这样的学习可以扩展我的生命，因此我一直在冒险。

写　作

在构思这篇演讲稿的时候，我问自己：“过去这十年中我写过什么？”我完全惊讶于我的发现。我的秘书一直在更新我的出版物的清单，并告诉我自从六十五岁到现在，我一共写了四本书，四十篇短文，还制作了几部胶卷。我相信，这比我之前的任何十年的产量都要多！我完全无法相信。

而且四本书的主题是完全不同的，虽然它们由相同的哲学联系在一起。1969年的《学习的自由》（*Freedom to Learn*）主要涉及我的非传统教育方法。1970年出版的关于会心小组的书展现了我在这个激动的发展上不断学习的成果。1972年，《成为伴侣》（*Becoming Partners*）出版，这本书展示了男女之间关系的许多新模式。现在，《卡尔·罗杰斯论个人的力量》（*Carl Rogers on Personal Power*）探索人本中心取向被应用于很多领域时所展现出来的政治。

有四篇文章出现在我的脑海中，用二分法来看——两篇文章是展望式的，另外两篇是回顾式的（这四篇文章都在这一本书中）。共情的一篇文章（“共情：一种饱受争议的存在形式”）巩固了我学到的非常重要的存在形式，而且我认为这篇文章很好。我也喜欢自己在“我们需要一个‘现实’吗？”那篇文章中的新观点。另外两篇文章反映了我在人际关系哲学方面（“人际关系及其成长的哲学”）以及心理学家的职业上（“四十六年以来”）的发展。

我很迷惑地看着这些激增的作品。为什么会出现这种情况？在晚年，不同的人会为不同的理由写作。八十岁的时候，阿诺德·汤因比问自己：“我为什么工作？”他自己回答：“良心。我对工作的态度，不是澳大利亚人式的思维，而是美国人式的思维。一直在工作，但是还一直倾尽全力，这使得我需要将良心作为一项职责。我想，为了工作而被工作奴役是不理性的，但是这样的想法不会解放我自己。如果我偷懒，或者仅仅是松懈了，我就会感到良心不安，从而心神不宁和不快乐，所以这一点好像一直激励着我，就好像一直有工作动力在我身后。”过这样一种被驱赶的生活，对我来说是很遗憾的。这与我的动机好像没什么相似之处。

我知道亚伯拉罕·马斯洛在他去世的前几年有一个不一样的推动力。他体验到了内心的压力，因为他感觉到自己有很多要说但是还没有说出来的东西。这样的动力让他一直写到最后。

我却有不同的观点。我的精神分析学家朋友，保罗·伯格曼写道："在一生中，没有人会产生两个及以上的启发性念头；那个人所有的作品仅仅是一个主题的进一步说明。"我同意他的观点，我认为我的作品也是这样。

当然，我写作的一个原因是我有一颗好奇心。我喜欢发现和探索自己和其他人想法的含义。我喜欢符合逻辑、追寻思维的衍生物。我被极大地卷入了情感、直觉、非语言的世界，同时卷入了语言沟通的世界，但是我也享受思考和写作的世界。将世界概念化为我阐明了其意义。

然而，我相信我写作还有更重要的理由。在我的内心中，我还是那个害羞的小男孩，觉得与人沟通是非常困难的：写情书比直接表达爱意更加有说服力。那个男孩能在整个高中自由演讲，但是在班级讲相同的话却感觉奇怪。这个小男孩还是自我的一部分。写作是我与世界沟通的一种方式，而从真正意义上说，我不觉得我属于这个世界。我非常希望能被了解，但是我没有期望其发生。写作，就是我密封在瓶子里并扔向大海中想要传递的信息。我惊讶于那么多在海滩上的人——心理上和地理上的——发现了这些瓶子，看见了我想要跟他们说的话。因此我一直在写作。

学 习

照顾自己

相比于照顾自己，我一直更善于关心和照顾别人。但是在最近的这些年中，我有了一些进步。

我一直是一个有责任心的人。如果有其他人没有留心公司或者个人的细节，我一定会留心到。但是我已经改变了。1976年在俄勒冈州的阿什兰举行的工作坊中，我感觉不太好。1977年在巴西的阿尔科泽卢举办的工作坊中，我摆脱了管理所有工作的责任，完全交给其他人管理。我需要照顾自己。所以我放下了所有责任，除了照顾自己。对我来说，这是个非常不寻常的感觉：舒服地不负责任，而且没有任何负罪感。令我感到惊奇的是，我发现这是个更加有效的方法。

在身体的各个方面，我已经把自己照顾得更好了。我也学会了尊重自己的心理需要。三年前，工作坊小组帮助我意识到，由于外部的需求，我感到多么烦扰和被动——有人说过“一点点地被鸭子啃死”，这句话充分表达了我的感觉。所以我做了我之前没有做过的事：我用了十天时间独自待在之前提供给我的海滨小屋里，极大程度地进行自我恢复。我发现我非常享受独自待着。我喜欢自己。

我现在越来越会寻求别人的帮助。我让别人帮我带东西、做事情，而不是去证明我自己也能做到这些事情。我也能够寻求个人帮助。当海伦——我的妻子——生病的时候，作为一名全天候护士、管家，非常受欢迎的专业人士、作家，我已经接近崩溃的边缘，因此我寻求一位治疗师朋友的帮助，并且得到了帮助。我摸索和尝试满足自己的需要。我考察了这段时间的经历给我们的婚姻带来的压力。我意识到，我必须过自己的生活，而且这是首要的事情，虽然海伦病得很重。我没有立刻向别人求助，但是我更加意识到，我没有办法处理所有事情。以各种不同的方式，我能更好地做值得称赞的工作，更好地照顾自己。

宁静?

人们常说，或者假设，老年生活充满了平静和安宁。我发现，这个看法是有误导性的。我相信，我确实对外在事物有更长远的视角，因此我现在比以前更像个客观的观察者。然而，与数年前相比，现在能打动我的事件往往会激起我更大的反应。当我兴奋起来，我就很过瘾。当我忧虑时，我会更加心烦意乱。我的伤痛更加剧烈、痛苦更加深切，我更容易流泪，我的笑话更加有趣，甚至我的愤怒——这是我经常遇到的麻烦事儿——也更加强烈。从情感上讲，我比之前更加变化无常。我从沮丧到心花怒放的范围更大，而且任何一种状态都更容易被促发。

这种变化无常或许源于我爱冒险的生活方式；或许来自我在会心小组获得的更强的敏感性；或许是老年生活被忽略的特点。我也不确定。我只知道我的情感更加容易被激发，强度也更大。我现在对这些也越来越熟悉。

接受新观点

我觉得，在这些年中，我越来越能接受新的观点。对我来说，最重要的一方面与内在空间有关——人类心理力量和精神能力所能达到的范围。依照我的估计，这个领域构成了知识的前沿、发现的前沿。十年前，我不会说出这样的话。但是阅读、体验、和在这个领域工作的人对话，改变了我的观点。人类存在潜在的、可利用的、巨大的直觉力量。我们确实比我们表现出来的聪明。有很多证据证明这一点。当我们知道，我们忽略了非理性的能力——创造性的“隐喻思维”（大脑的右半球）——的时候，我们有多么难过。生理反馈告诉我们，如果我们更少用意识控制自己，更多放松，那么我们能够在某种程度上学会控制体温、心率和其他各种器官功能。我们发现，对于癌症晚期患者，当给予其针对战胜肿瘤的高强度冥想和幻想训练时，病状会得到惊人的缓解。

我也开放地接受更加不可思议的现象——预知、传心术、千里眼、人类光环、克里安照相术，甚至是灵魂出窍体验。这些现象可能不符合现存的科学定律，不过有可能在我们发现的新型的合法规则的边缘。我认为自己在新的领域学到了很多。而且发现了很多令人愉快和兴奋的经历。

亲密

在过去的几年中，我发现自己可以敞开胸怀对待关系中的亲密。我将这种进步看成工作坊经验的结果。我的身体比之前更加准备好与别人接触。我会更多地去拥抱和亲吻他人。我更加注意自己生活的感性方面。我也意识到我是多么向往与他人心理上的亲密接触。我认识到，我多么需要深入地关心他人，以及获得别人同等程度的关心作为回报。我可以公开地说那些我模糊意识到的东西：我深度介入心理疗法，是满足自己亲密的需求，但不用冒很大风险的谨慎的方法。现在我更加愿意在其他关系中与别人更加亲密，投入更多的自己。我感觉，在自己内部，我好像发现了一种全新的深度的亲密能力。这种能力给我带来了不少伤害，但是带来的喜悦更多。

这些改变是如何影响我的行为的？我与男性的关系更加深厚，也更加亲密；我可以毫无保留地与人分享，相信朋友间的保密性。只有在我大学期间（不是之前也不是之后），我有一群可以信任的、亲密的男性朋友。所以，这是一个新的、尝试性的、大胆的发展，而且这种发展似乎是非常值得的。我与女性也有了更多亲密的沟通。现在我与很多女性有柏拉图式的、心理层面的亲密关系，这对我来说意义重大。

与这些密友在一起——无论男女，我都可以分享自己的任何一面——痛苦的、开心的、害怕的、疯狂的、不安全的、任性的、自我贬低的心情。我可以分享自己的梦想和愿望。同样，朋友们与我分享的也很多。我发现，这些经历也非常充实。

在这么多年的婚姻中，在这些友谊中，我一直在亲密的领域中学习。我越来越敏感地注意到我体验到的痛苦、生气、沮丧、被拒绝，以及分享产生的亲密感、被理解和接受所产生的满足感。我已经明白，带着负面情绪去面对一个我在乎的人，是多么困难。我也明白了，在一段关系中，期望是如何轻易地变成要求的。在我的经验中，我发现对我来说，最困难的事情是，无论在关系中他或她是什么样的，我都去关心他或她。因为如果他们是我认为的样子，或者是我希望的样子，那么我很容易做到去关心他们。对一段满意的亲密关系来说，我关心他们只是因为他们是他们自己，我放弃自己的期望，放弃了我想改变他们来迎合自己的需求，这是最难的，却又是最有效的方法。

上述所有内容是近十年来我生命有所改变的部分。我觉得自己对亲密和爱更加开放。

个人的快乐和困难

这段时间，我既有一些痛苦的经历，也有许多快乐的经历。最大的压力是围绕着照顾生病的海伦。在过去的五年中，她的病情很严重。她用最大的勇气来面对痛苦和这种受拘束的生活。她的身体残疾给我们两人都带来了新的问题，既有身体上的，也有精神上的。我们现在也在努力克服这些问题。这是一段非常困难的时期，我们努力将失望转变为希望，而现在，更多的是希望。

她在恢复更加正常的生活的过程中取得了巨大进步，而这经常是靠其绝对的意志力。这一点对她来说并不容易。她首先得选择是否还想继续生活，生活是否还有目标。然后我自己的独立生活的现实阻碍和伤害了她。她病得那么重，我感觉，我们两个近距离的相处变成了我沉重的包袱，她对照顾的需要又加重了这个包袱。所以我决定，为了我自己的生存，我要过自己的生活。她经常被这个决定深深伤害，也被我价值观的改变伤害。而她那边，她放弃了作为支持性的家庭主妇的旧模式。这个改变使她接触到对我，以及对社会的愤怒。这愤怒来自我们赋予她的社会认可的这个角色。对我来说，我会对任何将我们两人带回近距离接触的举动表示愤怒；我固执地抵制任何看起来像是控制的东西。因此，这段时间，我们关系中出现的紧张和困难比任何时候都要多。我们尝试解决更多情感问题。然而，当我们努力去建立在一起的新方式时，我们也更诚实。

这段时间虽然充满了挣扎和压力，但也存在很多积极的体验。三年前，我们举行了金婚纪念庆典——与两个孩子、儿媳和六个孙辈一起在度假酒店度过了几天欢乐的时光。这对我们来说是一件很快乐的事情，以至于我们的儿子和女儿现在不仅是我们的孩子，而且是可以分享我们内心世界的两个最亲密的、最好的朋友。我们常常会分别看望他们，也会去其他城市看望亲密的朋友。在这里，我们的朋友圈一直保持亲密，甚至越来越亲密。而且他们所有人都挺年轻。

对我来说，在花园里工作和长距离的散步是一种乐趣。我从中获得了各种荣誉和奖励，远远超过我认为自己应该拥有的。其中最让我感动的是莱顿大学在其四百年校庆期间授予我的名誉学位。它由一位来自这所荷兰古老高等学府的使者交到我手中。我收到过许多给予我高度赞扬的私人来信，写信的人都是在生活中因我的作品而受到触动或被改变的。我一直都为这些感到惊奇。

无论怎么说，在改变南非一位男士或者澳洲内陆一位女士的生命中，我可以起到重要的作用，这一点非常神奇。

关于死亡的思考

现在我们来谈谈生命的终点。在我这个年龄却很少想到死亡，这一点可能会让你感到惊讶。我一直将死亡视为最有可能出现的景象，但是对我来说这不是一幅悲惨、可怕的景象。我的生活过得肯定不完满，但是其完满程度令我满意。在他人身上，我已经得到了某种程度的永恒。有时候我会说，从心理学角度来讲，全世界到处都有我优秀的儿女们。而且我相信，我和同事帮助开发的关于存在的想法和方式会一直持续下去，至少在一段时间内。因此，如果我，作为一个个体，来到生命的终点，我的某些部分还会继续以一种方式存在，那么我一想到这一点便会深感愉快。

我认为，没有人能够知道自己是否会害怕死亡，直到死亡真正来临的时候。当然，死亡是在黑暗中的终极一跃，我认为非常有可能发生的是，当我面对死亡时，慢慢失去感觉，我所感受到的恐惧会增加甚至加倍。然而，这个过程的真实的深层次恐惧我还没有体验过。到目前为止，我所知道的是，我关于死亡的恐惧依赖于其当时的环境。我对长期痛苦的疾病所带来的死亡有莫大的恐惧。我对中风带来的部分脑损伤和思想的衰退有恐惧。我理想的状态是快速死亡，不至于死得没有尊严。我想起了温斯顿·丘吉尔。我没有对他的死亡感到痛惜，我痛惜的是这死亡没有来得更快一些，他值得有尊严地死去。

然而，我认为死亡是终点这一信念被过去十年所学的一些东西改变了。我对雷蒙德·穆迪的报道印象深刻。他曾与死亡离得很近，当时被医生宣判死亡，后来又活过来。我对有关转世的报告也印象深刻，虽然转世看起来的确像一种没有把握的期望。我对伊丽莎白·库布勒–罗丝的工作，以及她对人死后生活的结论很感兴趣。亚瑟·凯斯特勒认为，个体意识类似意识宇宙中的一个碎片，当个体死后，碎片就会被整体吸收。这个观点对我来说非常有吸引力。我喜欢他的“个体小河最终流向海洋的潮水中，进入无边大海时丢下了泥土”这个比喻。

所以，我用开放的态度对待这些经历，从而来思考死亡。它是什么样，就是什么样，我相信我既可以把它当作生命的结束，也可以当作生命的继续来接受它。

结　论

我也意识到，我多么幸运，拥有健康、婚姻、家庭、令人兴奋的年轻朋友。所以，我自己并没有代表性。

但是对我来说，过去的十年是非常美好的——充满了冒险的事情。我能够更开放地对待新的观点、新的感觉、新的体验和新的挑战。渐渐地，我发现活着的含义包括把握机会、做一些不确定的事情，以及应对生活。

这些都带来了改变，而对我来说，这种改变的过程就是生命。我意识到，如果我很稳定、保持不变、静止不动，那么对我来说就是生不如死。所以我接受生命中的迷惑、不确定、恐惧、情绪的高低起伏，因为这些是流动的、复杂的和兴奋生活的代价。

当我回顾自己所经历的数个十年时，只有一个十年——在芝加哥大学咨询中心的那段时间——可以与这段时间相提并论。它同样充满了挑战、知识、个人成长。同时，这还是充满个人不安全感和痛苦的专业奋斗时期，比之前任何时期都要困难。所以我相信，我很诚恳地说，总体来讲，这是我生命中最满意的十年。我越来越能够成为自己，而且享受这个过程。

当我还是个孩子时，我体弱多病。父母告诉我，这预示着我活不长。在某种意义上说，这个预示被证明是完全错误的，但是在另外一个层面却是十分正确的。我认为它正确是因为我永远不会变老。所以我同意那个预示：我死去的时候还年轻。

更新——1979

我想将这一部分的内容集中在一整年中——1979年。在这一年中，痛苦、哀悼、变化、满足和挑战都非常显著地呈现。

通往死亡的过程

在我妻子去世（1979年3月）前的18个月中，我、海伦，还有很多朋友参加了一系列体验，这些体验彻底地改变了我对死亡和人类精神的延续的想法和感觉。这些体验都是强烈的个人感受，或许未来的某一天我会完整地将它们记录下来。目前我只能稍微提及。下面的故事大部分是关于海伦的，但是我会集中在自己的体验上。

海伦对心理现象和灵魂不朽抱有很大的怀疑。然而，我和她受邀拜访一位十分坦诚的灵媒，她不收一分钱。在那儿，我看到海伦跟她已故的姐姐“联系”上了，沟通的信息中有一些灵媒根本不可能知道的事情。信息超乎寻常得令人信服，而且都来自坚固的桌边敲打出的字母。后来，当灵媒来到我们家中，我们自己的桌子在客厅中显示出信息。我只能开放对待这种不可相信的、非欺骗性的经验。

海伦也会梦到她的家人，这让她更加确定，她在另外一个世界会受到欢迎。当死亡临近时，她“看见”死神和魔鬼站在她的病床边。但是当有个朋友说这可能是她在脑袋里造出来的形象时，她听完后就将他们驱散了。她还对魔鬼说，他来错了地方，她是不会跟他走的。此后，恶魔就没出现过。

在海伦生命的最后几天，她看见了激动人心的白光慢慢接近她，将她从病床上举起，最后将她放在床上。

在这一章中，我提到过在最后这些年中，我们两人的距离变得越来越远了。我想照顾她，但是我不确定我还爱着她。某一天，在她濒临死亡时，我的内心非常抓狂，而且我完全不知道抓狂的原因。当我像往常一样去医院给她喂晚饭时，我对她说出有多么爱她，她对我的生命有多么重要，她给我们的长期关系带来了多大的正面影响。我觉得我曾经告诉她这些话，但是那天晚上的话最有影响力，也最真诚。我告诉她，她不需要带着义务地活着，跟她家人在一起也挺好，她可以按照自己的意愿自由选择是否离去。我还说，我希望白光今天晚上还可以显现。

显然，她必须为别人活着的想法被我释放了。后来我知道，当我离开后，她把这一楼层的护士全部叫到身边，感谢她们为她所做的一切，而且告诉她们，她快要离去了。

到了第二天早晨，她就处于昏迷，第三天早晨，她就安静地离去了，当时女儿正握住她的手，我和几个朋友在她身边。

那天晚上，我的几个朋友与之前提过的灵媒见了一次面，他们与这个灵媒有长期的接触和沟通。他们很快就与海伦联系上了，海伦还回答了很多问题：她体验到了白光和灵魂向她而来；她与她的家人取得了联系；她有一副年轻女人的模样；她在非常平和、毫无痛苦的状态下离去。

我简单带过、没有详述的这些体验，都使得我对个体灵魂的延续的可能性持更加开放的态度，这些是我从来没有相信过的东西。这些体验让我对所有类型的超常现象都非常感兴趣。它们在很大程度上改变了我对死亡过程的理解。我现在认为，我们每个人的灵魂都是连续而永恒的，偶尔会投胎成人。

很显然，这些思想与我在两年前所写的章节结尾部分的观点形成鲜明对比。

活动和冒险

在一定程度上，由于海伦的离去，我比平时接受了更多邀请，和同事们一起去参加国内或者国外的工作坊。这些工作坊包括：在委内瑞拉以教育工作者为对象的工作坊；在靠近罗马的地方，与国际友人共同参加的一个大型的混乱的工作坊；在巴黎为促进者进行的简短但是深度的体验项目；在长岛举行的非常有价值的区域性以人为中心的工作坊；有许多外国人参加的在普林斯顿举行的以人为中心的工作坊；在靠近波兰华沙的度假村中举办的绝好的工作坊；在纽约举行的为期四天的“生命转变”工作坊。除此之外，我还写了一些文章，包括这本书的一些章节。

我想评价一下上述提到的两个项目。普林斯顿工作坊有九十人参加，这可能对我来说是我参与过的最难的工作坊。然而，至少有一位工作人员认为这是我们运行得最好的项目。对我来说，这个过程非常痛苦，而且我感觉这个团队只是接近共同体的边缘。

当我将工作坊变成痛苦的经历时，我能发觉很多因素。工作人员决定，这个第七年以人为中心的工作坊是我们这个系列的最后一期；我们彼此非常亲近，但是我们各自朝着不同的方向前进，而且我们不希望这些以人为中心的工作坊变成一种“常规”的体验。这些工作人员，对于参加工作坊的成员互相之间，或者他们对工作人员表达出的负面、敌对、批判性情绪的接受度可能比任何时候都高。这些人中的很大一部分来自美国之外的其他国家，他们能够自由地表达对美国或美国参与者的鄙视、轻蔑和愤怒。其中有两个人清楚地知道工作坊是如何操作的。（这两个人的观点非常不同，但是他们都强烈地反对我们这种非结构式的方法，而且每种观点都有一些追随者，虽然这些不足以改变工作坊的大体方向。）还有几位参与者表现出了深层的个人混乱。

大型团体开发自己的项目、寻找自己的方法时都会有固有的混乱，而当所有上述因素都加到这个混乱之上时，结果就极其可怕，经常充斥着沮丧和愤怒。当一些成员努力朝向具有创造性的和正向的方向发展时，他们会被其他人阻碍。真诚合理地说，不确定这些个体是否能感受到他人给予的信任，是否能够建设性地运用自己的力量。我们都是自己最可怕的敌人。直到最后十天，分歧中才慢慢形成微弱的一致，在差异上才形成了一个共同体。然而，令我惊讶的是，后来许多参与者说，从这些痛苦、混乱和亲密中，他们都学到了很多，而且朝着积极的方向变化。我也学到了很多，虽然过程很痛苦。

因为很多原因，波兰工作坊不同寻常。我很难相信我对工作感兴趣的程度，使得九十人聚集在一起，这些人既有专业人士，也有非专业人士。波兰的工作人员觉得不可靠，所以大部分是由到场的四个美国人促使其进行。当时我很失望，因为我希望波兰人能够起到更多领导作用。在为期一周的课程中间，当个人都能感觉到自己的力量，并开始使用的时候，很多人，尤其是专业人士，开始用其来攻击他人。具有伤害性的标签和诊断、带有技巧性的压制变得非常突出。对我来说，这个工作坊与普林斯顿的工作坊非常像。“不！不要再来一次！”但是主要因为一位工作人员——诚实的波兰美女，人们开始意识到这种行为的后果，这种行为就慢慢消失了。一个星期后，我们成了一个亲密的、充满爱的共同体。

我没有充分意识到发生了什么，直到数月后我收到一位参与者的来信。信上说："在这里，大家讨论着在波兰发生的'历史事件'——那么多不同类型的人，那么多专业人士、精神病医师和心理学家（每个人都掌握促进关系的终极真理），他们在日常生活中互相讨厌和压制对方。现在所有人都融合在一起了，而且没有丢掉个人的人格，没有欺骗。我很高兴我当时没有事先知道这种行业的敌对和背后的诽谤。"

我发现这个小组在整体上更加成熟、聪明，而且小组中的人比美国小组中的人更加有学者风度。虽然他们生活在社会主义国家，但是他们的问题、感觉、应对方式和他们对开放性和完整性的渴望和我在其他地方看见的是一样的。

个人问题

当岁月所剩无几时，我越来越能够发现自己爱的能力、感受性和性欲。我发现自己很幸运，能够通过发现和建立关系来表达这些需要。虽然这过程有痛苦和伤害，但是也充满快乐和刻骨铭心。

1980年1月8日，一大群朋友来到我家，带来了食物、饮料，还表演了唱歌，来庆祝我的70岁生日。那是个非常疯狂的、精彩的、欢闹的派对——充满爱、关心、友谊和幸福，这些我永远不会忘记。

我一直认为自己符合这一章的标题，我觉得自己变老了，也变成熟了。

第五章

我们需要一个“现实”吗?

下笔写本章内容时，我很享受。这让我回忆起1974年秋，和一位朋友在海滨小屋的短暂美好时光。在那珍贵的十天中，我是完全与世隔绝的——除了去过几次当地的杂货店，没有跟其他人有任何接触，也没有打过电话。我没有指望自己在那段时间能有什么收获，只是随身带了几本想读的书。我沿着沙滩散步，看见一只巨大的蓝色苍鹭，然后写写日记、写下自己的梦境，或者读书，让我的思绪随处游荡。

一天晚上，我坐在小屋的露台上，心里萌生了写这篇文章的念头。这篇文章与当时我写的其他文章完全不同，具有某种我喜爱的梦幻般的色彩。文章内容没有新意，但是如果认真对待这些内容，你会惊讶于其背后的含义。

和前文不同，从某种程度上来说，这章内容不是纯个人的感受，但还是反映了我崭新的、不同的一面，我还是将其归入这一部分。

大部分教育者会认为，教育的首要任务是帮助个体获得知识、信息和个人成长，使其能够更加有建设性地与“现实”打交道。这也经常是毕业演说的主题，人们对应届生如何面对和应付“现实”表达自己的希望和担心。在长期团体咨询的最后时刻，每个人已经更加了解自己和人际关系。当大家考虑到在外面的“现实”生活中应该如何表现时，这一话题也常常出现。

什么是“现实”？这是我想探索的问题。我可以用一些个人的、简单的例子很好地描绘出我思考的方向。

几周前的深夜，我独自一人坐在加州北部的海滨小屋露台上。我坐了几个小时，一颗闪亮的恒星从地平线上升起，映入眼帘。一颗闪耀的行星也慢慢移动，从我的上方移到我的右边。这颗行星和恒星一起移动着，伴随着银河系和其他星座。显然，我是宇宙的中心，天空慢慢地绕着我旋转。这是一个既谦卑（我是多么渺小）又令人振奋（自己成为焦点是多么奇妙）的体验。我看到的是一个实相。

然而，在我脑袋的某个角落，我知道，我自己和我脚下的土地，还有我周围的空气都在高速向东边移动——比新式喷气式飞机还要快，而相对于地球来说，恒星和行星是静止的。虽然刚刚描述的现象我并不能“看见”，我知道这（而不是更明显的知觉）就是真正的实相。

从另一个层次来说，我意识到自己是宇宙中一个小星系（这样的星系有千百万个）中的、微不足道的星球上的、无穷小的微粒。

我也知道，每个星系常常以惊人的速度爆炸，远离其他星系。这也是实相吗？我不知道。

但是至少有一些实相我是确定的：我坐的硬木椅子、搭建露台的坚硬土地、我手中的不锈钢钢笔。我不仅能够看见这些实相，还能够感受和触摸到。这些物体可以承受重力和压力，它们是固体。

但是我有足够的知识储备挑战上述说法。椅子是由曾经的生物细胞构成的，这些细胞结构复杂，且结构中的空隙多于细胞。而土地是一个缓慢移动的流体的集合，当它收缩、开裂和起皱时，就会颤动。我昨天开车经过的道路就发生过颤动，那是在1906年的一天，地面稍微抖动了一下，马路裂开。裂口的西侧一直向北延续了六米长。这就是固态的地球。

那我的金属钢笔呢？我听说它是由看不见的原子组成的。这些原子都在高速运动。每个原子都有原子核，原子核里的粒子逐渐被人们发现。每个粒子都有令人难以置信的特点，它们以近似随机的形式，在每个原子的最内部以自己特定的轨迹移动。我的钢笔不是我感受和触碰的那般稳固静止的物体。“现实世界”似乎破灭了。

听了著名物理学家詹姆斯·琼斯的话之后，虽然我还有些困惑，但是安心了。他说：“人类的知识河流不偏不倚地流向非机械化的真相——天地万物越来越像一种伟大的思维，而不是一个伟大的机器。”在你的朋友、水管工或股票经纪人身上试试这句话，告诉他们“现实是一种思维”。总之，显而易见的是，现实世界这个概念快速变换，我完全抓不住。

但是至少在人际世界中，我了解自己的家庭和朋友；这些了解无疑是实实在在的，我根据这些了解采取行动。不过后来，我的记忆让我摔了跟头。一个人只需要有机会参加温和地促进成长的会心小组，在这个小组中，每个人都有机会表达自己，从而发现自己有关人际关系的知识有多么不靠谱。小组中的每个人都能发现亲密的朋友和家人隐藏的感受。这些感受包括恐惧、自卑、压抑的愤怒和怨恨、奇特的性欲和性幻想，以及大量希望和理想、快乐和害怕、创造的冲动和自发的爱。这样的真相充满了未知，看起来也是不确定的。

因此，我们会被迫将目光转向自己：“至少我知道我是谁。我决定自己将要做什么，然后去执行。这些都是真相。”真的是这样吗？如果我问一个行为学家这样的问题，他会这样回答：“你只是一系列刺激输入和条件反射的总和，其他的都是假象。”看来我们终于有真相了：我什么也不是，只是个机器人。难道就只是这些吗？那我的理想从哪里来的？这或许也是可以解释的。我又想到了简，她告诉我，有一天晚上，她的双胞胎妹妹像平常一样开车回家。突然，她从某种恐慌中惊醒。她立刻打电话给公路巡警，说：“在某某公路上发生了一起车祸，是一个女士开着一辆白色的小车。”电话那头先是停顿了一会儿，然后巡警就以非常困惑和怀疑的语气问：“女士，你是怎么知道这起事故的？我们刚在两分钟前获知这起事故。”我们如何理解这种真相？

这个小片段打开了一条关于内在世界和“解离的实相”的思路。我们如何理解卡尔·荣格三岁时的梦境？他看见一个大而神秘的地洞，地洞里面有一个巨大的肉柱子被安置在皇室的座椅上，柱子顶上好像有个帽子样的东西。五十年后，当他在一些原始部落的生殖器崇拜的仪式中再次看见相同景象时，他才完全理解这段体验。这样的景象为什么会出现在荣格三岁时的梦境中？这种现象存在于什么样的实相中？

在罗伯特·门罗的故事中，他是一个精明的商人、工程师。在他有过一些困惑的体验后，有一天晚上，他发现自己漂浮在房间的屋顶上，看着自己和妻子的身体。他记下了这些体验：一开始有些害怕，后来就越来越想脱离身体到处游走。他记录下的这些体验很令人吃惊，但是非常有说服力。我们禁不住会思考这样的问题：什么样的“真相”能解释这样的体验，又能解释我知道的“真实的”体验？

唐望——这位不老的印第安雅基族人（Yaqui Indian）——是如何为顽固的心存怀疑的人类学家卡洛斯·卡斯塔尼达开启了新世界的？这个世界充满神奇的事件——可以在空中飞行，而且存在一个不寻常的实相——死和生并没有什么不同；“有智慧的人”可以在有灵魂的国度体验到不可能的事情。对此，你会说“胡说八道”？卡斯塔尼达的亲身经历足够迫使他意识到，确实存在解离的实相；而且现代科学化的思想对这种实相是完全陌生的。

我还想到了约翰·李立，他是加州理工大学的一位科学家，研究解剖学、医学和精神病学。他最著名的研究发生在其与海豚一起工作的十二年中。他尝试着与海豚沟通，他相信，海豚至少和人一样聪明。开始，作为一名科学家，他只相信机械模型表达的实相，而现在，他相信意识有很多种且处于不同的层次。他自己可以达到不同的意识层次，而且他也能帮助其他人达到。这种彻底的转变令人难以置信。在这场转变中，他坚信海豚可以读懂他的思想。李立在感觉剥夺箱中的体验十分奇妙，他漂浮在温水中，只能感觉到动物所能感受的光线、声音、触碰和味道。他发现，如果没有任何内部刺激，自己的内在世界是异常丰富的，有时候还很惊人。他尝试用LSD来探索自己的内在世界，结果既充满启发又有些吓人。这引发他去冥想、无边界的思维发散和深入到越来越高的意识状态。在这种意识状态中，他体验到了宇宙的统一，一种基于爱的统一（很多在李立之前的人被称为神秘主义者）。这种体验与他在加州理工大学接受的训练的差距很大！

我们不能简单地用嘲笑和鄙视来忽视这些事件。事件的当事人都非常真诚。这些事件表明，一个浩大和奇幻的宇宙——可能是内在实相，或者我们都不知道的精神世界——似乎是存在的。我们有个令人舒适的信仰：我们知道什么是现实世界。这样的一个宇宙却给我们的信仰一次最后的致命的打击。

有关真实的客体世界，我的思想要将我引向哪里？

很显然，它不存在于我们可以看见、感觉和掌控的物体中。

它不存在于我们如此赞叹的技术中。

在泥土中、闪烁的星星中找不到它。

它不存在于那些围绕着我们的坚实的知识中。

在任何文化的团体、习俗或者仪式中也找不到它。

它甚至不在我们所熟知的个人世界中。

它可以算作神秘的或者现在还深不可测的“解离的实相”，与客观世界完全不同。

我和其他人达成一个新的共识：我可能知晓的唯一“实相”是当下我所感知和体验的世界；你可能知晓的唯一“实相”是当下你所感知和体验的世界。唯一可以肯定的是，这些被感知到的实相是不同的。世界上有多少个人，就有多少种“真实世界”！如此，创造出了最恼人的两难困境：在历史上，人类不会先于体验存在。

从远古开始，部落、团体或者民族、文化，对真实世界的组成有一致的意见。但肯定的是，不同部落、不同文化可能拥有截然不同的世界观。至少，存在一个巨大的、相对统一的群体，群体中的人觉得自己对世界和宇宙的知识是正确的。所以，这个群体的成员不悦、谴责、迫害，甚至杀害那些有不同观点的人，那些以不同方式感知“实相”的人。哥白尼，虽然将自己的发现隐藏了很多年，但最终还是被视为异教徒。伽利略证实了哥白尼的观点，但当他七十岁时，他被迫放弃教学。焦尔达诺·布鲁诺在1600年被烧死，只是因为他告诉学生在宇宙中还有很多世界。

那些在宗教世界有不同感知的个体被折磨、被杀害。在十九世纪中期，撒美尔威斯，一位充满激情的匈牙利物理科学家被杀害，只因为他做了当时被认为很荒谬的陈述：产褥热，发生在产房的一种可怕的痛苦，是通过医生手上和仪器上的肉眼看不见的细菌，从一个女人身上传到另一个女人身上的。以今天我们所知的真相来看，这显然是一件很荒谬的事情。在美国殖民地上，那些被怀疑有超能力的人甚至被看作女巫，被吊死或用大石头压死。这些感知到与一般人不同实相的人付出了惨痛的代价。历史中有太多这样的例子。虽然社会经常最终会同意这些持不同意见的人，就如上面我讲的例子，但是毫无疑问，对已知和确定的宇宙的坚持，是让一种文化维持的黏合剂。

如今，我们面临着不同的情景。世界范围内沟通的便捷和快速意味着我们每个人都可以知道许多“实相”；即使我们可能认为其中有些是荒谬的（比如重生），或者是危险的，我们还是情不自禁地关注这些。我们再也不能生活在一个安全的巢穴中，认为我们都以同样的方式看待世界。

由于这种变化，我想提出一个严肃的问题：我们今天可以奢侈地拥有“实相”吗？我们可以一直保持着信仰，认为在我们都承认的定义的基础之上有一个“实相”吗？我确信，这是一个我们无法拥有的“奢侈”、我们不敢保持的“神话”。在最近的历史中，只有一次完全成功地达到了上述状态。数百万人完全同意社会本质和文化实相——希特勒的强大影响力带来的一致认同。这种对实相的认同几乎标志着西方文化的毁灭。我没有将其看成可以效仿的对象。

在这个世纪，西方文化中——尤其在美国——也存在大家都同意的价值观实相。这个信条可以被简单地称述为：“越多越好，越大越好，越快越好，而现代技术可以达成上述三个非常令人向往的目标。”但是现在，这个信条是摇摇欲坠的灾难，我们很少有人相信它。它被毁灭在污染的浓烟中、人口过剩的饥荒中、核炸弹的“达摩克利斯剑”（Damocles' sword）中。我们已经成功取得了“赚很多钱”的目标，以至于我们处于消灭地球上所有生命的危险中。

以我的观点来看，我们想生活在“真实世界”的努力让我们走到了物种灭绝的边缘。我斗胆建议另一种可行方案。

依我看，未来的道路必须在我们的生命和教育的基础之上，以及一个假设的基础之上——存在很多实相，就像存在很多人一样。我们必须首先接受这个假设，然后从这里继续前进。从哪里开始？我们每个人都以开放的思想开始探寻存在的许许多多对实相的感知。我相信，在这个过程中，我们会充实自己的人生。我们也会变得更加能够应对我们每个人各自存在的实相。这很可能是充满困惑和艰难选择的一生，你渴望更加成熟，但这也会是激动人心和充满冒险的一生。

然而，问题可能随之而来：基于这个多重实相的假设，我们是否会有共同体或者社会？这样的社会会不会是个完全个人主义的无政府状态？我不这样认为。假如我从勉强容忍你的解离的世界的观点，变成完全接受你，并认为你有权利持有这样的观点；假如我不会将其他实相看成荒诞的、危险的，或者异端的、愚蠢的而拒之门外，我愿意探索和学习这些实相；假如你也愿意这样做，那么这个社会将变成什么样子？我认为，我们的社会将不会建立在盲目地信奉一种实相的根源、信条或者观点之上，而是建立在共同承认彼此是合法的个体，有各自的实相之上。人类彼此关心的自然本性将不会是“我关心你，因为你和我是一样的人”，而会是“我珍视和珍爱你，因为你跟我不同”。

你认为这太过理想主义？确实如此。我怎么会如此天真和“不现实”，以至于希望这样巨大的改变可以发生？我的希望部分是基于查尔斯·贝尔德对其世界历史观的得体陈述：“当天空变黑时，星星就开始闪耀了。”所以我们可能会看见领先者的出现，他们朝着这个新方向前进。

我的希望，甚至更坚固地基于兰斯洛特·怀特在他去世前的最后一本书中的观点（这是一个历史学家的观点）。在他的理论中，人类历史中的巨大进步都是在预料之中的，而且可能是在变化之前的一段时间，由数百万个体无意识思想的变化引起的。然后，在一个相对短的时间中，一个新想法、一个新观点，好像突然来到了世界舞台上，变化就产生了。他举了一个例子，在1914年之前，爱国主义和民族主义是一种无可争议的美德。后来，人们开始了模糊的无意识的审问，建立了一个无意识惯例，完全改变了思考的整个模式。这个新观点在1950年至1970年期间公开爆发。“不问对不对，祖国就是祖国”（My country，right or wrong）不再是大家生活的信条。民族主义战争过时了，不流行了，而且即使战争继续，世界舆论也大力反对。怀特指出，“在整合情绪、思想和系统的任何时候，无意识水平都在意识之前！”

这种想法与我的想法完全一致。我已经说过，我们比智力更聪明，我们的组织作为一个整体有其智慧和目的，而且在我们的意识之外运行得很好。我认为，男人和女人——无论是个体还是集体——都从内心深处有组织地拒绝单独的、文化认同的实相。我也认为，他们不可避免地慢慢接受数百万分离的、有挑战性的、激动的、有益的、个体对实相的观点。我认为，这个观点——像不同国家的科学家独立地突然发现的量子力学一样——可能突然在世界各地成为有效的存在。如果是这样，我们会生活在一个全新的世界中，与历史上存在过的时代完全不同。你可以想象这样的变化吗？

这里存在着对教育者（可能是这些行业中最没有安全感和最容易受到惊吓的）的挑战——被公众压力折磨、被法律条例限制，他们在行动上基本保守。他们可能支持我描述的这种多重实相观吗？他们能够变得具有这样一个世界观需要的态度、行为和价值观吗？当然，他们仅靠自己办不到。但是随着有了怀特称之为“无意识的惯例”，以及新新人类（我和其他人在我们的文化中看见他们的出现）的帮助，可以想象他们是会成功的。

我推断，如果民族按照他们以前的方式存在，那么由于世界沟通解离的观点的速度，每个社会将需要施加越来越大的压力迫使人们在真实世界的组成成分和价值上达成一致。在不同民族、不同文化中，这些被迫的一致会有不同。这些被迫会毁掉个体的自由。我们将自我毁灭，而这种毁灭是由不同世界观引发的冲突带来的。

但是我提供了另一条出路。如果我们接受所有人类生活的基本事实，我们活在各自的实相中；如果我们可以将这些不同的实相看成可供人们在所有世界历史中学习的潜在资源；如果我们可以通过一起生活来毫无畏惧地彼此学习；如果我们可以做到所有这些，那么一个新时代就将来临。可能，仅仅是可能——人类的深度有机感知就在为这样的变化铺平道路。

第二部分

关于个人中心取向

第六章

个人中心取向的基本理念

这一章非常基础，既植根于过去，又立足于现在。写作之时，我引用了自己以前的一篇论文，它着重阐明了我当时的思想。第二个思想源泉可追溯到二十世纪七十年代早期在一次人本主义心理学讨论会上迸发的思想火花，而且最终积累成一篇关于“形成倾向”（The Formative Tendency）的论文。我受益于英国历史学家兰斯洛特·怀特的思想，但令我惊讶的是，在简·克瑞斯蒂·斯马茨的著作里早就出现过几乎相同的观点。他是南非具有传奇色彩的勇士、学者、总理。在他政治失败并结束第一任总理任期之后，他写了一本书，主题是“整合、整体趋势……在存在的各个阶段都可以看到……是宇宙中的基本定律”。之后，阿尔佛雷德·阿德勒借用斯马茨关于整合趋势的概念，支持自己的观点：“毫无疑问，我们称之为躯体的所有东西，都力图变成一个整体。”（感谢佛蒙特大学教授亨氏·安斯班克博士，他是阿德勒理论的拥护者，是他引起了我对这些早期思想家的关注。）可以确定的是，这些思想家在很久以前就了解整合的力量，而这几乎被科学家忽视。

第三个思想源泉是我对三位处在当今科学最前沿的科学家的理解，他们是理论物理学家弗里特乔夫·卡普拉、科学哲学家曼古汗·穆拉亚玛，以及诺贝尔化学奖得主伊利亚·普里高津。

因此，这篇文章吸收诸多思想，把新旧思想整合到个人中心取向的存在方式之中。我尝试用浅显的语言解释深奥的概念。我十分感激这些概念的提出者们，其开创性的思想源于过去，也源于当下。

我在撰写本章之时感到十分愉悦，很高兴能为大家呈现这一章。

我想指出两种相关的倾向。随着岁月的流逝，它们在我的思想中日趋重要：一是实现倾向（actualizing tendency）——生物所具有的特质；二是在宇宙中趋于整体的形成倾向（formative tendency）。总之，它们是个人中心取向的基石。

个人中心取向的特征

个人中心取向的含义是什么？它表达的是贯穿我整个职业生涯的核心理念。通过我的经验、与他人的互动以及研究，其含义逐渐变得清晰。我曾给它不同的命名——“非指导性咨询”“来访者中心的治疗”“以学生为中心的教学”“以团体为中心的指导”。每当想起这些多样的名称，我都禁不住微笑。由于应用的领域多种多样，所以“个人中心取向”这一名称更具有概括性。

下面简要叙述一下这种取向的核心假设。个体内部拥有许多用于认识自己，改变自我概念、基本态度与自我定向行为的资源。只要营造出富有支持性的心理氛围，这些资源都会被调动起来。

营造促进成长的氛围必须具备三个条件。这些条件可用于我们谈到的治疗师与来访者的关系、亲子关系、领导者与团体的关系、师生关系、上级与下属的关系。事实上，它们适用于以个人发展为目的的任何情境。在以前的文章中，我已论述过这些条件，在此仅从心理治疗视角进行简要的总结，但它可用于上述所有关系。

第一要素是真诚、真实或一致性。治疗师在治疗关系中的投入越多，越不以专业的姿态或外表出现，那么来访者发生积极变化或成长的可能性就越大。这意味着治疗师对这种感受和态度不加掩饰。“透明”（transparent）这一术语反映的是一种状态：治疗师对来访者是透明的，来访者能洞察治疗师在其治疗关系中的角色；来访者感到治疗师没有隐瞒。对于治疗师而言，在适当的情况下，他所经历的感受是可被意识与沟通的，可存在于治疗关系中。因此，其内心深处的体验、意识到的内容以及对来访者的表现具有较高的一致性。

在营造促进改变的氛围时，第二个重要的态度是接纳、关心或重视，即我所说的“无条件的积极接纳”（unconditional positive regard）。无论来访者出现何种状态，治疗师都持有积极的接纳态度，那么治疗行动或改变就越有可能发生。治疗师愿意让来访者表现出直接的感受——困惑、怨恨、害怕、愤怒、勇气、爱或骄傲。治疗师给予的关心是非占有性的。治疗师从整体上评价来访者，而不是有条件的。

治疗关系中的第三个促进性的要素是移情性理解，即治疗师能准确地感知来访者的感受和个人意义，并把这种理解传达给来访者。如果进展顺利，治疗师会深入他人的内心世界，不仅能弄清来访者认识到的意义，甚至能发现其意识之下的潜在意义。这种积极的体察式倾听在我们的生活中极为罕见。我们认为自己在倾听，但很少带着真正的理解与真诚的移情去倾听。然而，这种特殊类型的倾听是我所知的最有力的改变力量之一。

我所描述的氛围如何带来变化？简而言之，当得到别人的接纳和重视时，个体往往会对自己更关注。当人们得到移情式的倾听时，他们能更准确地聆听丰富的内在体验。当一个人理解与重视自己时，自我与其体验会更加一致。个体由此变得更真实与真诚。这些倾向（作为对治疗师态度的回报）会使个体成为促进自我成长的有效强化者。他们将会更自主地成为真正的人、完整的人。

支持个人中心取向的证据

总体而言，大量研究证据支持这一观点——当促进式情境出现时，人格与行为的改变就会发生。有越来越多的研究证据支持这一点。自1949年开始，这类研究一直持续至今。研究包括个人中心疗法对高危个体与精神分裂患者的作用，学校学习的促进作用以及改善其他类型的人际关系。其间出现了一些鲜为人知的杰出研究，其研究者是：关注教育领域的安赛与罗巴克，以及关注多个不同领域的德国研究者陶施及其同事。

生命中的定向过程

实践、理论及研究表明，个人中心取向是基于对人类及其他生物的基本信任。来自许多学科的证据支持更广义的说法。我们可以说，无论是何种水平的生物，都会有积极实现自己固有潜力的大量内部运动。人类也具有向更复杂、更完善方向发展的天然趋势。常用于形容这种趋势的术语是“实现倾向”（actualizing tendency），它存在于所有活的生物中。

无论是花朵或橡树，蚯蚓或漂亮的鸟儿，猿或人，我们都要意识到它们的生命是主动的过程，而不是被动的过程。无论刺激源于内部或外部，环境有利或不利，生物的行为都朝着维持、加强、繁衍的方向发展。这是生命过程的本质。这一倾向贯穿生命的始终。事实上，这一整体的定向过程存在与否，能让我们分辨一个已知的生物是活着还是已经死亡。

当然，这种实现倾向可能受挫或是扭曲，但是在不消灭生物的情况下，它不会消失。我记得童年时代，我们把冬天要吃的土豆放在地下室的储物箱里，地下室上方不远处有个小窗户。这种环境不利于土豆生长，但是土豆总会发芽——淡白的幼芽，与春天播种在土壤里抽出的健壮的绿芽完全不同。但是这些细长的幼芽会伸向窗外远处的光线。这些幼芽的发育是异常的、徒劳的，是我所说的定向倾向的极端表现。它们永远不会长成植物，也不会成熟，更不会实现其真正的潜力。但是在最恶劣的环境下，它们依然尽力去实现自己。即使生命无法繁茂，也不会放弃。在对待生命被扭曲的来访者时，在面对重返医院的人们时，我时常会想起那些土豆芽。他们的生存环境如此恶劣，他们看来好像是反常的、心理扭曲的、异乎常人的。然而，他们也具有定向倾向——他们按照自己认为能获得的唯一途径朝着成长与实现不断发展。这一点，是理解他们行为的重要线索。从健康者的角度来看，其结果是离奇而又徒劳的，但这是生命为实现自我而不顾一切的努力。这种潜在的积极倾向是个人中心取向的深层基础。

一些证明定向过程的实例

认为实现倾向是“机体运转的动力是什么”这一问题的终极答案的人，不是只有我一人。戈尔茨坦、马斯洛、安葛亚、森特-哲尔吉等人持有相似的观点，而且他们对我的思想产生了影响。我曾在1963年指出，这种倾向包括器官与功能分化的发展过程，包括通过繁殖的促进过程。森特-哲尔吉说，“只有在假定生命体具有完善自我的内在‘驱动力’的前提下”，他才能解释生物发展的奥秘。在正常状态下，机体会向自我实现、自发调节的方向发展，不受外部控制的约束。

但是这种观点能得到其他证据的支持吗？让我介绍一些支持实现倾向的生物学成果。一个实例是许多年前汉斯·德里施对海胆的研究，这一点在许多不同物种中都得到验证。德里施知道，在受精卵第一次分裂后，如何把分裂形成的两个细胞进行分离。在正常发育的条件下，每个细胞将发育成一部分海胆组织，同时形成完整的海胆幼虫。那么，如果两个细胞被分离后，它们发育后应该只能形成一部分海胆组织。但是这一假设忽视了所有有机生长的定向与实现倾向。结果发现，在保持存活状态的情况下，每个细胞将会形成一个完整的海胆幼虫——体型上小于正常幼虫，但功能健全。

我之所以选择这个实例，是因为它类似于我在一对一治疗关系中、在促进强化治疗小组中、为在校学生提供“学习自由”的过程中的经历。在这些情境下，我深刻地感到每个人都有向整体发展、实现自己潜能的定向倾向。当我试图在他人身上创造出本不存在的特质时，我发现心理治疗或小组实践对此无能为力；但是我发现，如果提供促进成长的环境，这种积极的定向倾向会带来建设性的结果。那位分离海胆受精卵的科学家也处于相同的情况。他无法使细胞按照这样或那样的方式发育，但当他想方设法提供促进细胞存活及生长的条件时，海胆细胞就会表现出生物内部的成长倾向与方向性。同样，如果我能提供心理上的“羊水”，建设性的成长就会出现。就治疗或团体实践而言，我想不出比这更恰当的比喻了。

我再补充一下，使其更清晰。有时，一些人似乎认为这种成长倾向包含生物所有潜力的发展。这显然是不正确的。我的一位同事指出，生物不会倾向于发展其呕吐的能力，也不会实现自我毁灭的潜能，更不会发展耐痛性。只有在异常或反常的环境下，生物才会实现这些潜能。显然，实现倾向具有选择性与方向性——建设性的倾向。

来自现代理论与实践经验的支持

潘东尼强有力地指出，赞成实现倾向的人们“无须受缚于‘实现倾向与现代科学或知识理论互相矛盾’的看法”。他描绘了不同的现代认识论，特别是村山的认识论。在这一理论中，“遗传密码”不能包括成熟机体所需的所有信息。相反，它包括一系列决定分裂细胞相互作用的规则。编制规则所需的信息远少于操纵成熟发展中的每个部分所需的信息。由此可见，德里施的海胆细胞无疑遵循所编制的规则，因此能以独特的（而非之前特定严格的）方式发育。

这违背了目前的（与过时的）社会科学认识论，这种认识论认为“原因”在单向上产生“结果”。相反，村山及其他研究者认为原因—结果的相互作用会扩大偏离，导致新信息与新形式的出现。“形成发生认识论”（morphogenetic epistemology）似乎是理解所有生命系统的基础，包括生物的所有发育过程。村山认为生物学的理解“基于生物过程是互为因果的过程，而不是单独的过程”。另一方面，正如他在其他地方提出的那样，生物学的理解不只基于单向的因果系统。因此，我们亟须反思多数社会科学所依据的刺激—反应、原因—结果的基础。

感觉剥夺领域的研究成果表明，生物具有增加多样性和创造新信息与新形式的倾向。当然，紧张减弱或撤销刺激，都与生物的预期状态相去甚远。弗洛伊德假设，“如果可能，神经系统是……在无刺激条件下维持自身的装置”，这是极为错误的。相反，当剥夺外部刺激时，人类机体会产生大量内部刺激。李立首次提及自己吊在隔音水箱里的失重经历。他谈到恍惚的状态、奇妙的感觉、转到自然意识状态下无法企及的沟通网络时的感受，甚至只能称为幻觉的体验。显然，当个体接收的外部刺激削减到最低限度，他将会深入体验到日常生活所无法企及的状态。当然，他不会达到自我平衡的状态，而是陷入被动平衡的状态。而被动平衡只发生在病态的生物身上。

可信服的基础

因此，在我看来，“所有动机的基础是生物的实现倾向”这种说法是有意义的。这种倾向体现在最广泛的行为之中，是各种需求的反应。的确，某些基本需要只有在一些迫切的需要得到满足之后才能得到部分满足。因此，生物的自我实现倾向在一定时期内可能会导向寻找食物或性满足的行为。然而，除非这些需要压倒一切，否则，生物会以提升自尊（而非削弱）的方式寻求满足。而且，生物在与环境互动的过程中寻求其他实现。探索与改变环境的需要、游戏与自我探索的需要——这些需要以及许多其他行为是实现倾向的基本体现。

简而言之，生物总在寻找，总在开拓，总是“有所企图”。这是人类生物的一个集中能源。这一能量源是整个生物的功能，而不是某一部分的功能；它可被简单概括为实现与完善的倾向，不仅有维持作用，还有提升作用。

更广泛的视角：形成倾向

许多人批评这一观点，认为它过于乐观，没有适度地考虑人类的负面因素，即人类邪恶与黑暗的一面。

因此，我在更广义的背景下论证定向倾向。在这一过程中，我将从其他学科的角度着重探讨他人的研究成果与思想。我从许多科学家那里获益良多，尤其受益于获得诺贝尔奖的生物学家艾尔伯特·森特-哲尔吉与历史学家兰斯洛特·怀特的研究。

我的主要论点是：形成倾向在整个宇宙中都起作用，这体现在任何水平上。人们对这种倾向的关注度远低于它应有的程度。

迄今为止，物理学家主要关注“熵”，熵是指退化或混乱的倾向。他们对此了解甚多。通过研究封闭系统，他们清晰地给出关于熵的数学描述。他们知道有序易于趋向无序，每一阶段都比上一阶段更加无序。

在有机生命中，也存在退化现象。整个系统——植物、动物或人类——的功能会渐渐退化，趋向失序状态，直至停滞。这在某种程度上是医学所关注的问题——关注器官或生物作为整体的机能障碍或退化。人们越来越了解生物死亡这一复杂过程。

各种系统都具有向无序、混乱状态退化的普遍倾向。当系统启动时，它是一条单行道——世界就像一台巨大的机器，直到磨损殆尽。

但鲜为人知的是，全宇宙中的每个水平都具有更重要的形成倾向。归根究底，我们看到或知道的任何物种都起源于更简单的物种。这是至少与熵同等重要的现象，在任何无机物或有机体身上都得到佐证。让我举一些例子。

任何星系、恒星、行星，包括我们所处的星球，是由无序旋转的微粒所构成的。许多星体是自发形成的。在太阳的大气层中，氢核相互碰撞，形成更复杂的氦分子。我们假设，在其他星体中，通过这类互动作用会形成更大的分子。

我认为地球大气层中的简单物质存在于生命出现之前——以水和氨气的形式存在的氢、氧、氮，通过注入电荷或辐射作用，更重的分子首次形成，接着出现更复杂的氨基酸。我们似乎与病毒，甚至更复杂的生物的形成仅有一步之遥。起作用的是造物主，而不是分解过程。

另一个有趣的例子是水晶的形成。在通常情况下，美丽独特、整齐对称的晶体产生于不规则、不匀称的液体。我们惊叹于雪花的完美繁复，而雪花是由无定形的水蒸气形成的。

就单个活细胞而言，我们发现它通常会形成更复杂的集群，如同珊瑚礁一样。随着这一细胞参与形成由许多细胞构成、具有特定功能的生物，更多的秩序开始发挥作用。

我无须赘述生物进化的整个渐进过程。我们都知道生物朝向复杂性持续发展。生物并不一定总能成功地应对多变的环境，但向复杂性发展的趋势是显而易见的。

或许，大多数人认为生物进化过程如同单个人类受精卵通过最简单的细胞分裂期、水生腮期，最终发展成复杂的、有系统的人类婴儿一样。正如乔纳斯·索尔克所说，进化有明显的、不断增长的次序。

因此，在理解退化倾向的前提下，我们要更全面地看待森特-哲尔吉所说的“负熵”（Syntropy）以及怀特所说的“形态倾向”（morphic tendency），即在无机物与有机物之间可见的、朝向秩序及其相关的复杂性发展的运转趋势。宇宙不断构建创造，也在不断退化。这一过程也出现在人类身上。

人类意识的功能

我们的意识如何参与形成倾向？我认为意识的作用虽然微小，但非常重要。集中有意注意的能力似乎是人类最近的进化发展之一。这一能力被描述为意识、象征能力的顶峰，处于“无意识的生物功能”这一巨大金字塔的顶端。或许，更形象的比喻是把这个金字塔看成一座与之形状相同的大山，反映出不断持续的变化过程。闪烁的意识之光忽明忽暗地照着大山的顶端，而生活之流不断以意识或非意识的方式陷入黑暗。人类意识向更完善的方向发展。在这一水平上，新的形式出现，或许是人类物种的新方向。互为因果的关系是显而易见的。做出选择，由此产生新的方式。我们看到人类功能的最高形式。

我的一些同事认为物种选择——存在形式的、非语言的、潜意识的选择——受到进化过程的指引。我承认我的看法更甚。我曾指出，我们在心理治疗中获得关于心理状况的信息，有益于提升极为重要的自我意识。在更强烈的自我意识下，个体会出现更具洞察力的选择。这一选择不受内投作用的约束，是与进化流更相符的有意选择。这样的个体不仅能更清晰地感受外部刺激，还能感受到观点与梦想，更能体验到身体内部的感受、情绪和生理反应流。这种意识越强烈，个体越能朝着定向的进化流迈进。

当个体以这种方式起作用时，并不意味着自我能意识到所有内在过程，就像蜈蚣在觉知到每条腿时反而会陷入瘫痪。相反，他更自由地依靠主观体验，也意识到它。他或许会体验到爱、伤痛、害怕或只是主观地生活在这些体验中。或者他从这种主观性中抽离自我，并在意识层面觉察到“我很痛苦”“我害怕”“我恋爱了”。关键在于当个体充分起作用时，就不存在阻止个体充分觉知目前体验的障碍与壁垒。个体会朝着完整、整合、统一的人生方向发展。意识参与了这种更广泛的、创造性的形成倾向。

意识改变状态

一些学者的观点更为激进。诸如格罗夫兄弟与李立等研究者认为，人们能超越一般意识水平。他们的研究似乎揭示，在意识改变状态下，人们感到自己了解或把握进化过程的意义。这些研究者认为这是超越统一性的体验。他们从更高层次的价值观角度看待个体自我，特别是美好、和谐与爱。个体会体验到与宇宙合一的感受。客观的研究似乎证实了神秘主义者与宇宙统一的体验。

对我来说，最近我治疗来访者的许多体验（尤其是对待强化团体）都证实了这种观点。我之前描述了促进成长的关系所具有的特征，这些特征受到研究的证实与支持。但是最近我转向更宽泛的、尚未得到实证支持的新领域。

当我作为团体促进者或治疗师，处于我的最佳状态时，我发现了另一个特征。当我接近内心、本能的自我，接触未知的我，进入意识改变状态时，我发现自己的行为充满了治愈的力量。我的存在对他人来说是放松且有益的。我无法强迫自己出现这种体验，但当我放松、接近自己超越性的内在时，我就会以奇怪的、冲动的方式在关系中表现出行为，这种方式不能说是理智的，这与我的思维过程无关。但是这些奇怪的行为却以奇怪的方式被证明是正确的：我的内在精神触及他人的内在精神。我们的关系超越了关系本身，变得更强大。因此，深刻的成长与治愈以及能量都显现出来。

有时，在我的工作坊中，参与者会经验到这种超越现象。这种现象改变了参与者的生活。一位工作坊的参与者生动地说明了这一点："我发现这是一种深刻的精神体验。我在团体中感到了统一的精神力量。我们一同呼吸，一同感受，甚至为对方辩解。我感受到'生命力'的力量，无论怎样，它鼓舞着我们。我发现它的存在不受'我'和'你'的限制——更像是冥想的体验，我感到自己是意识的中心，是更广阔的宇宙意识的一部分。伴随着这种统一的非凡体验，每个人的独立性得到极大的维护。"

科学与奥秘

我可以确定，许多读者与我意见相悖。他们想知道其中的逻辑、严谨及客观之处。但是在他们完全否定我之前，我想从出乎意料的角度举出令人惊讶的例证。

著名的理论物理学家弗里特乔夫·卡普拉说明了当今的物理学如何完全废除关于我们世界的坚实的概念，只留下能量的概念。他总结道："在现代物理学中，宇宙被看成动态的、不可分割的整体，从根本上说，也包括观察者在内。在这种体验中，时间与空间、孤立事物、因果关系的传统概念都失去了意义。尽管如此，这种体验非常类似于东方的神秘主义的观点。"他继续指出禅宗、道教、佛教以及其他东方文化惊人的相似点。他确信，物理学与东方的神秘主义是通往相同知识的独立而又互补的途径，与对宇宙更进一步的理解互为补充。

最近，化学家伊利亚·普里高津提出了不同的观点，给我正讨论的主题带来了新的希望。

在试图回答"秩序与复杂性如何产生熵的过程"的基本问题时，他创设出一种全新的理论系统。他用数学公式和例证说明，生物界带有概率性，而不是不可逆转的。他的观点可应用于能量与环境交换的任何开放系统，显然也包括人类机体。

简而言之，结构越复杂（无论是化合物或人）的系统，在维持复杂性上需要花费的能量越多。例如，只占体重2%的人类大脑却需要20%的可用能量！正如普里高津所说的，这类系统是不稳定的，具有波动性和“小变化”。随着这些波动的加剧，它们被系统的许多联结放大，导致系统陷入发生变化的新状态，比以往更加有序与连贯。这种新状态更加复杂，因此具有产生改变的更大潜力。

从一种状态到另一种状态的转变是突然的变化、非线性的事件，许多因素同时作用于另一种因素。在我看来，特别有趣的是，唐在分析根德林在心理治疗中的“体验”概念时阐释了这种现象。在治疗关系中，当个体在意识层面中充分体验与接受一直被压抑的感受时，他就像获得全新的洞察力一样，不仅会体验到心理转变，还会出现身体方面的改变。

普里高津的理论解释了冥想、放松技术与变异意识状态。在这些状态中，人们通过多种手段增强了波动性。它支持了充分认识与表达自我感受的价值（积极或消极），因此，允许这一系统发生充分变化。

普里高津认识到“复杂的科学”与东方先哲及神秘主义观点、阿尔佛雷德·诺斯·怀特黑德与亨利·柏格森的哲学具有很强的相似性。他说，他的观点指向“深层的整体视角”。更令人惊讶的是，他最新的一本书叫作《从存在到演化》（*From Being to Becoming*）。这个题目对化学哲学家来说有点奇怪。他的结论言简意赅：“系统越复杂，它的自我超越潜能越强：它的每个部分协作重组。”

因此，理论物理学与化学证实了一些超越的、模糊的、不可预料的、变化的体验的可信性——我和同事观察到这种现象，并认为这是个人中心取向的佐证。

关于未来的假设

考虑到我所说的各个主题范围，以及可获得的支持证据，我形成了一个更宽泛的假设。在我看来，这种假设是尝试性的。但是为了使这个假设清晰一些，我再更确切地陈述一遍。

我假设全宇宙中都存在定向的形成倾向，在恒星、晶体、无机物、更复杂的有机体，以及人类中，都可以追溯和观察到这一点。这是一种向更有序、更复杂、更有关联的方向进化的趋势。就人类而言，这种倾向表现为个体从单细胞到复杂的生命功能，到对潜意识的感知，再到对机体与外部世界的意识觉知，最后到对宇宙和谐与统一的超然认识（包括人类自己）。

在我看来，这个假设很可能是我们开始建立人本主义心理学理论的基石。它无疑是构成个人中心取向的基础。

结　论

我所说的是，作为人本主义治疗师与促进者，我们发现态度的质量在促进个体人格与行为的发生建设性与成长性的变化上显然是很有效的。当处于充满这类态度的环境时，人们会更加理解自己，更加充满信心，能更好地选择自己的行为。他们会学得更多，更自主地生存与实现。

处于这种滋养氛围的个体能自主地选择任何方向，但事实上会选择建设性的积极方式。实现倾向在人类身上也是奏效的。

更令人信服的是，生命系统不只存在一种倾向，它是整个宇宙蕴含的更强的形成倾向的一部分。这在任何水平中都会存在。

因此，当我们提供允许个体成长的心理氛围时，无论此个体是病人、学生、工人或团体中的一员，我们都不能寄希望于偶然。我们要利用渗透所有生命体的倾向——机体完整性的倾向。就更宽泛的范围来说，我认为，我们会形成潜在的创造性倾向，形成我们的整体——小到雪花，大到银河系，从低等动物变形虫到最敏锐、最有天赋的人类。或许，我们能触及最强的能力，从而超越自我，引领人类进化新的精神方向。

在我看来，这种构想是个人中心取向的哲学基础。它说明我正致力于积极向上的存在方式。

第七章
共情：一种饱受争议的存在形式

这篇文章的主题是“共情”，它是一种与他人共处的特殊方式，我们应重新审视与评估它。我认为人们极少考虑这一要素，而它对理解人格动力、有效改变人格与行为来说具有非常重要的作用。它是我们使用自我的最熟练有力的方式之一。尽管研究者经常提及与叙述这一主题，但我发现这种存在方式在关系中并未充分展开。我首先介绍一下自己对共情的艰难探索。

我的探索

在我刚刚担任治疗师时，我发现仅对来访者全神贯注地倾听，就是一种重要而又有效的方式。因此，只要我拿不准该主动做什么，我就选择倾听。令人惊讶的是，这一被动的互动方式也会如此有用。

后来，一位具有兰克学派背景的社会工作者让我了解到最有效的方式是倾听来访者的感受与情绪，通过来访者的言语来辨别其模式。我认为她的言下之意是，最好的回应是把这些感受“反映”给来访者——“反映”这一词语让我感到敬畏。然而，那时它改善了我作为治疗师的工作状况，这让我非常感激。

随后，我到俄亥俄州立大学担任专职教师；在学生的帮助下，我终于找到一些能记录我和学生访谈过程的设备。我毫不夸张地说，当围在能听到自己声音的机器旁边（它不断回放出访谈中明显错误的疑点或来访者发生显著进步的时刻）时，我们极为兴奋。（我仍然认为这是提高治疗师能力的一种最佳方式。）通过这些录音获得的许多经验教训，我们逐渐认识到，倾听并“反映”感受是个非常复杂的过程。我们发现，我们可以精准地指出治疗师的哪些回应会使来访者的许多重要有用的话语变得肤浅和无效。同样，我们也能指出治疗师的哪些话语能使来访者沉闷杂乱的陈述转变成目标明确的自我探索。

在这种学习情境中，我们自然会更强调治疗师回应的内容，而不是倾听的共情质量。这样，我们更注重咨询师或治疗师使用的技术。我们擅长从细枝末节中分析每次访谈的波动过程，并且从这种微观分析中获取大量资料。

但是这种关注治疗师回应的趋势会导致可怕的后果。虽然我曾遭到他人的反对，但这些反响更糟。几年之后，整个方法被看成一种技术。“非指导性治疗”被认为“是一种反映来访者感受的技术”。更糟糕的讽刺是，“在非指导性治疗中，你只要重复来访者话语中的最后几个单词”。令我震惊的是，我们的方法被完全曲解，以至于我多年来很少谈及共情地倾听；而且，当我谈及共情时，我强调的是共情的态度，并没有提及如何在关系中实施共情。我更愿意讨论积极关注和治疗师一致性的特质，我假设它们会与共情一起促进治疗过程。虽然它们也常被误解，但至少这些误解不是带有讽刺性的。

目前的需要

然而，多年以来，研究证据不断累积，并有力地指向“关系中的高度共情可能是引起改变和学习的最有效的因素”这一结论。因此，我认为这对我来说，是忘记过去的讽刺和误解、以新的眼光来看待共情的时候了。

这还有另一个原因。在美国，过去的一二十年里，许多新的治疗方法成为人们关注的焦点。其中，著名的疗法有格式塔治疗、心理剧、原始治疗（primal therapy）、生物能量学、理性情绪疗法、交流分析（transactional analysis）；此外，其他疗法不胜枚举。它们的吸引力部分源于这一事实——在多数情况下，治疗师显然是专家，为了来访者的利益，经常以戏剧性的方式主动操控情境。如果对这种预兆的解读正确，我认为人们对这类专业指导的迷恋会下降。至于另一种基于专业技术的方法——行为治疗，我认为人们对它的兴趣和着迷仍然呈增加趋势。技术社会乐于发现一种能朝着治疗师或社会选定的目标塑造个体行为（甚至无须经由他们的许可）

的技术。不过，即便在这种情形下，随着哲学和政治对“行为模式”的影响越来越清晰可见，有识之士的质疑也在不断涌现。因此，我看到许多人想要从另一种视角（着眼于个体，而不是专家）看待人们的存在；这让我再次审视“共情”的含义以及我们对它的认识程度。现在或许到了重视共情的价值的时候。

早期的定义

许多学者对共情这一词下过定义，我本人也提出过一些定义。二十多年前，我试图提出一个非常严格的定义，作为我提出的正式概念和理论的一部分。这个定义是这样的：

> 共情或共情状态，是指准确地、带有情绪色彩地觉察另一个人的内在参照系，就好像你就是他，但又永远不失去“好像”状态。因此，这意味着你就像他感受的那样去感受他的痛苦或快乐，并像他觉察的那样去察觉其中的原因，但是永远认识到：“好像”我是痛苦或快乐的，等等。如果失去“好像”的特征，那么这种状态就是一种认同。（Rogers，1957）

一个有用的概念——体验

为了系统阐述我目前的观点，我要借用简德林提出的一个概念——“体验”。正如你将在本文中看到的那样，这个概念以各种方式丰富了我的思想。简言之，他认为，在人体机体中，大量体验不断出现，个体反复把它视为参照物，以发现这些体验的意义。共情的治疗师敏感地指向来访者在特定时刻体验到的“感知意义”，以帮助来访者聚焦于那个意义，并将其进一步引申为完整的、不受限制的体验。

下面的例子或许会阐明这个概念及它与共情的关系。一位男士在会心团体中含糊地表达出对他父亲的负面感受。引导者说：“这听起来仿佛是你对你父亲很生气。”他回答道：“不，我不这么认为。”“也许是对他感到不满？”“嗯，是的，也许。”（回答仍然很含糊。）“你也许是对他感到失望。”这位男士很快回应：“确实如此！令我失望的是，他不是个坚强的人。我觉得我总是对他失望，从我还是个孩子的时候就是如此。”

这个男人在核实这些词语的对错时的依据是什么？简德林的观点是，他通过内部持续的“心理—生理流”（psycho-physiology flow）来检查它们是否匹配。我与他的看法一致。“心理—生理流”非常真实，人们用它作为参照物。在这种情况下，“生气”与感知意义不匹配；“不满”更接近，但不完全正确；“失望”完全匹配，而且就如通常情况那样，它促进体验的进一步流动。

现在的定义

根据这个概念背景，我试图给出一个自己满意的“共情”定义。我不再把它定义为一种“共情的状态”，因为我认为它是一个过程，而不是一种状态。也许我能抓住其特质。

与他人共情的方式涉及几个方面。这意味着进入他人私密的感知世界，并且感到无拘无束；它包括对他人心中变化的感知意义时刻保持敏感，同时对他人正在体验的恐惧、愤怒、脆弱、困惑等感受时刻保持敏感；它意味着暂时进入他人的生活，在其中游移而不做任何评价；它涉及感受他人很少察觉的感受，但不要揭开他完全不曾察觉的感受——因为这太有胁迫性；这包括当你用淡定的新视角去审视他所害怕的事件时，你与他交流你对其世界的感受。这意味着需要经常与他人核实你对他的感受，并从回应中得到引导。你是他内心世界中一名自信的同伴。通过指出他人的体验可能具有的意义，你帮助他关注这一有效的参照物、更充分地体验这些意义，在体验的过程中继续前进。

以这种方式与他人接触，意味着在这段时间内，为了无偏见地进入他人的世界，你要抛开自己的看法和价值观。在某种程度上，这意味着你要抛开自己。想要做到这一点，治疗师必须具备如下特质：他极具安全感，以至于他知道自己不会迷失于他人有点陌生或奇怪的世界中；如果他愿意，能自然地回到自己的世界。

这一描述或许阐明了，共情是一种复杂的、苛刻的、强烈的却又微妙温和的存在方式。

操作性定义

上述内容不是操作性定义，也不适用于研究。然而，其操作性定义早已形成并被广泛运用。例如，巴瑞特–伦纳德关系问卷（Barrett-Lennard Relationship Inventory）要求关系中的各方进行填写，通过所使用的题目对共情进行操作性定义。这个问卷中的一些题目表明从共情至无共情的范围：

他能像我一样领会我所体验到的感受。

他从一种分离的、客观的立场来理解我的话。

他能理解我的话，但不理解我的感受。

巴瑞特–伦纳德的题目是基于对共情所设定的详细的概念性构想。尽管这一定义与之前给出的定义有所重叠，但它也具有充分的差异性来证明下列引述：

定性地说，它（共情理解）是一种主动过程，包括想要知道他人完整的、当前的和变化的意识，努力接收他的沟通信息和含义，并把他的言语和姿势转换成他所体验到的意义（至少与当下对他最重要的意识部分相匹配）。这是一种对他人外部交流"背后"所蕴含的意识的体验，但是还要不断意识到这一意识在他人身上产生并持续。

特鲁瓦克斯等人设计了一个由评定者使用的准确共情量表（Accurate Empathy Scale）。这一量表甚至能可信地测定会谈记录的片段。这个量表可以由第一阶段到第八阶段的定义来确定：第一阶段是共情理解的最低水平，第八阶段是共情的较高水平（尽管不是最高）。以下是第一阶段：

治疗师完全没有意识到来访者最明显的感受。他的回应不适用于来访者陈述的心境和内容，而且不具有任何可测定的共情特质，因此，这是完全不正确的。这位治疗师可能是烦躁且冷漠的，也可能在积极提供建议，但是他并没有表达出自己对来访者当前感受的觉察。

第八阶段的定义如下：

治疗师准确地解读来访者当前可知的所有感受。他也会揭开来访者隐藏最深的感受领域，说出来访者体验中自己很少觉察的意义。他敏锐而准确地进入来访者仅仅是暗示的那些感受和体验。复述的内容是崭新而不陌生的。尽管第八阶段的治疗师也会犯错，但这错误不是不和谐的音符，可以被谨慎的回应所掩饰。治疗师也会对错误很敏感，在中途很快地调整或改变其回应，表明他更清楚地了解所谈论的内容，以及来访者自己探索的内容。治疗师在谨慎的试误探索过程中反映与来访者在一起的感受。他的语调反映出共情控制力的严肃性和深度。

我曾希望通过这些例子说明，我们可以从理论的、概念性的、主观的、操作性的方式给共情过程下定义。即使这样，我们也未曾达到其本质的极限。

当代人的定义

尤金·简德林等人最近参与了一个被称为“改变”的互助团体计划，它在帮助“混乱”的城市生活中受到疏远的非主流文化人群上有许多启示。令人尤其感兴趣的是“交谈手册”（Rap Manual），这是用来帮助普通人学习“如何协助他人改变”的书。

这本手册第一章节的内容是“纯粹的聆听”。一些摘录显示出其特点：

> 这不是把方法强加给他人。你只是聆听并反馈他人所说的事，一步步地，就像你是此刻体验它的当事人。你绝不能掺杂任何自己的事情或观点，绝不将那个人未表达的任何东西加给他……为了表明你的准确理解，用一两句话对那个人想要说明的个人意义进行澄清。这可以是你自己的话，但对于敏感的重要事件，要用那个人自己的话来表达。

其行文风格一致，有许多具体的建议，包括“如何知道你做的是否正确”。

因此，尽管共情的存在方式在概念上十分微妙，但它也能被以当代的年轻人或市民可理解的方式来描述。这是个广义的概念。

总体研究结果

基于上述或其他工具所做的研究，我们对共情有多少了解？我们获益良多。我将呈现其中一些经验，首先会给出一些有趣的研究成果，随后分析一下共情氛围对受惠者行为的动态过程所产生的影响。这里是一些非常确定的总体陈述：

理想的治疗师首先是可以共情的。当许多不同取向的心理治疗师描述自己对理想治疗师的定义（想成为怎样的治疗师）时，大家一致认为，在十二个变量中，共情应该列在第一位。这一看法的基础是拉斯金对至少八个不同治疗取向的八十三名执业治疗师的研究。这个研究中共情特质的定义类似于我在这篇文章中的定义。拉斯金的研究契合并验证了费德勒早期的一项研究。因此，我们总结出，治疗师意识到成为治疗师最重要的品质就是“尽可能敏锐准确地从来访者的角度理解他”。

共情与自我探索、治疗进展相关。我们已知，治疗关系中的高度共情与治疗进展中的许多方面相关。这一氛围显然与来访者高度的自我探索也有关联。

关系中早期出现的共情可以预测治疗是否会成功。关系中现存与将要出现的共情程度很早就能确定，在第五次甚至第二次访谈中就可确定。这类早期测量能够预测之后的治疗能否成功。因此，这些研究结果说明，通过早期测量咨询师的共情水平，我们可以避免大量失败的治疗。

在成功的案例中，来访者会感到更多共情。在成功的案例中，来访者在关系中感知的共情随着时间逐渐增多，虽然这种增长并不十分明显；客观的评定发现，治疗师与来访者具有同样的感知。

共情理解是由治疗师自由提供的，而不是来访者向治疗师索取的。共情是治疗师提供的特质，而不是由于某类特定的来访者引发的。其他研究者有与之相反的看法：一位有魅力的来访者可能是获得治疗师理解的原因。但是这方面的证据不足。人们的确能通过倾听治疗师的反馈精确地推测出来关系中的共情程度，无须获知来访者的陈述。所以，如果共情氛围存在于咨询关系中，这很可能是由于咨询师有共情特质。

治疗师越有经验，越有可能具有共情特质。相较于经验不足的治疗师，经验丰富的治疗师会给来访者提供更高的共情水平，不管这一特质是通过来访者的感知，还是通过合格的评判者来评估的。显然，随着时间的流逝，治疗师会越来越接近其理想治疗师的标准，也会更加善解人意。

共情是治疗关系中的一种特殊品质，治疗师提供的共情甚至要远多于来访者的好友。这是令人欣慰的。

一位治疗师的内部整合得越好，其共情水平也越高。治疗师的人格混乱往往伴随着低水平的共情理解。一旦他摆脱不适感并在人际关系中感到自信，他将提供更多共情理解。根据我对这个观点的思考以及培训治疗师时的个人经验，我得出一些让人有些不爽的结论：治疗师的心理越成熟、内部整合程度越高，那么他的治疗关系越有效。这就对治疗师的个人素质提出较高的要求。

经验丰富的治疗师经常缺乏共情。虽然一些治疗师被称为“经验丰富的”，但他们所提供的共情水平差异很大。拉斯金曾说明，当六名经验丰富的治疗师的访谈记录被其他八十三名经验丰富的治疗师评估时，十二个变量的差异（理想与实际）在0.001水平上达到显著，其中共情排在第二位。来访者中心疗法的治疗师的显著特点是共情。其他疗法的显著特点是认知品质、治疗师指导等类似特征。因此，虽然治疗师把共情倾听看成最重要的理想要素，但是在真正的实践中，他们往往远达不到这一目标。事实上，根据其他治疗师对六名专家治疗师的访谈记录的评定发现了一个令人惊讶的结果：专家的工作和理想治疗师的描述仅在两个案例中有正相关；在四个案例中，这一相关值是负的，最小值达到-0.66。治疗实践暂且谈到这里。

就共情程度来看，来访者可能是比治疗师更好的评判者。由此，令人不太会惊讶的是，在评估自己在关系中的共情水平时，有证据证明，治疗师的评估是很不准确的。来访者对共情的感知与不听取录音的客观评定者非常一致，但是来访者与治疗师、评定者与治疗师之间的一致性很低。或许，假如想成为更好的治疗师，应让来访者告诉我们：我们是否正确地理解了他们。

聪明、诊断性洞察力和共情无关。重要的是，你要了解治疗师所创造的共情氛围与他的学术成就或智力才能无关。同样，共情与他对个体的知觉准确性或他的诊断能力不相关。事实上，它与后者可能存在负相关。这是一项极为重要的发现。如果学术才华或诊断能力都不重要，那么显然共情特质应归入一个与临床思维不同的讨论领域——心理学和精神病学的领域。我认为治疗师不愿接受这一暗示。

你可以从具有共情特质的人身上习得共情的存在方式。或许，其中最重要的一点是准确共情的能力可以通过训练得到发展，可以帮助治疗师、教师和父母变得具有共情特质。如果他们的老师和督导是善于理解他人的人，这种转变更可能出现。令人振奋的是，这个在治疗中最重要的、微妙隐蔽的特质不是“与生俱来”的，而是可以习得的，可以在共情的氛围中快速习得。或许，只有两种关于疗效的基本要素是从认知和经验的训练中得到的：共情和一致。

共情氛围的影响

关于共情的知识就介绍到这里。但是一系列深度共情的反应会对接受者产生怎样的影响？这里给出了有力的证据。共情显然与积极的疗效相关。从精神病院的精神分裂症患者到普通教室里的学生，从咨询中心的来访者到受训的教师，从德国的精神病人到美国的精神病人，证据都是一致的：这表明治疗师或教师越能敏感地理解他人，他人就越可能发生建设性的学习和改变。正如博金和斯特普所讲的，许多研究表明“治疗师的共情、病人的自我探索与病人变化的客观标准之间存在正相关”。

然而，我认为人们极少关注这些研究结果。看似简单的共情互动有许多深刻的影响。我将详细论述一下这些内容。

首先，共情消除疏离感。至少接受者暂时发觉自己有与人类相连的部分。尽管这一关联并不清晰，但接受者会有如下体验：“我正在谈论一些隐秘的事，甚至我自己对这些事情也不清楚，发觉它们是陌生的，甚至是不寻常的感受；这是我既没有与他人沟通的感受，又没有与自己清晰沟通的感受。然而，另一个人理解了，甚至比我更清楚地理解它们。如果他知道我正在说什么，我的意思是，这样我不会太怪异、格格不入或与众不同。我对另一个人来说是有意义的。因此，我与他人接触，甚至保持关联。我不再是个孤立的人。”

这或许解释了我们对精神分裂症患者心理治疗研究的主要发现。我们发现，那些从治疗师那里获得高度准确共情的病人（如客观评定者所评定的那样），显示出其精神分裂症的症状急剧减少（由明尼苏达多相人格量表测定的）。这暗示，另一人给予的敏感理解可能是让精神分裂症患者远离疏离、走入相互关联的世界的最有效的元素。卡尔·荣格说，当精神分裂症患者遇到能理解他的人，他的精神分裂症状就停止了。我们的研究为这一陈述提供了实证证据。

就精神分裂症患者和心理咨询中心的来访者而言，其他研究都显示出低共情与其轻度的适应不良或病症恶化相关。这些发现也很有意义。这似乎是个体会得出的结论：“如果没有人理解我，如果没有人能领会这是怎样的体验，那么我的确会变得很糟——比我所想的更加异常。”莱恩的一个病人在描述自己与精神病医生的早期接触时生动地说明了这种感受：

你感到医生无法发现真正的你，也不能理解你的感受，并且他

只按照自己的思路治疗，这真让人感到恐惧。我开始觉得他是隐形的，似乎根本不在那里。（Laing，1965）

共情理解的第二个影响是：接受者认为自己得到重视与关心，觉得治疗师接纳本来的自己。我们似乎踏入了另一个领域，我们提及的不再是共情。但是事实并非如此。只有你重视他人及其个人世界——在某种意义上关心他，你才可能准确地感知他人的感知世界。因此，传递给接受者的信息是“这个人信任我，认为我值得交往；或许我是值得重视的，或许我该重视自己，或许我该关心自己”。

下面是一位年轻男性的生动实例，他得到治疗师的共情理解，目前处于治疗后期：

来访者：我甚至设想我也许能温柔地关心自己。但是当它们成为一体时，我如何才能温柔地关心自己？不过我仍然能清晰地感到——你知道，像照顾小孩一样。你想给他这个，给他那个。我有点明白照顾他人的目的，但是我从未理解照顾自己的目的，你知道我应该这样对自己。我真的想照顾自己，把它作为我生活的主要目的。这可能吗？这意味着我必须应对这整个世界，因为我是那最珍贵和最重要的财富的守卫者。我夹在两者之间：一边是我想要照顾好的珍贵自我，一边是整个世界。这就像我爱自己；你明白这很奇怪，却又很真实。

治疗师：它似乎是你意识到的一个奇怪的念头。它意味着我要面对这个世界，仿佛我最主要的一部分责任就是照顾好“我”这个珍贵的个体——我所爱的人。

来访者：我所关心的人——我感觉如此亲近的人。噢！那是另一个奇怪的念头。

治疗师：它似乎有些怪。

来访者：是的。它很接近我的想法——我爱自己、照顾自己的想法。（他的眼睛里噙着泪水。）这是个很不错的想法，很不错。

我认为这（在这段引文与之前的片段中所展现的）是治疗师的关怀式理解它允许这位来访者体验到对自己的高度关注，甚至是对自己的爱。

共情理解的第三个影响是客观的特质。最佳的共情表达方式是接纳的与客观的同情。这种观点之所以正确，是因为如果你对他人形成了评判性的看法，你就无法准确地感知他人的内心世界。如果你对这种说法心存怀疑，就选择一个你非常不认可的人——你认为明显不对或错误的人。现在，你尽量准确地陈述他的观点、信念与感受，直至达到他会赞同你的陈述，认为你敏感、正确地描述出他的立场。我预计你十次有九次都会失败，因为你对其观点的判断无形中影响到你对它们的描述。

所以，真正的共情没有任何评判或诊断。接受者或许会对此感到讶异：“如果对我不加评判，或许我不如自己认为的那样糟糕或者异常，或许我无须苛责自己。”由此，他逐渐接纳自己。

这让我想起一位心理学家，他对心理治疗的兴趣源于他对视知觉研究的结果。在这个研究中，研究者与许多学生进行访谈，询问他们过去的视知觉情况，涉及是否有阅读困难、佩戴眼镜的反应等。这位心理学家只是饶有兴趣地倾听，对他听到的内容不加评判，完成数据收集过程。然而，令他惊讶的是，许多学生主动回去感谢他给予的帮助。在他看来，他根本没有给予学生任何帮助。但是这迫使他认识到，即使是针对生活小事，即使本身不带有帮助的目的，带有兴趣的非评判式倾听也是一种非常有效的治疗方式。

或许另一种说法是，他人给予的最佳理解让接受者获得人格和同一性的感受。莱恩曾说："同一性的感受需要有理解他的人。"布贝尔也曾谈及，我们需要他人来认可我们的存在。共情就提供了人们所需的认可，认可一个人是具有同一性和价值的独立个体。

让我们把注意力转向一项更具体的共情互动结果，其中个人感觉自己得到了理解。人们开始揭示一些自己从未交流过的东西，而且在这一过程中发现了自身以前未知的要素，诸如"我从来不知道我对父亲感到愤怒"或者"我从没意识到我害怕成功"。这些发现令人不安但感到兴奋。察觉自己的新面貌是改变自我概念的第一步。在得到理解的气氛下，个体会承认这一新要素，并把它同化到现在发生变化的自我概念中。我认为这是行为改变的基础，而行为改变是作为心理治疗的结果出现的。一旦自我概念发生改变，行为也会发生改变，与这一感知的全新自我相匹配。

然而，倘若我们认为共情只有在一对一的"心理治疗"关系中才有效，就大错特错了。甚至在教室中，它也会导致重要的差异。当老师表现出自己理解学生学校生活的感受，学生的学习效果就会得到改善。在阿斯帕及其同事所做的一项研究中，他们发现，相较于在老师没有表现出高度理解的教室里，当老师表现出高度理解时，孩子们的阅读水平会得到明显改善。这一结果在许多教室都得到了验证。正如心理治疗的来访者发现，共情提供了更多了解自我的氛围，当教室中的学生遇到一位通情达理的老师时，他也会发现自己处于了解知识的氛围中。

到目前为止，我谈到共情所具有的、更明显的、产生改变的效果。我想转向一个与人格动态系统相关的方面。

当人们得到他人敏锐的理解时，他们会发现自己与自身的各种体验之间的联系更为紧密。这给他们提供了一个更宽泛的、用于了解自己和指导行为的指示物。如果共情既准确又深入，他们也许就能够揭示体验流，并让它任意流动。

上述内容的意思是什么？如果我节选一段欧克夫人的访谈记录，我想，上述内容的含义将更加清晰。欧克夫人是一位处于治疗后期的中年女性。她正在探索一些困扰她的复杂感受。

来访者：我有这种感受，但它不是愧疚。（停顿，哭泣。）当然，我是说，这有点词不达意。（然后，涌上一阵情绪。）这真是太痛苦了。

治疗师：嗯。它不是愧疚，可能是感觉有点受伤，深深的伤害。

来访者（哭泣）：你知道，我经常对此感到愧疚，但是多年后我听到家长对孩子说“不许哭”，我就会觉得有点受伤，为什么他们不让小孩哭？孩子为自己难过，谁能比他自己更感到难过呢？嗯，我想说的是，我认为他们应该让小孩哭。而且……或许他们也应该为孩子感到难过。这是一种相当客观的方式。嗯，这就是……是我正体验到的。我是说，现在——就在此刻。而且，在——在——

治疗师：我好像能了解你的感受，你似乎在为自己感到难过。

来访者：是的。你知道，这里有矛盾心理。我想说，我们的文化是那种……一个人不该沉溺于自怜中。但是事实并非如此。我想说，它也许没有这样的言外之意。它可能有。

治疗师：你有些认为文化会排斥你的自怜感受。然而，你又觉得你所体验的感受也不是文化全然排斥的。

来访者：后来当然我开始……意识到或感到越过它时……我掩饰它。（哭泣。）但是掩饰得非常痛苦，我不得不反过来掩饰我的痛苦。（哭泣。）这就是我要摆脱的东西！我不在意自己是否会因此受伤。

治疗师：（轻轻地以共情的温和方式对待她正体验到的痛苦。）当你体验到这种感觉时，你感到最根本的还是你为自己难过。但是你不能表现出来，也不得表现出来，这样，它被你不喜欢、想要摆脱的痛苦所掩盖。你感到你宁愿忍受这一伤害，也不愿感受这种痛苦。（停顿。）你似乎想说的是，“我很痛苦，而且我试图掩饰它”。

来访者：我也不知道。

治疗师：嗯，真的就像个新发现。

来访者：（同时说道）我真的从未发现。但是你知道它的确存在。它……它有点像我审视自己身体里面的所有——神经末梢和小碎片都搅和在一起。（哭泣。）

治疗师：好像你身体里一些最纤弱的东西被压碎或受伤。

来访者：是的。你知道，我就是这种感觉——“哦，你真可怜”。

这个例子清晰地显示，共情的治疗师的回答是如何鼓励她更广泛地探索、更深入地认识内在体验的。她正在学习倾听自己的内心感受（使用粗浅的词语）。她拓展了自己对内在体验流的认识。

同样，我们看到，非言语化的内在流动是如何被作为参照物的。她如何知道“内疚”不是描述她感受的恰当词语？她了解到，通过审视，从另一种方式看待这一现实，这一可感知的、正在发生的过程，这一体验。她由此考察“痛苦”这一词语，发现它更贴近自己的实际感受。当她试图使用“哦，你真可怜”时，它才真正符合内心感到的比较意义以及自我怜悯。我认为，她不仅用这一部分的自我体验作为参照，还学会审视自身的整体生理状态——这是一种她可以不断使用的知识。共情有助于促进这个过程的发生。

我们也可以从这一治疗片段中发现，治疗师如何让体验过程自然发生。这显然不是一种全新的体验。她以前也经常有这类感受，但一直没有表现出来。它受到某种方式的阻碍。我对随后疏导过程的真实性与生动性非常清楚，这是因为我曾多次参与这一过程，但我还不能找到恰当的描述方式。在我看来，只有内心体验完全被接纳，并在意识中被准确标识出来时，这个过程才得以完成。然后，此个体才能超越它。敏感的共情氛围有助于个体从体验中学习，在这一例子中，这是指怜悯自己的放纵体验。

结　论

我现在想回溯一下，从极为不同的视角考察共情的重要性。我们可以说，当人们感到自己得到别人敏感而又准确的理解时，他们也会形成一系列促进自我成长或者治疗的态度。让我解释一下：

（1）正如我们所见，共情氛围中非评判与接纳性的特质使人们对自己采取珍视而又关心的态度。

（2）获得理解者的倾听，使他可能带着对自身内心体验（以及自身隐约感受到的意义）的更多共情，从而更准确地倾听自己。

（3）他对自己的更多理解与珍视，为他打开了体验的新方面，这成为个体的一部分更加准确的、基础的自我概念。

现在，自我与体验更加一致。因此，他们变得更加关心与接纳自己，对自己有更多共情与理解，更加真实与一致。但是正如实验与研究显示的那样，这三个要素的确是有效的治疗师应具备的态度。所以，他人给予的共情理解能使一个人成为更有效的成长促进者、更有效的自我治疗师，这种说法并非夸夸其谈。

因此，我们是否能以治疗师、会心团体带领者、老师或父母的方式发挥作用，这事实上取决于我们自己。如果我们采取共情的态度，使用强有力的驱动力量来促使个体发生改变与成长，就可以达到这一点。这需要我们引起重视。

最后，我想把我提到的所有内容置于更广泛的情境中。由于我仅论述了共情的过程，或许有人会认为，我将共情视为成长关系中唯一重要的因素。我不希望给你留下这个印象。我希望简要陈述一下自己的观点。我认为在人际关系中有三个重要的促进成长的态度要素。

在日常的生活互动中——夫妻或性伴侣之间、师生之间、上下级之间、同事或朋友之间，一致性可能是最重要的因素。一致性（或真诚）包括让他人知道在情绪上“你在何地”，这可能包括面对、直接表达个人感受——积极的和消极的。因此，一致性是在真实氛围中一起生活的基础。

但是在某些特定情形下，关心或赞扬可能被证实是最重要的因素。这样的情形包括非言语的关系——父母与婴儿、治疗师和不会说话的精神病患者、医生和重症病人之间的非语言关系。关心是一种能够培养创造力的态度——会产生微妙的具有实践性的新思想与具有创造性的过程和具有滋养性的氛围。

然后，就我的经验来看，在有些情况下，共情的存在形式是我最先考虑的事情。当个体感到痛苦、困惑、混乱、焦虑、冷漠、惊恐时，或者当他怀疑自我价值、身份认同混乱时，我们就要呼唤理解。共情个体给予的温柔而敏感的陪伴（当然，要具有其他两种态度）提供了阐释和治愈。我认为，在这种情形下，深度理解是给予他人最珍贵的礼物。

第八章

埃伦·万斯特：孤独

这一章的主题由来已久。罗洛·梅的译著《存在》（*Existence*）出版于1958年，介绍了存在主义的观点，其中有一章是由路德维希·宾斯万格博士所写，最初以德文出版，介绍了宾斯万格博士和欧根·布洛伊勒所做的著名案例。显然，那时的治疗方法还处于精神病学疗法与精神分析的初级阶段。

1958年秋，刚成立的美国心理治疗师学会（American Academy of Psychotherapists）举办大会。这个学会主要吸纳精神病学家与心理学家。会议期间，梅博士组织了一次关于埃伦·万斯特案例的专题研讨会。参会人员有三位精神病学家、两位心理学家（我是其中之一）、一位人类学家，以及一位社会历史学家。这次讨论会持续了一整天，从多个角度探讨了这个案例。这次讨论会的成果至今并未全部公布。

我为了参会而研究这一案例，对于在对埃伦的治疗中所犯的许多严重“失误”，我感到越来越愤怒。我认为父母、医师、精神科医生以及两位分析师的做法根本无法帮助埃伦，只能加重她的心理问题。理智地讲，因为埃伦生活在许多年前，那时心理治疗和精神病治疗都处于起步阶段，我应该原谅这些过失。但是这个念头丝毫无法让我释怀。

因此，在研讨会上，我不仅分析了我所看到的互动过程，而且推测出如果埃伦向我或其他人本治疗师求助时会出现的互动过程。正如我分析的那样，结果将会大不相同。

许多年后，我扩充了这篇文章的内容，分析了埃伦生活中的重要事件，总结了宾斯万格的论述，把埃伦的生活与现代社会中的疏离与孤独联系起来。这篇扩充的文章能够自圆其说，不只是研讨会上的一次述评。

即使最初的述评是多年以前所写的，扩充的文章也不是新作，但我仍然支持这一观点。我很高兴能把它介绍给大家，来说明如何用来访者中心、个人中心疗法帮助困苦者。

我先介绍一下自己关于现代人基本孤独感的看法，然后说明我如何看待埃伦·万斯特——她是孤独感发展到极致的典型事例。

人们对孤独感有很多观点，但我想着重关注孤独感的两个要素，这是我们常常在来访者及他人身上看到的要素。第一个要素是个体与自我、体验中的机体出现疏离。在这种根本性分裂中，体验中的机体感受到体验中的某一种意义，但意识自我牢牢抓住另一种意义，是因为只有这样，自我才能获得他人的爱与接纳。因此，我们会出现潜在的严重分裂——多数行为被意识所感知的意义所控制，但个体无法与自我自由沟通，而导致否定与忽视生理机体所感知的其他意义。

孤独感的另一个要素是缺乏与之能对话的关系；在这种关系中，我们能与他人交流自己的真实体验以及真实自我。当我们没有任何关系来交流一分为二的自我——意识表象与深层体验部分——时，我们会感到一种无法与他人真正接触的孤独。

这种孤独只是现代社会的产物吗？或许如此。在更早的时期，为了得到重要他人的关注，个体会忽视或否认自己的体验。但是他所接纳的表象以及他从经验中发现的意义会成为一个统一的、有强烈支持性的信念意义系统。他所属的社会群体倾向于以相同的方式看待生活与体验，因此，虽然他不知不觉地放弃了最深层的自我，但至少他呈现出持续的、受尊重的、被认可的自我，并以此过活。例如，以前的清教徒在否定大量机体体验时一定会感受到许多内部压力。但是很难讲，他会像我们现在的来访者一样感到非常孤独与寂寞。

与早期更同质的群体成员一样，现代人舍弃了自身的体验，接受了能带来爱的存在方式。但是他所呈现的表象受到父母或某些人的控制，他又会不断得知虽然一些人赞同这种表象，但另一些人通过极为不同的方式来看待生活。因此，现代人体验到的孤独感、分离感以及与深层自我和他人的疏离感，在某种程度上可能是未知的。

接下来，我将会以埃伦·万斯特这位年轻女性的翔实史料为例，讨论非常基础的孤独感的现代类型。

我乐于把这一案例作为这次讨论的基础。首先，埃伦·万斯特的日记与信件使叙述增添了许多个人色彩，另外，医生、心理治疗师和诊断师的观察与报告也增添了案例的翔实性。最后，这个案例阐述了上一代著名的精神病学家与心理治疗师的思维方式与工作模式。

我无法完整地给出埃伦·万斯特经历的所有不幸（这些内容在出版时，文字密密麻麻地排了三十多页），但我将选择她生命中的一些重要事件加以分析。

我们首先分析她的青少年时期。我认为她在二十岁以前像普通人一样健全。借助于后见之明（hindsight），医师很容易从史料中看出她的异常，但我无法从中寻找到蛛丝马迹。埃伦是个活泼大胆、敏感任性、争强好胜、善言好问、情绪多变的女孩——简言之，她是一个鲜活的人。她热爱她的父亲，极渴望自己是个男孩——直到她遇上自己喜欢的男孩。她思考生活的意义。她不切实际地幻想着自己能获得巨大成就。这些个人特质并不预示着她会有个悲惨的未来。相反，她似乎是个敏感善变、前途光明的少女。

“她二十岁的生活充满幸福、憧憬与希望。”她渴望遇上朝气蓬勃、庄重专一的伴侣。她以吃喝为乐。然而，这一年她与自我出现了严重的疏离。“她与一个浪漫的异国人订婚，却遵从父亲的意愿取消了婚约。”虽然我们的证据不足，但从“她没有任何异议”来看，我怀疑她把父亲的感受当作自己的感受。如果我们从图式的角度分析这一现象，她的认识过程可能是：“我的感受表明我在恋爱。我感到我积极努力地想要订婚，但是我的感受不足为信。我其实没有恋爱。我的订婚不是有意义的许诺。我无须被自己的感受左右。这么做是大错特错的，会失去父亲的疼爱。”

这期间，大概有几个星期的时间，她暴饮暴食、体重猛增——这是她主要症状的表象。这或许表示她开始不信任自我。只有遭到同伴的嘲笑时，她才开始节食。她越来越需要依靠别人的期望过活，因为她的冲动是不可靠的。

不难看出，从那以后，她开始轻视自己，甚至把死神看作“一位优雅的女性”。毕竟，她是不可靠的人，集错误体验于一身，只能被轻视。她在日记中写下“怀疑与恐惧的阴影”，这不久转变为她对身体发胖的恐惧。她害怕内心的“恶魔”——那些时常困扰她的、不被接纳的、否定的感受。

我确定，这不是她的自我和深层感受之间的第一次真正的疏离，但无疑这是至关重要的一次。它加速摧毁了埃伦对自我管理的信心。即使她重拾信心，又度过一段快乐时光，她也已经放弃了一部分自我，而是把父亲的感受融入自身。

这段时间，她的内心动摇不定。她想获得成功，她渴望社会变革，她学习刻苦用功，她为孩子们建立阅览室。但是有时她觉得自己是“渺小卑微的蠕虫”；她渴望死亡，她让导师重读“好人命不长”这句话。偶尔，“生命又一次胜利了”。她“与马术老师产生过不愉快的摩擦”，她过分在意自己的体重。

当她二十四岁时，发生了另一件摧毁她自信的事情。虽然她不自信、需要导师的提点，但她的学习生活还是愉快的。“日记里充满了生命与感官上的愉悦。”她与一名学生相恋了。从这段感情的持续性上看，她显然用情很深。她坠入了爱河，但是她的父母又坚持说她的体验是错误的，要求两人暂时分开。因此，在她看来，这段关系是不真实的、不明智的，最好及早结束。她再一次不相信自己的感受，顺从父母的感受。她放弃恋情，同时再也不相信自己内在智慧的指引。只有别人的体验才是更加可信的。那时，她向她的医生求助。

如果这次她能反抗父母，能为自己的内心体验而抗争，那么她就会忠于自己的深层感受，就会拯救自己潜在的自主的自我。但是她没有反抗，取而代之的是可怕的沮丧和对自己身体的厌恶。显然，对待生活，她是一个完全不可信任的有机体。她放弃自我的程度可通过可怕的节食表现出来。正如她随后所说的，“我身体内的某些东西阻止我变胖，阻止我变得身体健康、脸颊饱满红润，不让我变成一个单纯结实的女人，与我的真实本性相符。”

换句话说，如果她相信自己的感受、渴望与体验，她将变成充满活力的年轻女人，嫁给她所爱的学生。然而，她的感受被证实是完全不可信的，她的欲望和体验都是不足为信的。因此，她不仅否定了恋爱的感受，还必须节食迫使自己的体型符合他人的期望，而违背自己的内心感受。她完全无法把自身的体验作为生活的基础。

我简要评论另一个事件。她发现自己的表兄或许能成为伴侣，而这也得到家人的赞同。他们打算结婚。但是过了两年，直到二十八岁，她还在表兄和所爱的学生之间徘徊。她去找学生分手，用她的话说，带着“裂开的伤口”离去。我们无从得知这次至关重要的谈话内容，但是我推断这时她的心理状态摇摆不定。她应该相信自身的体验、选择所爱之人，还是应该选择她的表兄？她对表兄的感情比较冷淡，但是选择表兄会让她获得预料中的认同感。我怀疑她隐约认识到，如果选择那个学生，她就会走上一条自治的未知道路；如果选择表兄，她会按照他人的期望而生活，但这是受他人认同的安全做法。最终，她选择嫁给了表兄，彻底抛弃了对自我的信任[①]。

三十二岁时，她总会有这样的念头——她必须变瘦。为了实现这一目标，她节食，并且一天吃六十片泻药。显然，她会出现浑身乏力的状况。她尝试精神分析治疗，但收效甚微。她说，“我用自己的头脑分析，但一切都是在臆想”“分析师让我有所洞察，但无法治愈”。然而，当分析治疗由于环境的原因被迫中止时，她的情况变得更糟糕了。

在这段时间里，她谈起理想中的爱人——那个学生。她在信中对丈夫说道：“那时是我准备接受你，而要放弃自己的理想，但是这是……迫不得已的解决办法。”她看起来好像极力地接纳那些他人期望她拥有的感受，但最终她不得不将它们强加给自己。

① 为了表明相同的事件会有极为不同的分析视角，这里列出宾斯万格的评论，因为他对比了埃伦所体验的“理想我”和“现实我”之间的斗争，将其比喻成“天上（理想）世界中的金发爱人与立足于尘世的另一个人（表兄）……尘世生活再一次胜出了”。这表明（对于我和宾斯万格来说），当我们试图做出“客观”观察时，我们的价值观就会表露出来。

自此之后，她自我内部的疏离导致了更多疏离与越来越强烈的与他人疏远的感受。这就不难理解，当第二位分析师在她所在的医院里使用她所熟悉的模式对她进行治疗时，她第一次试图自杀。她的丈夫想在医院里陪伴她——她也希望丈夫能和自己在一起。但是代表着父亲形象的分析师让她的丈夫离去。他进一步摧毁了埃伦对自我仅有的信任。

从那以后，疏离感越来越强烈，悲剧就要上演。她去看更多医生，找更多精神科医生。在那些治疗师眼中，她逐渐成为一件物体。最后，她在宾斯万格博士的疗养院里待了好几个月。

在这段时间里，治疗师对她的诊断仍然存在分歧。著名的精神病学家埃米尔·克拉帕林看到她出现抑郁状态，就把她诊断为抑郁症。另一位分析师认为她患有“严重的强迫性神经症，并伴有间歇性的抑郁”。一位咨询医生说她患有“渐进式的心理异常”。他认为埃伦没有出现智力缺陷，所以不是精神分裂症患者。然而，布鲁勒博士和宾斯万格博士一致认为她属于“单纯型精神分裂症”，他们认为她几乎没有康复的可能。他们说：“显然，要想摆脱这种状况，只能靠自杀。”

埃伦清楚地知道这些评价，她一定不再把自己看成一个人，而是奇怪的、出现异常的机械，完全脱离了自己的掌控，正在走向自我毁灭。在所有“诊断”中，你找不到任何痕迹表明医生认识到他所治疗的是一个人。这就不难理解埃伦会说“我所面对的自己就像是个陌生人，我害怕我自己”。或者，在另一个时间，她说：“或许我是疯了——我在与自己本性对抗的过程中慢慢消亡。命运想让我变得丰满强壮，而我只想变得苗条纤弱。”的确，她在与自己本性的斗争中慢慢消亡。她的机体想要变得健康强壮，但是内设的“我”——她为取悦他人而呈现的错误自我——想要变得苗条而又“理智”。

这些明智的医生不顾埃伦可能自杀的风险，得出以下结论——“或许不存在切实可靠的治疗办法。因此，我们决定放弃，遵从病人的离院要求。”她出院了。三天之后，她似乎健康愉悦，多年来，她第一次痛快地吃饭，然后喝下大剂量的毒药。当时她三十三岁。她的墓志铭就是自己的话：“我感到自己在两种敌对势力对抗的舞台上非常被动。”

在埃伦·万斯特的生活中到底发生了什么致命的事？我已经表明了我的看法——导致埃伦出事的情况在不同程度上会发生在我们每个人身上，但是在她身上被夸大了。在婴儿时期，我们生活在自己的体验中，而且我们信任它。婴儿饥饿时，他不会怀疑自己的饥饿感，也不会质疑自己是否应该设法获得食物。他完全没意识到这一点，他是一个信任自我的机体。然而，事实上，有时父母或他人对他说：“如果你有那种感受，我就不爱你了。”这样，他体验到的是他应有的感受，而不是他真正的感受。在这种程度上，他建立起一个体验着应有感受的自我，只是偶尔充满恐惧地瞥见自己机体真正的体验（这是自我的一部分）。在埃伦的个案中，这一过程发展到了极致。在生活中多数最重要的时刻，她使自己感到自己的体验是错误的、没有根据的，应有的感受与此截然不同。不幸的是，她对父母（尤其是父亲）的爱如此强烈，以致放弃相信自身体验的能力，而选择相信父母或父亲的体验。她放弃成为自己。这就不难理解，在她生命的最后一年中，她的医生所做的结论："虽然她在儿童时期有自己独立的见解，但是现在她彻底依赖他人的意见。"她不再知道自己的感受与态度。这是最孤独的状态——几乎完全与个体的自主机体隔离。

她的治疗出了什么问题？一位敏感理智的年轻女性前来寻求帮助。以现代标准来看，预后的效果应该会是令人非常满意的。但是为何治疗会彻底失败呢？我敢肯定每个人的看法都不同，但我想谈谈自己的观点。

其治疗中最大的错误是所有医生似乎都没把她当成一个人——值得尊重的人、能够自主选择的人，其内心体验是可利用与信任的珍贵资源的人。

然而，她似乎被视为一个物体。第一个分析师帮她看清了自己的感受，而不是体验到自己的感受。这只是让她更将自己看成物体，使她与自身的体验更加疏远。她明智地发现，"治疗师能让我洞悉问题，但无法治愈"。分析师告诉她，她是一个多变的个体。虽然不确定这是不是体验这些多变感受的基础，但是她赞同分析师的看法。她只不过随着她孤立的模式——不信任自己的体验，试图相信和感受自己应有的感受或权威告诉她的感受。

然后，对她的诊断存在令人啼笑皆非的争论。她显然知道这一点。医生们对她的病症类型争执不休：她是躁郁症患者，是强迫性神经症患者，还是抑郁症患者；她能否被治愈。最终得出令人难以置信的决定：她是有自杀倾向的精神分裂症患者，难以被治愈。因此，我们要放弃她，任由其自杀。这至少是个被应验了的预测。

“我拼命呼喊，但是他们听不见。”埃伦的话在我耳边响起。谁也不把她当成一个人来听她说话。儿童时期以后（甚至在此之前），她的父母、两位分析师、各位医生都未给她足够的尊重，倾听她的心声。他们不把她看成一个能应对生活的人、自身体验可信的人、内心感受值得接纳的人。这样，她还如何能倾听自我的感受、尊重自身的体验呢？

“我孤立无援。我坐在玻璃球里，透过玻璃看着外面的人们。我拼命呼喊，但是他们听不见。”这是多么绝望的、渴求人际关系的呼喊啊！她从未体验过布贝尔所说的“通过会谈治愈”。谁也无法触及与接纳本来的她。

这个悲惨的个案让我感到愤怒（这很显然），但也鼓舞了我。我的愤怒是由于她的生命被漠然对待，我的鼓舞是因为我感到我们在多年的干预实践中已经掌握了足够的知识。如果埃伦·万斯特今天来到我的办公室，或我所知的许多治疗师的办公室，她会得到帮助。让我试图描述一下这种可能性。为了使叙述更加生动，我假设她在二十四岁时来到我的办公室。这是她寻求医疗帮助的时间，因此，“今天她寻找心理帮助”这一假设是合理的。这时，在父母的坚持下，她与所爱的学生刚刚分手。

甚至只是阅读这一个案，我就确定我会无条件地接纳这位沮丧的、不幸的、瘦弱的、正在节食的年轻女性。我能感到她是怎样的人以及她的潜能是什么，而且会希望她成为自己、发挥潜能，或者做到其中一样。

我肯定我们的接触会以如下主题开始："我毫无理由地感到抑郁""我不能忍受孤独，但我不知道原因""我恨自己变胖，我必须变得苗条，但我同样不知道原因""我真的爱这个学生，但我不认为这是个明智的选择……我的父母感觉他不适合我"。当我理解这些感受并认可她有权拥有这些感受时，其他态度会试图冒出来：与未婚夫分手的失落感；她对他一直不变的爱恋；她对父亲的憎恨（一种令她非常恐惧的感受）。慢慢地、逐渐地，她会发现自己能够体验，对父亲爱恨交加，对我既爱又恨，对独立生活既恐惧又向往，既想成为男人又想成为女人，既渴望成为丰满强壮的贤妻，又渴望成为苗条聪慧、积极进取的社会改革家。她不仅会体验到饥饿与进食的渴望，还能体验到自己变胖变丑、受到朋友嘲讽时的恐惧。正如她曾说的那样，她会说："我害怕自己，害怕那些每时每刻都可能突然出现的感受。"她渐渐能够自然地体验这些感受。它们都是自我的组成部分。

她会发现其中一些感受的确令人害怕（包括探索与体验在成为独立个体的过程中所遇到的风险和刺激）。另一个人（我的一名来访者）在一段话中表露出这种认识，埃伦也可能会这样说。她说：

"我经历了各种恐惧……我似乎被弄得分裂与脆弱……不过，我仍能感受到力量……我现在从内心感受到它，一种激荡的感觉，或说是力量……真正强大的东西。不过最初它几乎就是身体上的孤独感，就像是从自己所带的支撑物上剥离下来的……（停顿）……我感到现在自己打算去做更多事情。"

这个例子说明了我所说的在安全的关系中充分接纳自己的感受。根据我的判断，它代表了改变的契机——或许是不可逆转的生理改变。如果埃伦以类似的方式体验那些不同的潜在的自我，她就会发现自我正在改变。这时，改变的自我会以她的机体反应和内部经验为基础，而不是以他人的价值观和期望为基础。

她不仅会发现不必再与自己的本性和感受抗争，还会发现当自己能开放地对待自己的所有经验时（既包括她的内部经验，又包括对他人的要求与态度的经验），她就有可依赖的生活基础。她会发现，如果能开放地对待自身的体验并敏感地倾听它的意义，她的体验就会为自己的行为和生活提供建设性的指导。

这不是说，治疗过程是一帆风顺的。作为一个人——有时要反对她的父母，有时要抵抗社会压力，时常要在结果不明的状态下做出行动——它会是痛苦的、代价很高的，有时甚至是可怕的。但它极为可贵：成为自己值得付出巨大的代价。它还有许多其他的价值。

在治疗关系中，当自我完全得到接纳后，她会发现与自我进行更充分的沟通是安全的。她会发现自己不再有孤独感和疏离感，自我能理解与分享自身体验的意义。她还会发现，在与自我友好相处的过程中——自己的身体、感受和渴望不是敌人，而是自我中友好又具有建设性的部分。她不会说出那么绝望的话："我在与自己本性的抗争中消亡。"她所具有的两种关键性的疏离感也会减轻。她会与自我形成一种良性沟通的关系，会发现在这种关系中成为完整的自我是安全的。因此，她会发现在与他人的关系中保持更多的自我，并进一步发现在与他人的关系中保持真正的自我不是危险的事情，而是令人愉悦的。

根据我的判断，通过这一过程，玻璃墙就会消失。她会发现生活充满风险与痛苦，她会总是困惑于如何使行为与复杂矛盾的感受和平共处。但是她态度真诚、生气勃勃，并与自我和他人保持联系。她会自行解决现代人的严重孤独感。

如果埃伦有机会接受个人中心治疗，我会坦然而自信地描述她的治疗结果。我的经验只能得出这样的结论。我不敢确定对她的治疗是否会获得巨大的进展，但是如果能创造出人与人的治疗关系，那么我毫不怀疑她会朝着我预测的方向发展。

就我而言，我从埃伦·万斯特的个案中获得了一些经验。首先，在我们把人视为客体来对待的整个过程中——在病程中客观地诊断、分析或看待他——我们都要立足于治疗目标。这种把人物化的做法有助于治疗生理疾病，但无益于心理疾病。只有当我们作为个体与他们产生联系，以个人身份在关系中出现，并以他们的角度去体验时，治疗手段才能奏效。只有深层接触，才能消除来访者与治疗师之间的疏离感。

第九章

建立个人中心的团体：对未来的启示

前两章叙述了个体治疗的不同方面。这一章介绍我及同事关于团体治疗的最新经验以及令人兴奋的未来发展。我们近年来所做的工作坊为本章的知识与猜想提供了坚实的基础。我本章所讲的内容，得益于许多学者的著作和思想，尤其是玛丽亚·鲍恩、乔安妮·贾斯廷、贾里德·卡斯、莫林·米勒、纳塔利·罗杰斯和约翰·K. 武德。

虽然小型强化团体（会心团体或特别兴趣团体）对参与者来说往往是重要的实践，但我不会专门叙述它们及其互动过程。我会在会心团体的著作中充分论述我对这一主题的思考。

在工作坊全体参与者的会谈中，一些因素起着强有力的作用。对此，我和同事越来越感兴趣。虽然我们经常把它们称作“团体会谈”，但在早期的会谈中，它们还不是真正意义上的团体。通常，只有在工作坊的最后阶段，参与者（包括工作人员）才真正感到自己是团体中的一员。

有趣的是，四天的工作坊与十七天（或更长）的工作坊具有相同的互动过程。我认为，团体凭借自身的智慧，能在特定的局限性下利用可用的时间达到可能的目标。就我而言，这种团体的智慧通常是令人敬畏的。

如果一些读者对这类工作坊感兴趣，想得到更详细生动的论述，那么，他们可以在我近期的著作中找到相关论述（Rogers，1977）。

团体的形成

在过去的十五年里，我与来自美国以及其他国家的许多同事一起，致力于我所认为的团体建立过程。我们曾经与小型团体一起工作，然后是五十到二百人的中型团体，偶尔与六百到八百人的大型团体一起工作。我们真正冒着个人风险。我们的学习收获改变了我们。我们犯过许多错误。我们时常对自己参与的过程感到深深的困惑。我们试图就所观察的内容提出不同的构想，但我们给出的只是探索性的结论。

然而，另一个中心要素更加突出。从根本意义上讲，我们能更有效地促进短期团体的形成。在这些团体中，许多成员既敏锐地感到自身的力量，又能感到与其他成员一起受到尊重的紧密联结。这一持续的过程本质上是关注心灵的，包括日趋开放的人际交流、逐渐提升的凝聚力以及和谐的团结精神。

在这些团体中，我们开始致力于提供一种氛围，使参与者能自主选择，与他人平等参与计划或实施活动，更清醒地认识到自身的力量；作为自身生活的缔造者，参与者更具有独立性与创造性。由于全部焦点都放在提高个体的自主性上，所以，我们开始把这种方法看成个人中心取向。

背景

这种哲学取向是我所讲内容的基础，但不是形成团体唯一可能的基础。当我们的祖先为了狩猎（或后来是为了农耕）而团结起来的时候，团体就在史前时代出现了。美国印第安人的团体有许多基于哲学与仪式的行为模式，而今我们仍然从中受益。文明社会中最初的团体沿着河流或海湾形成，交往把人们联系起来。在美国，理想化的团体围绕魅力超凡的领导者或宗教思想形成。人们只要想到亚米希人，就会意识到这类团体具有显著的生存力量。在中国，几个世纪以来，团体成为农村生活的一部分。在某种历史意义上，从1949年中华人民共和国成立以来，这些团体以强调集体主义而著称。整个组织（国家或民族）的利益是至高无上的。个体自主性容易被忽视，每个人都意识到自己只是巨大组织架构中的一个细胞。

然而，西方文化存在不同的趋势，它更强调个体的重要性。民主与人权的理念、自主权，都是被着重强调的要素。这一土壤发展出具有哲学性质的存在主义——我所提及的个人中心取向。为此，我将忽略其他可能形成团体的基础，只涉及基于并源于个人中心哲学的实践。

不同的情境都会形成各种个人中心团体。教师能在教室中创造出这类实体。许多组织中的员工团体以个人中心的方式成长与运作。一些教会团体也以这样的方式运作。工业界在有限的范围内很成功地运用这些团体——让个体的成长目标与公司的获利目标达到一致。简言之，我们的文化更强调个体的勤奋、能力、自我决策。作为一种文化，我们探索着团体的未来形式。

个人中心工作坊

总体来说，我和许多同事近年来组织的工作坊类似于纯粹的社会实验，谨慎地把相关哲学与理论运用于实际。在这些工作坊中，我们有机会体验与观察团体的形成，其动态过程很显著，这是由于它们较少受到实验之外因素的干扰。这类工作坊不受已有机构的束缚。它们是公益性的，不受大学、政府与基金会的赞助约束，只受自身成立条件的约束。因此，它们值得我们进行仔细的观察。

基于这一原因，下列讨论将完全基于我们在这些工作坊中的实践。我希望通过讨论这些活动（同样也是社会实验），能更清晰地将团体的基本结构和过程展现出来。

幸运的是，我们有机会与性质各异、地域分散的团体一起工作。为了思考这一过程，我将借鉴不同团体的经验，既包括美国许多地区（特别是东西海岸）的团体，又包括墨西哥、巴西、委内瑞拉、日本、英国和西班牙的团体（一个由二十二个国家的一百七十个人组成的有趣的跨文化工作坊）。

我将讨论这些团体的内部过程，但在这之前，我先介绍一下工作人员在团体成员聚集之前的准备过程。

工作人员的存在形式[①]

在我与同事共同举办的个人中心取向的夏季工作坊（始于1974年）中，我获得了关于工作人员工作方式的生动知识。这六次工作坊位于不同的地点——三次在加利福尼亚州（Califorinia），一次在俄勒冈州（Oregon），一次在阿迪伦达克山脉（Adirondacks），还有一次在英国的诺丁汉（Nottingham）。参与者人数为六十五人到一百三十五人不等。

这些工作坊的工作人员相对稳定，规模是五到七人；虽然小有变动，但总体上是一致的。那一年，我们虽然独立工作，但是在每次工作坊开始之前都会聚在一起。我们的工作方式与相互支持的方式随时间变化。

起初，我们选择较为传统的工作模式。在工作坊开始之前举办的会议中，我们花大量的时间制定备选计划与活动设计——例如，提供小型活动及其他特殊活动。我们希望尽可能"给出"更多选择的自由（虽然这些自由是我们给出的）。我们把自己看成能提供不同兴趣点与技能的专家、教师与辅助者。我们力求做到准备充分，提供各种各样的学习资源。

① 在这一段落以及这一章的其他部分，我借鉴了个人中心取向工作坊的一位工作人员所写的材料。

工作人员也花时间来克服人际摩擦与个体差异，我们不想把这些问题暴露给参与者。

渐渐地，我们开始从不同的角度看待我们的工作模式。简言之，我们认为，我们的主要任务是做好自己。为了实现这一目的，在工作坊招募之前，我们先花了几天时间聚在一起，在我们能做到的范围内：

我们充分开放——首先是对个人，然后是对整个团体；

我们准备开拓自身生活中全新的、未知的领域；

我们真正接纳自己的不同之处；

我们开放地接纳从全新的内心旅程中获得的新知识，这都是由我们的工作人员与团体实践激发的。

因此，可以说，我们现在是准备好自己，较少强调计划或材料。我们重视工作流程，希望团体可以获知这一点。我们发现，通过尽可能地做回自己（重视创造性、多样性、矛盾性、开放性，立足当下与分享），我们稍微调整了“音叉”，结果发现工作坊团体中所有成员的特质发生了“共振”。

在我们形成的与团体及其成员的关系中，这种影响力会共享。我们让自己“存在”；我们让他人“存在”。我们尽可能不评价或操控他人的想法或行动。我们发现，当人们受到这种方式的对待并接纳自己的时候，他们在分析与改变生活上极具创造性和多样性。

当我们不劝说、不解释、不操控的时候，我们的态度是自由无为的。相反，我们发现我们能以主动的方式分享自我、感受、潜能以及技能。我们彼此尽可能地做回自己。

存在形式有时是固有的：我们渴望去倾听。在工作人员表达质疑或深层感受时，我们专注而又接纳地倾听，偶尔表达出我们对所听内容的理解。我们特别注意那些反对的声音、微弱的声音，这是表达不受欢迎或不被采纳的观点。如果个体开放地说出自己的观点，但没有人回应他，那么我们会有意识地回应他。因此，我们会肯定每个人的想法。

我们没有就此结束。作为工作人员，我们不断探索个人经验的新内容。最近，这意味着发现从在不同生活方式下的亲密关系中得到的新见解。这意味着开放地面对生活中的直觉与心理层面。随着深入未知的内心世界，我们能更好地帮助每个新的工作坊团体（个人层面与集体层面），更深入地探究他们隐藏的、神秘的世界。换句话说，每个工作坊都会给我们带来意料之外的收获。

令人惊讶的一点是，工作坊团体本身几乎就具有感应“工作人员的意图”的能力。某一年，在工作人员的会议上，我们深入讨论了工作坊的部分内容——性暗示与性行为，开放地分享了自身类似的性经验。在接下来的工作坊中，工作人员没有做出任何暗示，参与者首先开放地谈论与思考这个话题。正如一位工作人员所说的，“让我感到神秘的是，团体以惊人的方式实践着我们在工作人员会议上产生的想法（就像是通灵事件）。”

最后，我描述一下我们的工作方式：我们是完全开放的，既没有领导，也没有阶层。权力与责任是共享的。我们成为一个紧密的团队，以我们所知的个人中心方式维持着我们的关系。

我的个人收获

我发现，这种与工作人员相处的方式让我受益良多。

首先，它让我尝试了自己从来不敢单独进行的冒险。我知道，当我在大型工作坊团体中做傻事，或尝试新方法但又失败的时候，工作人员仍然会信任与接纳我。这种情境让我勇于进行新尝试与不可能的尝试。

与工作人员相处的方式也让我感受到，工作坊的责任不是都在我身上，而是完全共享的。当我感到团体中出“岔子”的时候，我的心不再揪紧。我会放松，只是处于当时的状态。而今，我从相信工作人员的集体智慧，转变到深信整个工作坊团体的集体智慧。

最后，让我感到很放松的是我可以完全放手的人本环境。在工作坊开始之前三四天的工作人员会议里，我倾诉我的问题、我的困境、我的感受。我既能长吁短叹，也能夸夸其谈。我能感到挫败，感到绝望，也能充满创造性的想法。我能批评团体中的其他人，也能与其他人关系紧密、充满友爱。对每个人来说都是如此：我们尽可能地深入分享。这一过程是具有恢复性与治愈性的；它让我们感到无比安全。在工作坊期间，这种分享仍在我们的工作人员会议中持续，并且这使我们有可能与更大的团体进行深度分享。我们给予彼此有益的反馈。我们为彼此的创造性与才华感到吃惊。我们控制人际关系与情境的方式会激怒彼此。有时，我们会批判他人；有时，我们会赞美他人。我们从他人身上学习，一起疏解感受。我们是彼此重要的支持团体。我们成为彼此的催化剂。

团体的过程

这些工作坊团体的内部过程如此复杂，以致我只能简略地提到一些内容。然而，我认为其中一些要素是重要而又独特的。

整体性源于独立性

团队意识既不产生于集体行动，也不会遵循着某一团体方向。事实恰恰相反。每一个个体都会利用机会成为自己想成为的样子。人们会体验到独立性与多样性——成为“我”的独特性。“独立意识”这一显著特征会上升到“团队意识”的整体层面上。

我们发现，个体不仅会把工作坊当成满足个人需求的地方，也会主动地创造出满足这些需求的情境。有的人发现了解决婚姻或职业困境的新办法；有的人获得了促进内心成长的洞察力；有的人学会了建立团体的新方法；有的人获得了改善人际关系的技巧；有的人发现了重塑精神、艺术与审美的新途径。许多人朝着积极有效的方向努力，促进了社会变革。一些人体会到这些知识的联系。工作坊最有价值的一点是，让每个人能自由地保持独立性，在多样性共存的状态下朝着个人目标努力。

一位参与者用优美的诗来描述由此形成的独立性与紧密性。

生命中第一次，
我觉得自己是真正特殊的人。
生命中第一次，

我觉得我所需要的
就是我是谁。
我知道，我身处于那柔软的、暴露的中心，
无须更多。
这已足够。
作为一个人，
我从未感到如此受认可，
如此受肯定，
我从不知道真正的自尊。
你……使我生活在
开放的状态中，
触及你的真实。
在这一周之前，
我从未了解过自己，
我从未了解过他人。
我从未体验到如此平静或有力。
我从未如此快速地成长，
也从未获得如此多知识。
我从未感到如此爱自己，
以及爱你。

在工作坊结束的几个月后，另一位参与者准确地叙述了团体源于独立性的发展方式。

在这九天中，每一刻都像是在编织着一块展现在我们眼前的、由参与者编织的复杂挂毯。有的人用线结实，有的人用色抢眼，有的人精雕细琢。对我来说，这是如此令人敬畏、精细复杂的艺术品；直到我站在远处，在整洁的背景下观察挂毯的全貌时，我才能完全理解或评价它。即便如此，从其整体性来看，它似乎每天都在变化，从未结束。这没完成的部分是在意想不到的时刻获得的洞察力。

挂毯织线的多样性可以用参与者的多样性来解释：同一个团体中的十八岁的年轻人与七十五岁的老妇人；西班牙工作坊中热切的马克思主义者与保守的商人、专业人士；不同信仰的虔诚教徒与藐视宗教的人；运动员与依靠轮椅的残障人士。这些人都是积极的参与者，都会在团体过程中发展独特的自我。

混乱、痛苦的方面

我想表达的是，团体发展并不是一帆风顺的。最初的阶段经常是混乱的。参与者往往认为，工作坊计划不是我们一起制定的。他们会质疑工作人员（在西班牙的国际工作坊中，人们表现出对美国及其帝国主义经济的厌恶——继而泛化为对美国工作人员及参与者的厌恶）。由于缺乏体系，团体会出现混乱。工作人员由于没有计划而遭到批评——对于自己拥有的权力，参与者是不情愿的。有时，人们会用沉默来表示不赞同。一些人不听别人讲话，就开始

“发言”。当参与者试图控制或“领导”团体时，就会出现对抗与追逐权力的现象。人们为如何划分小组而争执不休，这几乎是每个人都想到的一步——但是大量分组方法被提出又被否定。人们也会在诸如特别兴趣小组的日程安排上发生冲突。

然而，在工作人员与许多参与者形成的促进性态度下，个体就逐渐开始彼此倾听，相互理解与尊重。无论是大型团体还是小型团体，当人们开始探究自我及其关系时，这种氛围就是有效的氛围。

随着团体过程的深入，它会引起巨大的个人痛苦与失望。这种痛苦通常与自我洞察力有关，或者与自我概念改变引起的恐惧有关，或者与人际关系改变的苦恼有关。在工作坊结束之时，这位女性用诗来说明她的成长，写下这一过程的感受：

紧握、匍匐、惊恐，
痛哭不止，
我伤痛流血的双手，
正从嶙峋可怖的壁垒上攀爬而下。
有点令人毛骨悚然，
越来越陡峭，
追寻失去的他，
他的生命，我如此珍视，
纵身一跃，要去拯救……

下面是从一位参与者的日记中节选的段落，反映出她逐渐费力地发现了能缓解焦虑的想法。

我感到如此彷徨。今天早晨，一方面，由于我妥善地处理了桃乐丝和保罗的问题，我感到自豪；另一方面，因为这件事困扰我很久，我对自己很恼火。另外，我也害怕，因为这事还没结束。我泪流满面，浑身疼痛，焦虑不堪。我冲进大厅，跑到那个举行团体会议的房间里。我打断别人的话，说明我迟到的原因，诉说自己不堪重负、精疲力竭。“我还没从昨天的事情中恢复过来，今天的事又够我受的了。我真心支持收费，这种事需要全职咨询师来处理。”

然后，乔治说：“你必须学会重视自己的需求，帕蒂。”当我听到他的话时，平静的感受涌上心头。这是多么温暖、具有治愈性的话！这是我当时最想听到的话。

在团体层面，人们会体验到挫折、怀疑、愤怒、嫉妒与绝望；在个体层面，人们会体验到改变的痛苦、恐惧、孤独、自我贬低，以及无法应对不明确的情况。但是团体和个体都会把这些痛苦视为他们参与过程的一部分，视为他们所信任的团体过程的一部分——如果他们能够这么做，我们就无须对此进行理性的解释。

价值选择的基础

随着工作坊的进行，参与者进行价值选择的基础会发生变化。基于权威的价值观、源于个体外部的价值观逐渐减弱，个体体验到的价值观逐渐增强。人们开始质疑由父母、教会、国家或政党所灌输的重要的价值观。个体体验到的愉悦、有意义的行为和存在形式逐渐得到强化。价值判断的标准越来越植根于个体，而不是书本、老师或教义。评价的核心取决于个体，而不是外部。

因此，个体越来越依赖那些具有个人内部基础的标准。他意识到这些标准以不断变化的经验为基础，所以他会尝试性灵活地运用它们。它们不是外化于行的，而是内存于心的。

决策的过程

在这类大型团体实践中，令人惊讶的一点是任何决策都会产生极复杂的后果。在日常生活中，行为方式受到权威的约束。除非它引起公愤，否则人们倾向于遵从秩序、遵守纪律。虽然人们会腹诽抱怨，但是人们一般会接受规则。所有复杂的反应会被隐藏起来。

但是在一个人们能够感到自我价值、可以自由表达自我的工作坊团体中，复杂性就会表现出来。工作坊中的某个人会提出分组方式："咱们抓阄。然后，所有掷出'1'的人分成一组，所有掷出'2'的人分成一组，等等。"你很难想象出大家的反应会如此多样。有的人会提出支持，有的人会表示反对。有的人会稍加变化，有的人会提出异议。有的人会发现没有"1"或"2"，但是许多人认为这是最简单的方式。当不止一人表示"这不适合我，我不喜欢这种方式"的时候，团体往往就处于达成共识的边缘。

这一过程（通常）被看成一种冗繁的、复杂的、令人感到心烦和挫败的、达成共识的方式。毕竟，你能顾及每个人的愿望吗？团体的沉默，表示每个人都值得重视，每个人的观点与感受都有被考虑的权利。当你观察到这一过程奏效时，它令人惊叹的特质就越来越突出。每位参与者的愿望都得到重视，因此没有人会感到自己被忽视。团体逐渐仔细地制定出顾及每个人的决策。通过考虑每个人的贡献（尊重它、评估它，把它纳入最终方案），最终找到解决办法。团体具有非凡的决策力。

这一过程进展缓慢，参与者抱怨“浪费时间”。但是团体的智慧能够认识到过程的价值。这是因为这一过程不断把团体紧密结合起来，各种微弱的声音、细微的感受都具有它的价值。

超越性

正如我观察到的那样，团体形成过程的另一个重要特征是它的超越性或精神性。这是我以前从未使用过的词汇。但是描述团体的首要智慧、类似心灵感应式的交流、“更强大的力量”存在的意识，似乎需要“超越性”这类词汇。

在其他情况下，一位参与者精辟地表达了这些思想。在工作坊结束之后，她写道：

“我发现这是一种深刻的精神体验。我在团体中感到了统一的精神力量。我们一同呼吸，一同感受，甚至为对方辩解。我感受到‘生命力’的力量，无论怎样，它鼓舞着我们。我发现它的存在不受‘我’和‘你’的限制——更像是冥想的体验，我感到自己是意识的中心，是更广阔的宇宙意识的一部分。伴随着这种统一的非凡体验，每个人的独立性都得到了极大的维护。”

矛盾性：可能的解决办法

我简要地介绍了在工作中得到的一些关于团体形成的知识。我试图指出影响这一复杂过程的要素。现在，我想让大家注意到，我们的经验是以西方文化的特殊性为基础的。

我们有些自相矛盾。一方面，我们希望独立、自给自足、不受打扰。每个人甚至每位家庭成员都想要并“需要”一辆车，这样，每个人都无须调整日程安排或顾及他人的需求。这个家庭还需要洗碗机，这样，家庭成员就不用商量谁来洗碗的问题。每位家庭成员都拥有单独的房间，通常这也是目标，即使不是绝对“必须”的。当乘坐火车或汽车的时候，我们埋头看报纸或看书，这样，我们就能避免与邻座的乘客交谈。显然，人们坦言自己对私密性的追求。我们的口号是葛丽·嘉宝说过的话——“别来烦我”。正如费尔·施莱特所说，我们尽可能地追求私密性与自给自足。

然而，在我们的工作坊团体中出现了相反的倾向。陌生人毫无怨言地聚集在一起。有时，十几个人共住在令人不适的宿舍里，但并不会太介意。男女共用的公共浴室通常被认为是增进沟通的好地方。在强化工作坊中，人们一天中有十八到二十小时与他人接触或交谈，而且他们对这种体验的态度是积极且兴奋的。正如工作坊总结的那样，人们在离开工作坊时会感到强烈的痛苦。支持性团体产生于工作坊，我们设法使团体成员之间保持紧密的联系。在日常生活中，我们如此排斥与彼此的亲密，而我们现在要尽可能地维持它；在日常情境下，我们竭力避免个人分享、真诚反馈与坦诚对待，而现在我们希望继续保持它。

如何解释这种矛盾性？一种易于理解的解释是：我们拒绝肤浅的交谈——闲聊、关于琐事的絮絮叨叨、鸡尾酒会上的喋喋不休、从政治到棒球的长篇大论。因此，为了避免如此“浪费时间”，我们会避免那些肤浅交谈的情境。

但是事实不只如此。西方人盲目追求完全的自给自足，不需要他人的帮助，除了自己选择维持的少量关系之外完全不受打扰。这种生活方式在历史上的多数时期是完全不可能实现的，但是现代科技成就了这一目标。我拥有私人的房屋、私人的汽车、私人的办公室、私人的（最好不要公开登记）电话，从缺乏人情味的大型商场中购买食物与衣服，拥有自己的厨灶、冰箱、洗碗机、洗衣机与烘干机，我可以不与任何人亲密接触。社会上有按摩院、为男性提供的应召女郎、为女性提供的“三陪服务”、为两性提供的“单身酒吧”，甚至在不建立亲密关系的情况下，性欲也可以得到满足。你个人生活的私密性可以完全（经常）达到极致。我们达到了自己的目标。

但是我们付出了代价。一些与社会脱节的年轻人变成罪犯，犯下毫无意义的暴行。我们从私密的中年期逐步“过渡”到非常孤独的老年期。在现代社会中，年轻人与老人都是完全没价值的，他们深深地体验到无用感。他们没有立足之地。他们不受打扰、孤立无援、没有希望。

在我们的工作坊（参与者的年龄范围在十八到七十五岁之间）中，我们在没有充分意识到这一点的情况下，承认人们在独立性中迷失得太深。我们发现，重视深层的亲密性可以帮助我们成长，鼓励我们在社会上生存。有时，我们为他人感到悲伤；有时，我们为彼此感到高兴。为了在一起，我们愿意忍受不适感。我们享受彼此的激励。我们发现在形成团体的努力中失去了私密的自我；然而，我们发现这让我们形成更深层、更坚实的自我意识。

一些未解决的问题

虽然我认为我们的实践对未来具有重要的启示，但是一些问题仍未得到妥善的解决。这些问题简述如下：

1. 我们的实践几乎完全局限在短期团体的形成过程中。我们需要更多长期的团体实践，诸如建立我们的治疗中心。

2. 在一些团体中，人们受选区的束缚而表达“政党路线”，不能自由地以个人的方式参与团体过程。我们在这类团体上仅取得了部分成功。尽管如此，正如戴维营的团体实践（Camp David，1978年9月6日—17日）在埃及总统萨达特与以色列总理贝京身上产生的惊人效果一样，这种困境有时会被克服。萨达特和贝京能暂时放下既有的身份，以个人的方式交谈与接纳对方。

3. 我们还不确定我们是否有能力处理暴力革命者与恐怖主义者，虽然我们在由贝尔法斯特的激进天主教徒与新教徒组成的团体中朝着这个方向努力。

4. 我们没有解决“重返问题”——人们在回到家后就丢掉了工作坊中的知识。我们通过在工作坊结束之前讨论潜在的问题，并形成在工作坊之后仍起作用的支持网络，力图解决这一问题。

对未来的启示

影响力的新模式

或许，我们的工作对未来产生的最深刻、最深远的意义是我们作为工作人员的行为方式。我们在日常生活中完全忽略了形成一种“共享影响力、给予个体力量、认为团体可信并能面对问题”的氛围。我们的学校、我们的政府、我们的商业与公司都弥漫着“个体或团体都不值得信任”的观点。因此，人们必须受权力的支配或控制。阶层制度是我们整体文化中固有的。甚至在许多地区，人们被看成邪恶的，因此需要训练与引导。在心理学领域，精神分析学派持有类似的观点——个体充满无意识的冲动，如果不加控制，将会对社会造成极大的混乱。

西方文化模式的实质是人性本恶，因此人们必须受到权威的教育、引导与控制。

然而，我们的实践以及越来越多人本主义心理学家的实践表明，还存在另外一种对个人与社会来说更有效、更积极的模式——在合适的心理氛围下，人们值得信赖，富有积极性、创造性与影响力，能够自我激励，会释放出无法想象的潜力。

第一种模式是控制人性之恶，这把文明社会带到灾难的边缘。社会能意识到第二种模式的作用吗？这似乎是唯一的生存希望。

解决国际冲突的可能性

当我了解到九个欧洲共同体国家选举出四百人组成的欧洲议会时，我对这种可能性感到兴奋。据报道，它更多起到象征性的作用，而不是立法的作用。这一事实带来了更多机会，是由于人们不再受到“政党路线”的束缚，能表现自我。我毫不怀疑，一位称职的国际促进者能够在不同的议会中实施我所描述的过程——在西班牙跨文化工作坊中所展现的、使二十二个国家的公民形成凝聚力的过程。想象这类国际议会的议员可以真正做到相互倾听、彼此理解与相互尊敬，形成团体合作精神，认识到人性比权力更重要。这些结果具有更重要的意义。我不是说这会解决所有问题，事实上也并非如此。但是在彼此理解与相互尊重的人本氛围下，最棘手的紧张局势与要求会变得易于解决。

这只是我们用团体实践形成的专业知识来解决与消除跨文化与国际的紧张局势的一个实例。我们制订好一个用于处理阿以关系的计划，但是对于“计划能否实施”还有疑问。重要的是，这一计划是可行的。无论人们多么仇视彼此或对他人有多少敌对情绪，只要还愿意聚在同一个房间里，我们就有办法让他们朝着彼此尊重、最终形成团体的方向努力。

教育的重要性

在教育领域，许多个人中心模式的实验已经被着手实施。我想大体谈谈，如果我们运用今天所有的知识，那么未来的教育将是怎样的：

将形成提升好奇心和求知欲的诚信氛围。

将使学生、教师、管理者自由地参与学习过程中各个方面的决策。

将形成集体意识，恶性竞争将被合作、尊重他人、互相帮助取代。

将成为学生重视自我、发展自信心与自尊心的地方。

将形成一种情境，其中学生与教师不断发现自身价值，意识到美好的生活依赖于外部资源，但不取决于外部资源。

在这种教育团体中，学生将为智力与情感探索感到兴奋，而这会促使他们成为终身学习者。

这不是“空想”。为了达成这些目标，我们知道该怎么做。从文化角度来看，我们并不确定这些目标能否被实现。

意识的新阶段

我已经说过，团体的超越性通常出现在我们的工作坊中。这对未来来说意味着什么？我感到其他学者比我更善于回答这个问题。

正如历史学家兰斯洛特·怀特（1974）指出的，在任何新发展中，存在于大众的想法与感受中的暗流通常会逐渐增强，最终，它仿佛非常突兀地在许多地区与国家迸发而出。从这个意义上讲，我认为，在我们的地球上，除了明显存在的破坏力之外，还存在逐渐增长的思潮，这会通向人类的新意识：人们对自然疗法产生强烈的兴趣；认识到每个人都有未被开发的通灵能力；团体中存在神秘的、心有灵犀的交流；高于一切的力量不是宇宙中最强的力量，而是爱。我无法预测理解人类与宇宙之间关系的新思潮是否会出现，或何时会出现。我只指出这一事实：在我们的工作坊中出现的团体和谐精神增强了这一暗流涌动的思想源泉。在我看来，我们的工作坊实践与这种思潮的其他表现形式一起，都说明了人类正在进入与当前不同的意识形态。

实验模型

我确信，我们的工作坊团体，或我们源于人本主义、个人中心哲学的类似尝试，有可能直接影响到主流世界的事件或人们的生活。

我认为，如果社会允许，我们能发展出可应用于更大范围的实验模型。从长远来看，我们的贝尔法斯特团体对伊拉克困境只产生了微弱的影响。但是正如一位贝尔法斯特的观察者所说的："如果贝尔法斯特的每个街区都有一个类似的团体，将会产生巨大的影响！"

我的观点是我们必须等候社会的意愿。如果我们的文化厌倦了毁灭性的宿怨，不再将武力与战争作为带来和平的手段，不满于民众的困苦生活——我们的文化真的想要找到其他可选的办法；只有当这一时机来临时，人们才会发现这非常有效。他们会发现，这是有助于解决宿怨的手段。他们会发现，许多建立团体的方法无须人们舍弃个人的创造性与潜力。他们会意识到，许多方法都能“促进学习，形成新的价值观，把意识提升到意想不到的水平”，而这已经在小范围内得到验证。他们会发现，许多存在方式无须控制个体或团体。他们会发现，和谐的团体可建立在互相尊重与促进个人成长的基础之上。依我看，那是持有个人中心取向的人本主义心理学家的基本贡献——我们已经在社会许可的小范围内发展出了实用的模型。

第十章

六篇短文

我常常获益于一些细微而强烈的体验，它们一方面说明了我工作中的不同方面，另一方面生动地阐释了个人中心取向的一些抽象概念。出于保存资料或为当事人提供参考的目的，我经常把它们记录下来。在这里，我收集了六段迥异的体验。它们都说明了个人中心取向的某个或一些要点。它们都取自个体的真实经历，但也存在某些虚构的成分。每段体验对于我的个人成长或工作信心来说都是非常宝贵的。

第一篇“我开始迷失自己”是一位年轻女性描述自身治疗体验的信件。我不认识她，也不认识她的治疗师，但是整封信充满了她的体验。这是个体治疗经验中的一座宝藏。

“空洞”这一篇同样是以信件形式出现的个人叙述，描述了空虚的体验（内心空虚）在得到接纳时如何成为丰富充实的经历。这也是对一对一治疗关系的叙述。

“南希的悲哀”讲述的事情令我记忆犹新。这发生于我的女儿、南希及其他人参与的一项大型个人中心工作坊中，目的是促进个人成长与建立社会团体。

“在一起”这一篇充分证实了会心团体实践的长期效果。我最近与同事讨论了我们在个人信件以及与人接触等过程中收集到的丰富数据，甚至还包括周末团体带来的深远影响。在这个例子中，治疗效果被以一系列“快照”的形式呈现出来。这个例子首先介绍了一位参与者的初始体验，最后以九年后她寄给我的一封信结束。

“保安”是一个引人入胜的例子。其能量从建立社会团体的实践中散发出来。我们以未知的方式影响了那些我们在工作坊中完全没有直接接触过的参与者。“保安”的例子清晰地说明了这种未知的影响。

“儿童工作坊”把我们带入残酷的现实。它叙述了幼儿在个人中心氛围中的回应方式的意义，清晰地呈现出当传统模式（特别是传统权力结构）受到任何存在方式的威胁时，幼儿出现的令人恐惧的阻抗。

在我看来，这一章案例丰富、内容翔实。它的内容源于本书涉及的不同领域——关系质量、改变的内在体验、强化团体实践的影响、治疗师团体、来自工作坊的思想火花，并被以意想不到的方式呈现出来。在选择的过程中，我一直乐在其中。现在我把它作为多年来的经验成果介绍给你，这让我感到非常荣幸。

1. “我开始迷失自己”

亲爱的罗杰斯博士，

我不知该如何介绍自己以及如何解释写信的原因。我刚读了你的书《成为人》（*On Being a Person*），它给我留下了极深刻的印象。有一天我恰好找到它，然后开始阅读。这或许是种巧合，因为我正需要某些东西来帮我找到自己。我认为只有找到自己，才能对别人有所帮助。

我觉得我在上高中的时候开始迷失自己。我总想做一些能够帮助他人的工作，但遭到家人的反对，而我认为他们一定是对的。在他人看来，这四五年中的事情一切顺利，然而两年前，事情发生了变化。我遇到了自己理想中的男友。然后，直到一年前，我重新审视我们的关系，我意识到我变成了他想要的样子，而不再是本来的我自己。我总是很情绪化，受到各种感受的纷扰。我从未识别或梳理过它们。我的未婚夫告诉我，我喜怒无常，常常是答应了又反悔。然后，当我重新审视我们的关系时，我意识到我发火的原因是我不知道如何忠实于自己的真实情绪。

我平静地结束了这段关系，试图找到我丢失的所有东西。在寻找了几个月之后，我发现我并不知道自己该做什么，也无法分辨我所丢失的东西。我开始去见一位心理学家，目前仍在他那里接受治疗。他帮我发现我没有意识到的那部分自我。其中，一些部分违背我们的社会准则，但是我发现它对我来说是有利的。接受心理治疗以来，我感到危险与困惑，但也感到如释重负，更加确信自己。

我记得那个特别的晚上。那一天，我如期到心理学家那里治疗。回家后，我感到很生气。我生气的原因是我想谈论某事，但我无法理出头绪。晚上八点钟，我感到心烦、害怕。我给他打电话，他让我尽快到他的办公室。我到了那里，至少哭了一个小时，然后开始诉说。我仍然不知道自己在说什么。我只知道自己有如此多痛苦与愤怒的情绪，而我从不知道它们的存在。我回到家，感到似乎有一个陌生人在控制我，我产生幻觉，觉得自己就像是公立医院里的病人。我持续出现这种感觉，直到有一天我坐下来思考，我意识到这个陌生人就是我试图寻找的自己。

我注意到，从那天晚上之后，对我来说，人们不再那么陌生了。现在，生活似乎正在开始。我此时很孤独，但是我不害怕，我无须做什么。我喜欢与自我交流，与我的想法及感受友好共处。由此，我学会喜欢他人。特别是一个病重的老先生让我感到很有活力。他接纳任何人。有一天他告诉我，我的改变非常显著。据他说，我开始敞开心扉、喜欢他人。我告诉他，我觉得自己一直都是喜欢他人的。但是他说："他们意识到这一点了吗？"我觉得我在他们面前只表现出了自己的愤怒与痛苦。

此外，我发现我的自尊心不足。既然我学会真的喜欢自己，我最终会与自己和谐共处。感谢你的书对我的帮助。

我来转述一下她在这封信中对感受与态度的许多关键表述。通过讨论这些表述，我试图给出关于人格成长与改变的总体解释。

我正在迷失自己。她的自身体验及其意义被否定，她发展出与真实自我不同的自我，而她渐渐无法感受到真实自我。

我的体验告诉我这是我想投入的工作，但是家人指出我的自我感受不足为信。这一说法显示出，她如何建立起错误的自我概念。因为她把父母的意图当作自身的体验，所以她不再相信自己身体的体验。由于她一直都认同父母的价值观，所以她会认同父母对这件事的价值观。随着她越来越不相信自身的体验，她的自我价值感逐渐下降，最后她认为自身体验或自己毫无价值。

在他人看来，事情一切顺利。这句话多么令人深思！当然，对于那些她想取悦的人来说，事情一切顺利。这种伪装的自我正是他们想要的，只是在她未知的深层意识上出现了隐约的不适感。

我成了他想要的样子。她在意识层面又否定了自己的所有体验——在这一程度上，她不曾真正拥有自我，而试图成为别人希望的自我。

最终，我的机体开始拒绝，我试图重新找回自己，但是我自己无能为力。为什么她最后反抗，重新审视与未婚夫的关系？人们只能把这种反抗归因于压抑过久、但最终奏效的实现倾向。尽管如此，由于她在很长一段时间内不信任自身的体验，且她所依赖的自我与机体体验截然不同，所以她在没有帮助的情况下无法重建真实的自我。由于这种矛盾，她一直渴望得到帮助。

现在我发现自己的体验——在社会、父母以及男朋友的角度来看——有一些是有害的；但是在我看来，所有都是有益的。虽然以前评价的权力属于她的父母、男朋友及他人，但是现在她收回了自己的权力。她能决定自身体验的价值。她是价值评估过程的中心，她的感觉为此提供佐证。社会或许认为某一体验是有害的，但是当她相信自己对它的评价时，她发现它对她来说是重要与值得的。

当我在意识中否认的大量体验浮上心头时，一个重要的转折点出现了。我感到害怕与挫败。被否认的体验到达意识层面时，随之而来的是焦虑不安。这是由于这些以前未被承认的体验具有改变自我结构的意义。自我概念的任何重大改变，往往都是威胁与可怕的体验。即使她尚不知道将要出现的是什么，但她隐约能够意识到这种威胁。

当被否认的体验冲破阻碍时，它们成了我从未意识到的痛苦与愤怒。除非这些体验突破到意识层面，否则多数人意识不到它们完全被排除在意识之外。每个人都能阻断与否认那些威胁自我概念的体验。

一个陌生人在控制我，我觉得我疯了。自我概念在发生重大变化时会完全崩塌，这是非常可怕的体验。她把这种感受描述成“陌生人的控制”，这是非常贴切的。

我渐渐意识到这个陌生人就是真实的我。她发现曾经生活中的那个自我——顺从的，听话的，因他人的话语、态度与期望而不断调整的自我，不再是她自己。这个看似陌生的崭新自我体验到了痛苦与愤怒、疯狂的幻觉与爱恋——这些被社会认为是有害的感受。随着进一步的自我探索，她发现了一些针对她父母的愤怒。痛苦有多种来源；社会认为有害、但她认为有利的一些感受与体验或许与性有关。无论如何，她的自我越来越植根于自己的深层体验。有一个人如是描述："我开始让自身体验告诉我它的意义，而不是试图把意义强加于它之上。"个体的自我概念越植根于自发感受的体验和意义，他越会成为完整的人。

我喜欢与自我交流，与我的想法及感受友好共处。这表明，她一直被剥夺的自尊与自我接纳开始形成。她甚至感受到了对自己的感情。这种改变所带来的一个有趣且常见的副作用是，现在她能更自在地与他人相处，更欣赏他人，对他人更加感兴趣。

我开始敞开心扉，喜欢他人。她发现，随着自己能更清晰地表达喜爱，她也能更清晰地表达她的愤怒与痛苦、喜欢与憎恶、她"荒唐"的想法与感受（这被证实是创造性的冲动）。她的状态从心理失调转变到可以与他人及现实形成更健康的关系。

我最终会与自己和谐共处。一个完整的人具有平和的和谐状态，但如果她认为这种反应是永久的，那么她就被误导了。相反，如果她真的能以开放的态度对待自身的体验，她会发现她在意识层面否定的其他深层自我，每个发现都会让她感到不适与紧张，除非它能被同化到改变的自我中去。她发现，她正在体验的机体与自我概念趋于一致，这是个令人兴奋的、有时会带来困扰但又从未中断的冒险。

2. 空洞：治疗中的体验

亲爱的罗杰斯博士，

在这封信被打印成文之前，我又读了一遍，意识到自己长篇大论了一番，语气像是与朋友交谈。我首先惊讶于自己的冒失，进一步思索，我认识到它极有道理。过去三年里发生在我身上的事情，特别是过去一个月的许多事情，从许多不同的角度都可被归因到你身上。我毫不犹豫地认为你是我的朋友——无论你听过多少次我的事情，你都会知道它对我来说非常独特。我也意识到我真的无法诉说太多自己的事——或许应该说是表面的自己。这可以先搁在一边。重要的是另一件事。

大约在一个月以前，我正处于与治疗师（乔，你在芝加哥的学生）敌对的状态。我找到了你的一些著作。我的目的是收集一些抨击乔的言论——比如："啊哈！看这里，你的老师罗杰斯这么说！医生，根据我的状况，你该如何解释这一点！你的病人在你的无所不能之下应该暂时尝试以这样的方式生活。"这非常像在必输的对抗中垂死挣扎。我觉得如果我不能用你来攻击乔，我就会放弃——其他方式无法攻击他。

这就是我的目的。但是罗杰斯博士，在我混乱的生活中，我从未发现一件事能如此完全地事与愿违。当我越来越了解你的哲学，我不断地感受到类似于启示的体验。在我简要阅读你的著作之后（《成为人》的第三章，"帮助关系的特征"），我发现它不是针对乔的炮火，而是对我们在三年漫长、困难的治疗时期里所有争执的解释与答案。随着我阅读的深入（三本书与许多文章），我发现这种哲学对我来说是易于理解与接受的，正如我之前所说的，它几乎是上帝的启示。

在我和你分享我的感受之前，我想谈谈乔。虽然我突然得到的强烈顿悟是由你的著作引发的，但如果没有乔为我做的努力（不，和我一起），我原本停滞的生活将是多么无趣，我也不会听说你，更不会了解你。尽管他偶然会把艾利斯式的攻击揉进他的罗杰斯主义里（这种融合有些奇怪，但显然对我有用），但是他正确地表现出你认为在成功的治疗关系中必须存在的每种特质。他是一致的；他是共情的；他给我无条件的积极接纳。在我看来，治疗中最珍贵的时刻是五到十分钟的沉默——即使我不知道它的意义，这种实质性的平和感是因为我们一起度过。最后，他是一致的——即使在那些对他来说痛苦、沮丧的时期，他仍然是稳定一致的。

但是我对乔的感谢是次要的。最重要的是，我通过你的文字，第一次真正看到并理解了发生在自己身上的事情。我认为，这就像是让我长舒了一口气，因此我如此迫切地想与你交流：我突然认识到我真正想做的事，辨别出我正为之努力却尚未有清晰认识的目标。在我的治疗笔记与会谈中，我不断地使用“成为人”这个字眼。我对你的工作只有模糊的概念——我知道乔本质上是罗杰斯主义者，我知道他总是倾听，许多时候能够澄清我正探索却又无法言明的想法、概念与感受。但是就“成为人”而言，我只知道我想成为统一的个体。我不知道你是否也在用一生来寻找自我的方向。

你让我知道，最有价值的事情、我们在这艰难的三年中努力的目标是感受的能力——或许我有权这么做（我总想得到乔的许可）。我发现，我突然能感受到高兴、沮丧、感动、悲伤、生气勃勃……无须否定或否认任何感受。如果它是积极感受，我承认它，不会吓退它；如果它是消极感受，我会认识到它不会一直存在。生活中没有停滞的事物——生活总在变化，我也会与它一起动态地变化。

这种感受的新能力会导致一些重要洞察力的出现。例如，当我第一次阅读你著作中的访谈节录时，我发现自己如此困惑。这是由于当人们开始体验（而非分析）的时候，能相当清晰地描述出自己内心的感觉、感受与概念。但是当我审视自己时，我发现里面是空的：没有崩塌的壁垒，没有释放的洪流，没有剥落的表层，只有一个空洞。我突然福至心灵，不再试图理智地对待空洞——试图在那里填充原本不存在的内容。我感到“我的内心有个空洞——虚空无物，等待被体验与感受填满——它在等着我”。随着我承认这个空洞的存在，它开始被填满。洞察力、体验与感受都是持续的。无论我走向何处，我都是向前迈出了一大步。我想告诉你其中的两个进步——第一步以及我认为最佳的一步。

第一步是最戏剧性的——或许因为这是第一步。发现你的书时，我恰好要参加会议。之前，我对此缺乏兴趣，根本没抱什么期望，但我不得不以正式身份出席。但是我在开会之前遇到你，我的想法立刻发生了惊人的转变。我独自一人去开会——在我的字典里，这种状态就等同于孤独。但是，突然，伴随着我新发现的自我，我并没有感到焦虑。我本不期待这次会议，但它确实给我带来了美好的体验。我不孤单，不仅遇到了像我一样盼望对方到来的老朋友，还结识了有趣的新朋友。我组织了两场成功的工作坊，这次会议的经历让我体验到如此强烈的、积极的感受，以致午夜时我在酒店的房间里兴奋地想：“成为一个人……多么美好……我多么高兴……多么和谐。”

那是巨大的第一步！真正巨大的第一步。除此之外还有其他许多进步。我认为最佳的一步是当我发现无休止的鼠笼效应完全消失时的那一步。我上个星期陷入了严重的抑郁状态。我感到非常失落。我允许自己陷入这种感受。仅此而已。几天后，抑郁感消失了，我没有殚精竭虑地试图消除抑郁，也没有担心抑郁再次到来。

我越来越能与自我及自己的世界和谐共处，越来越确信这并非偶然。它是真实的：我处于成长的动态过程之中。我还没有达到顶峰（或许，正如乔所说，我在过程量表的五分左右徘徊），但是我知道我终究会达到。空洞中充满了体验和感受——我在那里——我——一个人。

我想说谢谢你。但是正如对乔一样，我也不知道我该感谢你什么。我会再给你写信。

你真诚的珍妮弗

你知道杰拉尔德·曼利·霍普金斯所写的《腐尸安慰》中的诗句吗?

我能；能做些什么，希冀，渴望白天来临，不愿意如此。

3. 南希的悲哀

在我还记忆犹新的时候，我想记录一下最近在大型工作坊中发生的一个事件。这是个为期十七天、由七十人组成的工作坊，致力于认知与实验的学习。前六天，他们在会心团体中参加了六次会谈。其中还有特殊兴趣专题小组与由七十人组成的日常会议。随着时间的推移，这些团体会议越来越深入、越来越可信。这一事件发生在第八天的团体晨会上。

事　件

这一部分是几个人的共同成果，因此采用第三人称。我先拟定草稿，然后把它拿给主要的参与者。每个人调整或修改那些描写自我感受与行为的部分，使其符合自己的真实感受。因此，我认为，这些描述就像拍出的照片一样正确。除了我和我女儿娜塔莉的名字之外，其余都是化名。

整个团体正在讨论问题，敏感地倾听不同的意见。一些人会把参观者带到团体会议中。南希也是其中之一，她之前曾把丈夫带到会议中，但这天早晨她并未出席。最终，大家达成共识（到此刻为止，人们没有批评任何人）——任何人想带人参观，都应该首先向团体提出来。团体继续讨论另一个问题。

这时，南希来了，迟到很久。拉尔夫出于好意，迅速向她说明了我们已经得出的结论。我们都没有给娜塔莉反馈的机会，虽然她显然想这么做。团体继续讨论。几分钟后，坐在南希附近的人让大家注意到，南希一边发抖，一边哭。团体立刻给她处理其感受的空间。起初，她觉得自己受到批评，但是玛丽亚向她更详细地说明了之前发生的事情，她似乎接受了“大家没有责备或批评她”这一事实。但是她仍在颤抖，她因感到自己受到排斥而十分沮丧。她说，这不是第一次，她之前也曾感到受排斥。在大家的鼓励下，她转向娜塔莉（卡尔的女儿），说道："我觉得你很冷淡，你打断了我两次。我一直叫你贝蒂（另一个参与者的名字）——我不知道为什么。当我走到你面前，告诉你我对此感到多么抱歉的时候，你只说这是我的问题，然后走开了。"

娜塔莉说她的感受截然不同："我意识到你因为叫错我的名字而非常沮丧。虽然我能理解这困扰着你，但是我完全不在意。我意识到我没有帮助你，我觉得你想与我交往，但我认为我没有拒绝你。"

对这一切，南希似乎越来越激动，她不听，也不接受娜塔莉的解释。她说，她看到娜塔莉与特瑞萨（一个住在美国的墨西哥女人）亲密交往，或许娜塔莉只和少数民族的人交往，而不是类似她这样的人——身材高挑、白肤金发、属于中产阶级的人。这惹怒了特瑞萨，她对这种刻板印象极为愤怒。团体用了大约五分钟的时间才恢复了南希与特瑞萨的关系。

团体让南希重新回到她和娜塔莉的问题上。她的感受如此强烈，这显然不仅是由她所提及的事件引起的。乔伊斯说，她注意到她、南希与娜塔莉很相似——高挑苗条、白肤金发，或许南希觉得娜塔莉至少应该和像她一样的人友好相处，而不是选择皮肤黝黑、身材矮小的特瑞萨。南希思考这一点，想知道它是不是意味着什么，但是这显然并不太符合她的感受。

团体谨慎地试图对她的强烈感受给出至少两个可能的理由。

对于第一个理由，她说：“我试戴了那顶帽子，但是它显然不适合。”对于第二个理由，她说：“那也不对。”

卡尔坐在那里说：“……我大为不解。我试图了解困扰她的是什么，但我毫无头绪。我相信，不少人的感觉也是如此。她眼睛里含着泪水，感到的远远不只是她所想象的拒绝，但是它是什么？”

然后，安说道：“这种说法或许不妥，但不管怎样我还是会说出来。南希，当你进来的时候，我还以为你是娜塔莉，你们看上去如此相像。当我看到娜塔莉与她父亲之间坦诚的关系，我感到很羡慕。我曾与我父亲的关系亦是如此。我想，你、你的父亲、卡尔之间是否有什么联系。”“就是这样！”南希啜泣，宛如突然被一道闪电击中。她崩溃了，哭着说出自己的心声。她边哭边说：“父亲去世时，我根本没有哭……在他去世之前的许多年，我有父亲就像没有父亲一样……我该怎么办？”人们回应道，父亲仍是她的一部分，她仍然可以为他哀悼。安的位置离她很近，安拥抱并安慰她。过了很长时间，她平静下来，然后用几乎听不见的声音问卡尔，她是否可以握住卡尔的手。他伸出手，南希走过去，扑倒在他的怀抱里；卡尔紧紧地抱住南希，她的整个身体随着啜泣而颤抖。她慢慢地感觉好一点，坐在卡尔和娜塔莉之间，对卡尔说道：“你也看上去很像他，但是我从未意识到这是我的感受。”

他们坐在那里，拥抱着对方。有人说南希和娜塔莉如此相似，她们就像姐妹一样。卡尔说道：“我们在这里坐着照一张全家福吧。”南希说道：“但是他们会说‘坐在中间的女孩为什么笑得如此开心？’”随着大家都和她一起轻松地大笑起来，这个事件圆满结束。

卡尔后来的评论

我在情感上深度卷入这个事件，我想上述文字已经清晰地说明了这一点。你很容易分析出这个事件的原因：南希，压抑了她丧父的痛苦，看到他人亲密的父女关系，把她的痛苦投射到娜塔莉身上。首先，她曲解一个事件，这样，她就可以对娜塔莉生气；然后，她通过对娜塔莉与另一位女性关系亲密而感到生气，从而畸形地表达出她的痛苦，等等。在我看来，这些“解释”无关紧要。尽管如此，当我试图从其他角度看待这一事件时，我发现它是人格与行为改变的存在主义动力学的典型例证。

（1）它清晰地表明人们的感受被掩藏得如此之深，以至于个体完全无法触及。有趣的是，南希和团体都清晰地察觉，她深深地受困于“某件事”。然而，她用并非真正有意义的方式标记这种感受。机体深深地体验到承认这种感受的痛苦，如果这样做，自我概念将被显著改变。

（2）它是“体验流（根德林的概念）用于揭示感受意义的参照物”的极好例证。南希尝试对应了团体提供给她的多种解释与标签（label），发现它们并不“相符”。什么不相符？显然，是南希不断核实的机体活动。当安谈到自己的感受，并指出另一种可能性的时候，南希立刻意识到了，这就是她的体验。它与南希的状况相匹配。当南希得到他人的接纳与理解，第一次完全体验这种感受时，表现为啜泣。然后，她进一步遵循自己的体验了解到，除了嫉妒之外，她还感到非常痛苦。她从未哀悼自己的父亲，是因为在父亲去世前的许多年中，她就像没有父亲一样。

（3）它是出现不可逆变化的时刻的明确例证。每一分钟发生的改变逐渐构成了人格与行为改变的整个基础。我对“改变的时刻”做出如下定义：当个体在态度与意识中充分体验并完全接纳之前被否定的感受时，不可逆的变化就出现了。后来，南希在某些情况下否定了这一时刻的意义，认为她没有嫉妒或陷入悲伤。尽管如此，她的整个机体完全体验到了那些感受，她仅能在意识中暂时否定它们。

（4）在这里，我们看到了南希自我知觉改变的实例。在她的眼中，她与父亲并不亲近，对他的去世无动于衷。或许，她也认为自己因此感到愧疚。现在，她那一部分自我概念得到了明显的改变——她认识到自己渴望与父亲保持亲密的关系，她既对此感到伤心，也对父亲的去世感到难过。这种自我概念的改变必然导致她行为的改变。我只能猜测这些变化是什么——或许是她对待老年男性的方式发生变化，或许当她在看到其他不幸时，会更多地感受并表达自己的悲伤。我们尚不能确定。

（5）它是“促进个体发生改变的治疗氛围”的一个实例。这个团体充满关爱——团体成员尊重她的价值，专心倾听她的话语，即便这种倾听已经打断了团体正在进行的“任务”。他们尽可能地表达出自己的理解。安表达出她的真实感受，这就是团体成员的开放性与“透明性”的例证。成长与改变的所有要素都在团体里，而且南希很好地利用了这些要素。

（6）这是一个令人兴奋的证据——即使在如此大规模的团体

中，也能形成促进成长的氛围。如果团体可靠，如果个体能意识到并相信这一事实——他人是充满关切的、善解人意的、真诚的，那么，六十九个人成为治疗师，或许比一个治疗师更有效。

这件事情难能可贵——它不仅对我而言具有个人意义，还丰富了我的理论内涵。

4. 在一起：一个为期九年的追踪报告

二十世纪六十年代后期，个人研究中心的工作人员受邀与圣心书院及其高中（位于加利福尼亚州蒙特西托市）的人员一起参与有关自我指导的教育改革项目。几个月中，我们深度参与到这两个机构的各种强化团体之中。我推动的一个小型团体是由被选入某个职权部门的高中女生以及一些高中教职工组成的。我从这个团体中获益良多，因为我较少与高中学生一起工作。

大约九年之后，我收到其中一个女孩的来信。我清楚地记得我们相处的时光。事实上，我怀疑自己是否曾写下这段经历。我发现我确实做过记录。下面记述了我和安在九年前的体验：

“真正的我不讨人喜欢”

人们陷入孤独的一个重要原因是，他们认为真实的自我——内在的自我、深藏的自我——是不被任何人喜欢的。你很容易就找到这种感受的源头。孩子的自然感受、真实态度总会受到父母与他人的责备，以致孩子开始把这种态度内化，感到他的自然反应与真实自我不会被任何人喜欢。

或许，发生在由高中女生与教师所组成的团体中的一个事件揭示了孤独感是如何逐渐显现的，以及个体与团体是如何发现孤独感的。即使是那些让人喜爱的人也会感到自己不被接受，从而体验到深深的恐惧感。安在这个团体中是个非常文静、真诚严肃的人。她是个好学生，在她所在的社团中是个有效的领导者。在周末会面时，她讲了一些她曾度过的困难时期。她发现，她质疑自己的宗教信仰，质疑自己的某些价值观，对这些问题的答案心存疑虑，表现得有些绝望。她知道这些答案必须源于内心，但是迟迟找不到答案，这让她有些担忧。团体中的一些成员试图安慰她，但这无济于事。另外，她谈到其他学生找她解决他们的困难。她感到她想帮他们，每当帮助别人时，她都会感到很高兴。

第二天，她表达了一些令人同情的感受，团体沉默了许久。最后，安打破了静默，提出了一些非常理性的问题——十分理智的问题，但完全不适合当时的气氛。我的直觉告诉我她没有说出她想说的话，也没有流露出真正的意图。我感到自己想走过去，坐在她的身边，但这似乎是疯狂的冲动，因为她并没表现出她需要帮助。这种冲动如此强烈，于是我冒着风险穿过房间，询问我是否可以与她一起坐在长沙发上。我觉得我很有可能被她拒绝。她给我腾了点地方。我刚坐下来，她猛然扑进我的怀抱，脑袋靠着我的肩膀，开始啜泣。

我问她：“你哭了多久？”

她回答：“我没有哭。”

“不，我的意思是你的内心哭泣了多久？”

“八个月。”

我只是像搂着婴儿一样搂着她，直到她的啜泣声逐渐减弱。她渐渐地说出她的困扰。她感到自己能帮助别人，但是没有人喜欢她，因此没有人会帮助她。我建议她向周围看看，看看这个团体，她将会看到他们的脸上都充满关切。然后，一个成员（一位修女）说，她也曾有类似的经历——怀疑、绝望、感到不被喜爱。团体的其他成员也开导安。然后安说出她的父母分居了。她十分想念她的父亲，当一位男性表现出对她的关怀时，这就会有很大的帮助。显然，我凭直觉做出了明智的举动，但是我不知道这是如何发生的。尽管几乎所有人都认为这是个友好可爱的女孩，但是她内心认为自己完全不被喜爱。我与其他成员的努力关怀改变了她的认识。

这一次周末团体结束之后，我收到了安的几封来信。安在信中表达了这次经历对她来说多么重要。她说，她仍有许多疑惑，但是绝望感、孤独感与不被喜爱的感受消失了。

大约六个月之后，我在圣心高中校园的停车场遇到了一辆载着几名女孩的轿车。车停下来，安跳下车，和我热烈拥抱。显然，她在与我的关系中感到安心与被关怀。

现在，九年以后，我收到了这封信：

亲爱的卡尔，

几年前，在圣心高中时，我有幸参加了你在蒙特西托举办的敏感性周末训练课。就在这个夏天，为了获得教学证书，我正在参加圣何塞研究生计划。意想不到的是，在我的社会学课上，我们准备阅读你所写的《学习的自由》（*Freedom to Learn*）。我想向你求教，我必须写信告诉你，几年前与你一起的经历一直影响着我。九年前，我就清晰地认识到你的人本取向是多么诚实、真挚、有效、正确，而今亦是如此。但是那时我并不知道这一经历对后来的我来说那么重要。在我成年之后，我理所当然地自由地存在、思考、行动并感受。几年前，你激发了我，使我能够自由地感受、自由地接触、自由地交往、保持诚实。我感谢你给予的鼓励，感谢你让我感受到的自由；这种自由也会表现在我所遇到的人的身上。我每天面临着巨大的挑战——事实上，我渴望再次与你一起的会心体验。你一直在这个地区吗？献上我真挚的爱，祝你健康。

祝你平安，

安

若是非要证实真实、关怀与理解对于短暂关系的重要性，那么这段经历可以提供佐证。

5. 保安

我们周末全天在丹特大楼举办工作坊。大楼侧门的保安是个乐于助人的友善男人。我们打听到他的名字——赫尔曼。除非有人暂时接替他，否则他要一直坐在门边。他坐在登记处看得见的地方。伯妮斯坐在登记处接待参与者，登记他们的名字，与每个人短暂交谈。伯妮斯对人名有不寻常的记忆力，一些参与者的名字是她从去年夏天的工作坊上得知的，还有一些参与者的名字是她通过电话交谈获知的。赫尔曼看到人们星期六早晨到来，出去就餐，就餐回来，晚上离去；然后，他又看到星期日人们重复着相似的过程。他很可能看到了我们在电梯旁展示的宣传册，上面写明我们的目的与伯妮斯的电话。但是我们的工作坊在大楼的三层举办，他根本没有看到在房间中超过一百人的整个团体。

令人有点惊讶的是，在第二个周五的下午六点，伯妮斯的电话响了。以下是类似的对话记录：

伯妮斯（声音友好）：你好。

赫尔曼：嗯，我是赫尔曼，丹特大楼的保安。

伯妮斯：哦，赫尔曼！非常高兴接到你的电话。

赫尔曼（有点难以置信）：你记得我？

伯妮斯：当然！我很抱歉，我本想感谢你给予的帮助，但在星期日晚上没看到你。工作人员待到很晚，直到另一位保安上班。

赫尔曼：嗯，我把工作坊的事情告诉了我的妻子，我们都想参加一次你的工作坊。我只用付我能承担的费用，是吗？（在谈话中，他再三确定这一点，似乎觉得这有点难以置信。）

伯妮斯：是的。把你的名字和地址给我，我会把你列入邮件名单，这样，你会得到我们未来工作坊的信息。

赫尔曼：下一次工作坊什么时候开始？

伯妮斯：我不知道。或许是明年秋天。

赫尔曼：得等到那个时候？（他似乎非常失望。然后，他停顿了一下。）我能叫你伯妮斯吗？

伯妮斯：当然可以。

赫尔曼并没有直接地参与工作坊或接触参与者，那么他如何获知这么多信息？以至于他在回家后把它讲给妻子听，还能激起妻子的好奇心，他们决定参与其中，最后他还冒险打电话？这似乎有点不可思议。但是当我仔细思考时，我发现即使他从未真正看到实施中的团体，也会看到许多迹象。

他看到了伯妮斯的温和与她对人们的热心，这显然给他留下了深刻的印象。

他发现人们挽着手共同进餐，彼此深入交谈。

他看到人们在星期日的晚上离开大楼时告别的情景——他们相互拥抱，交换电话号码，渴望再次见面。

但是最重要的是，他必定看到了人们的变化。星期六早晨，他看到一百个人在走进这个令人生畏的大楼，带着一丝紧张与焦虑，在初次见面时都有所保留。他看到在星期日晚上离开的时候，他们成为亲密、热情、友好、健谈的朋友，表现得极为兴奋。他在丹特大楼看到过多次会议，人们的变化让他觉得有点不可思议。

在其他工作坊中，我观察到了类似的证据：我们影响了厨师、维修工、女佣。我认为工作坊能够散发出生命力，产生“共鸣”，以致许多未参与团体会议的人也能感受到这一点。

但是在我看来，赫尔曼的事尤为特别，让人十分信服。

6. 针对儿童的工作坊

芭芭拉·威廉姆斯是一位非常安静的女性，从她的外表根本看不出她有决心与毅力选择现在的生活方式以及做出有争议的行为。她在并不以创新进取著称的科罗拉多地区开办了一所极具创新性的学校。从实质意义与心理学意义上看，这个学校现在“属于”学生、父母以及老师。从其深层的哲学上看，这是所个人中心式的学校。

或许有件事情可以说明它的不寻常。这所学校一开学，就要求学生选择校名。清单上排名最靠前的是“De Silly Ol’ School”，这显示出这所学校的创造性与学生对它的喜爱。然后，为了让它更具有声望，名字被改为“De Sillio School”，这个名字一直保持至今。

现在，芭芭拉给我写信，告诉我她最新的想法与最初科罗拉多地区对此的排斥。

亲爱的卡尔，

我只读了你写的《个人影响力》（*Personal Power*）的序言，就立刻被“慢慢度过生活”这篇吸引住了。我感觉那就是我所做的以及仍在做的事情。我因这所学校而兴奋，我考虑如何把它建成以学生为中心的学校。每个人都告诉我那是不会成功的（我不是现实主义者，而是典型的理想主义者）。我什么也没有说。现在，经过七年异常艰苦的工作，它成为一个美丽的以学生为中心的学校。它实现了我所有的想法，甚至比我设想的更好，我对此非常满意——这个理论起作用了。

现在我想它又产生了效果。我想做个关于孩子的工作坊。我认为孩子更加真实，能做出无条件的积极关注，能直接的交流，能够共情，能通过想象与自发行为促进自我成长。这就像一个支持性团体，让孩子更清晰地意识到并提升自己已有的能力，让他们在长大后进入抹杀这些特质的成人社会与文化中时，能够保持这些促进自我成长的特质。

我对这个想法感到非常激动，决定做个关于孩子的工作坊。我花费大量时间进行走访，把我的想法告诉每个我能想到的人，说它就像是心理保健诊所（Mental Health Clinic）。我到处张贴告示，但是甚至连咨询的电话都没有接到。我从未想过我的想法如此奇怪，别人对这些想法的惊异程度也让我很惊讶。

去年秋天，我决定向“De Sillio School”的孩子提出举办工作坊的想法。令我感到惊诧的是，父母和孩子都很兴奋，父母愿意为此付费。于是我做了一系列工作坊。他们说服我再做一次工作坊。每次我见到这些孩子，他们都恳求我再举办一次。

这些孩子的年龄范围是六到十三岁（以十人为一组）。他们知道不用勉强自己，随时可以退出。我至今对工作坊的效果与意义感到震惊。总之，这些孩子似乎立刻理解了我的意思，认识到他们能保持真诚，直接交流，这与我们的文化和成人世界极为不同。但是我认为这些能力有可能得到提升与重视，并且他们可以随着自己的成长保持这些能力。

其中两个孩子有点过度活跃，我说这些话时他们的表情我还记忆犹新——他们突然站住不动，睁大双眼，开始点头，继而深度参与这个工作坊。所有孩子都做出类似的反应，甚至是那些对所有事情都心不在焉的孩子、在家中存在问题的孩子。我仍然无法相信。他们在家庭中与学校中的行为问题都发生了改变。人们评论这些变化，就像是看到我什么也没做，但奇迹出现了。我感到它触动了孩子能立刻意识并运用的深层能力，我感到这发生在所有孩子身上。当然，这引起了我极大的兴奋与好奇心。我不知道它将会引向何处。

我想到其他成长中心的做法，比如为他们建立团体或者一边为孩子举办工作坊，一边为他们的家长举办工作坊。这对我来说是全新的想法，我不知道这样的想法是否可行或应该如何着手。

在我看来，这揭示了任何真正的创新想法在成型阶段所要经历的斗争。起初，这看上去有点荒唐，而且无法实现。当有证据表明接受新思想的氛围开始出现时，这种想法就不再是荒唐的，而是可能被实现的，但是总体而言，它仍不被大众接受。我们总声称关注儿童的幸福感与提升儿童的适应力，然而一个可达到这两个目的的项目却不为多数人所接受，这是因为它威胁到了传统的思维方式、传统的权力关系和传统的机构。

我认为这个极有希望的项目还有一段漫长而曲折的路要走。

第十一章

助人职业的新挑战

这是一篇充满激情的文章，虽然它的对象是心理学家，但是我相信，它对其他助人职业及教育工作者同样有用。

这是对被扭曲的批评的一次宣泄，现在阅读它的时候，我发现有一些言辞是过度且极端的。但我不会道歉。这些感受是非常真实的。尽管本文写于1972年（在当年9月的美国心理学会会议上第一次被宣读），但这些问题现在仍然存在着，并且充满了争议。因此我只是把它原样呈现——作为一份情绪化的声明攻击助人界那些“不可批评的人”。

受邀来对心理学家做演讲，我深表感谢。距离我上次参加APA（美国心理学会）会议已经有很长一段时间了。有一种诱惑让我去回忆、去思考和谈论我参与临床心理学研究的45年，或与此相关的工作——帮助陷入麻烦的个体，进行该领域的研究，在个体和群体中促进个人成长和发展，努力与诸如我们的教育系统这样的组织合作，甚至大声说出我对于我们这个极其病态的社会，以及病入膏肓的文化的担忧。

回忆包括这样一些内容：为临床心理学这个“小婴儿”在APA争取一席之地所必需的努力——这种努力在现在看来是荒谬可笑的；努力证明心理学家在实际上和法律上都能够进行心理治疗，与包括精神病学在内的各种行业作斗争；试图开启心理治疗的详细调查和经验研究之路；努力建立理论定式，将临床工作从濒死的精神分析教条的正统观念中解放出来，并促进了思维的多样化与创造性；努力拓展临床心理学家及其他心理学家的视野和眼光；最后一条也许是，努力帮助心理学家成为改变的真正原动力，而不是修修补补的心灵创可贴使用者。在这些叙述中，每一条背后都有一个长长的故事。

但是我并不想屈服于这一诱惑。我更喜欢向前看，去尝试描述一些我们目前正面临的挑战，或者判断我们未来将会遇到的挑战。

我恐怕这些挑战几乎或完全没有逻辑上的顺序。这些是我认为最显著的困境。因此，后续的问题看来会是彼此不相干的。正如我所想的，生活相当无情地向我们呈现了许多分散的问题。对于其中一些问题，我们如果方便的话可以隐藏或回避。而这里是一些我认为没法指望它们消失的问题。

我们敢于建立一门人文科学吗?

我想说的第一个挑战并不特别新奇，但肯定是我们先前没有遇到过的，那就是：我们是否敢于发展对科学的新观念（如果我们要拥有一门心理科学，这样做是极其必要的）？或者我们将继续作为一门伪科学存在？让我用对我而言具有个人意义的措辞来解释我的意思。

心理学，它有成千上万的实验、大量白鼠，以及包括实验室、计算机、电子设备和极其复杂的统计方法等的规划，但在我看来，作为一门重要的科学，它倒退了。悲哀的是我们没能留心罗伯特·奥本海默对APA的警告。他指出心理学可能做出的最糟糕的事情就是“仿效一门已经不存在了的物理学，这已经是过时的”。但是我们已经决然地把自己和老旧的牛顿式科学概念绑在一起，似乎还没有意识到在理论物理学和其他各种“硬”科学和“软”科学当中已经发生的对科学的看法的变化。我和其他人尽力去详细说明其中一些变化（Koch，1959；Rogers，1955，1964；Schultz，1970），我不希望在此重复那些定式。对我而言，我的朋友迈克尔·波拉尼的一段文字很好地总结了这一变化的核心。这是一个复杂的观念：

一个说法是，科学上对客观事实的发现存在于对理性的理解中，而理性掌握着我们的敬重并唤起我们对沉思的赞赏。这样的发现，尽管以我们的感官经验为线索，却超越了这一经验——通过接受对超越感官印象的现实的假想，而这一假想显然引导我们进入对现实的更深刻的理解。一般来说，这样一个对科学程序的解释将作为过时的柏拉图哲学，不被理会。然而它恰好跟我坚决主张的这个客观性概念有关……

波拉尼的观点是关于一个人如何被他的主观视野吸引，进入更深刻和更显著的现实的。关于这一观点，一个很好的例子是斯金纳对自己如何成为科学家的讲述（Skinner，1959）。这是一个人性化的、个人的、内在的观点。它大量使用主观线索，如“当你遇到有趣的事物，丢下其他所有事情，研究它”。不幸的是，斯金纳现在认为漂亮的个人陈述不过是一个副现象，其本身并不重要。然而我拥有与来自加利福尼亚理工学院的著名科学家同类型的故事——梦、假想和直觉，关于原子核或其他一些神秘事物，以及被那个有根据却隐约具有超越性的梦所引导的宝贵工作。汉斯·莱辛巴赫曾叙述他和爱因斯坦的一段对话：“我在某个场合询问爱因斯坦教授他是如何发现相对论的，他说发现它，是因为他如此强烈地相信着宇宙的和谐性。”换句话说，他拥有主观形成的引导性假想。

我自己尝试过总结这一较新的观点：

所有我们（心理学家）已知的科学，变成了只是科学的一小部分。可以把它看成植入一个给人深刻印象的个人化的背景，其中个人和群体对于合理性的判断变得跟统计上的显著性一样重要。一个以漂亮的方式建立起来的精确模型和无懈可击的科学（我们绝大部分人都有意识或无意识地持有）变成了有局限的人造物，不再具有精确的完美性。对经验的开放可以被视为科学家的一个特征，并且和理解研究设计同样重要。整个科学事业可以被看成更广阔的知识领域的一部分，其中，真相可以被以许多同样有意义的途径去追寻，科学就是其中之一。

这些引用表明了，如果心理学家要建立一门关于人的科学，他们将要面临何种类型的挑战。它将成为一门以对内在认知过程的仔细观察为基础的科学，就像我们在皮亚杰理论中所发现的那样。它将包括对内在的、个人的、情绪化的意义的探索，我和我的同事是这方面的先行者。它将基于对人类的现象世界及其外在行为和反应的理解。在心理治疗的研究中，这一趋势已经十分明显。它也戏剧化地出现在许多调查者关于梦的日趋复杂的工作中，他们将个人完全主观的非理性的梦的世界和他对各种电子测量仪器的反应绑在一起。在这里，事实上，最古老的主观现实之一——梦——被与最现代化的技术联系在一起。需要注意的是，在这些朝向更新的科学的趋势中，我们不再把个体推到一些人为的情境中，去调查我们强加于他的一些假设。我们开放自己的头脑和我们的全部自我，从他那里学习。

为什么这一点很重要？因为如果不是这样，对我们来说，人类就会变成物品。汉娜说得好：

人会利用那些他认为和他自己不相似的事物，但他会寻求与他认为和他相似的事物之间的共同理解与和谐。前一种认识导致操纵和真正的技术的产生；后一种认识则导致理解和真正的科学的发现。

我认为，在建立一门真正的人文科学之前，我们除了发展供计划制定者和发号施令者使用的技术之外，并不能真正地理解人类的状态。或许在我们的研究生部，那些传统主义的堡垒阻止了我们实现这一改变。在大多数大学里，这篇博士论文已经成了对它的真正目的的一种嘲弄。跟随个人好奇心探索人类天性的某些方面的奥秘，并走出僵化的、个人的、彼此不相干的研究，来提出对知识的重要贡献——这是博士学位的真实图景，但这并不是对今天的大部分博士论文的准确描述。我们已经满足于安全的平庸，因而反对创造性。如果我们对科学的看法改变了，我们的研究部门也必须改变。如果这个变化不发生，心理学将离人类的真实越来越远。

我们敢于做设计者吗？

在我们的时代，心理学家的另一个大挑战是发展一种方法来创新，而不是修补；也就是说，去设计一个问题更少的社会，而不是治疗那些因为社会因素而产生问题的人。问题是，我们这个群体能否发展出一种指向未来的预防方法？还是永久性地认同于指向过去的修复功能？

让我举几个例子。学校心理学家会满足于诊断和治疗由过时的教育系统及不恰当的课程造成的个体疾患，还是会坚持为学习创造机会，让学生的好奇心在学习中得到解放，并且让学习的喜悦代替监狱式的任务分配（我们知道监狱就是学校）?

以这种方式工作，要求心理学家在真正意义上是激进的。这意味着他要离开安全的办公室（我知道这经常要冒着极大的风险），和学校管理者、教师及社区领导者共同计划和设计一个学习的环境。他的任务不再是试图减轻旧系统受害者的痛苦，而是从事一项更广泛的任务，即建立一个富有灵活性的组织——如果可能的话。这个组织以学生为核心，而其他人为学习者服务。作为临床工作者，我们把自己的任务看得如此之低，以至于我不知道我们是否能够把观念提升到足够的高度，以满足我们需要具备的服务功能。

为什么心理学家不站在环境设计的核心——城市、学校、家庭、文化——提高而不是降低技术，利用技术而不是变成它的奴隶？值得赞扬的是，有一些心理学家是这样做的，但是数量很少。

举一个我个人知道的例子。有一个心理学家（我认为他应该被划分为咨询心理学家）为一家大公司工作，协助其建立一座巨大的新工厂。他正在为工厂里的人际关系满意度做计划，为此他跟建筑师、设计自动化机械的技术人员、工会领导者、生产线专家，以及所有这些类型的团队打交道。他的工作不只是简单地调整或缓和在这样一座工厂中被抑制的人性化影响。他将他的工作视为：将个人置于整个企业的核心，从而尝试发现一个大型现代化生产单元是否能够高度结构化、组织化，同时提升人的灵性并丰富参与者的生活。我相信他致力于建立一个系统，这个系统首先是人性化的。当整个团队都可以获得成功时，我们就不需要谈到现代工业去人性化的影响和对人类心灵的巨大破坏。诚然，他可能失败，也可能获得胜利。但是他致力于预防性的工作，去建立一个人性化的企业。更多心理学家可以参与其中！

如果我们考虑到从头开始发展一个新的社区，我们也可以应用同样的评价。我熟悉的一个地方是马里兰州的哥伦比亚。在那里，他们给人们建立一个社区，而不管他们的种族、文化背景或经济状况如何。这是一个激动人心的实验。我知道他们已经犯了错误，而且毫无疑问还会犯更多错误，但它是一个尝试。为人们建立社区，而不仅是为开发者谋取利益。我不知道有多少社会学家参与其中，但是数量还不够。我们对于在社区内建立长期持续的关系给予了多少注意力？太少了。就我判断，这类地区，对心理学家而言，具有非常重要的意义——如果他们能够既富于创造性又脚踏实地，如果他们能够摆脱传统主义和职业特性的影响，充满想象力地跟来自所有相关领域的其他人（医生、建筑师、水管工和教育家）一起工作来建立新社会的新单元。

另一方面，我们是否能够极大地帮助改善少数群体（黑人、墨西哥裔、印第安人、女性）和所谓的统治群体的关系？这是一个重要领域，巨大的机会与风险并存。我知道，我相信你也知道，在关键的交谈场合，个体心理学家——包括黑人、白人、墨西哥裔和女性——在改善交流方面有很大的作用。有一些人与贫民区居民及警察一起工作；一些人和消费健康的穷人及医学权威一起工作；还有一些人则关注药物文化和社区。作为心理学家，有许多技术可以使用，从而促进那些痛苦的、被排斥的群体与错误对待他们的文化之间的交流以及问题的解决。我们可以帮助双方找到解决之道，即悄无声息的非暴力革命。我们会这样做吗？当我们致力于这样的活动时，我们会从被自己当作根基的大学，从职业协会和服务大众的政府机构中获得任何支持吗？答案尚不明确，但进行一场同心协力的“赌博”正是时候。

我们敢于废除“职业化”吗？

我想提出的第三个挑战，是废除我们的职业化程序，这对临床心理学家和社会心理学家而言尤其具有挑战性。我知道这个想法是异端邪说，我也知道它给那些努力成为“职业人士”的人带来了多大的恐慌。然而，我目睹了那些试图通过颁发证书和执照来将江湖郎中从多年以来的优势地位排除出去的举措，并且我在深思熟虑后判断，它们失败了，没有达到目的。1947年，我帮助APA建立ABEPP①（那时候的名称），当时我是APA的主席。那时候我对这些举措犹豫不决，现在我希望我当时能站在反对的立场上。

我并不是要质疑那些以证书为目标的人的动机、诚实性和他们的努力，以及所有随后发生的事情。我感到深深的同情。我希望有

① 美国职业心理学考核委员会（American Board of Examiners in Professional Psychology），现名为美国职业心理学委员会（the American Board of Professional Psychology）。

方法能够区分合格和不合格的人、称职的工作者和机会主义者、剥削者及江湖郎中。但是让我们看下面的事实。

一旦我们设立颁发证书的标准，不管是针对临床心理学家、NTL团体培训师、婚姻咨询师、精神病学家、精神分析师，还是像我日前听到的心灵治愈师，其最初和最大的影响就是把这个职业固化在过去的形象中。这是一个必然的结果。我们用什么来进行考核？显然，问题和测试都是在过去十年或二十年里使用过的。谁足够聪明，可以成为考核者？显然，这个人拥有十年到二十年的经验，因此他是在十五年到二十五年前开始接受训练的。我知道这些团体付出了多大的努力去更新他们的标准，但是他们总是严重滞后。因此鉴定程序总是根植于遥远的过去，并以之定义这个职业。

我还要悲哀地指出职业化的第二条缺陷：相比没有获得证书的人，在获得证书的人当中，江湖郎中和剥削者一点都不少。如果你有个好朋友极其需要治疗帮助，我给你一个治疗师的名字，你知道他是临床心理学专科医师，但没有任何其他信息，你会让你的朋友去见他吗？当然不会。你会想知道他作为一个人或一名治疗师是什么样的，你知道有很多人在墙上挂着证书，但他们并不适合做治疗，或领导一个团体、帮助一段婚姻。证书并不等于能力。

第三条缺陷是，对于职业化的渴望造成了僵化的官僚主义。我并没有在国家层面上感受到这种官僚主义，但是在州的层面上，它经常发生。官僚主义的规则代替了明智的判断。某个人是不合格的，因为他只接受了一百五十个小时的督导，另一个人是合格的，因为他具备所要求的二百个小时的督导。没人关心两个治疗师的效率，他们的工作质量，甚至他们所获得的督导的质量。某个人可能被判定为不合格的，因为他优秀的心理学论文是在没有“心理学”头衔的研究生院完成的。我不举更多例子了。官僚主义者开始以我们极为熟悉的手段占据了支配地位，使这一职业产生了巨大的倒退。

作为硬币的另一面，我想到了热线工作者。近年来我得到特许去了解他们。他们通过电话处理吸毒、早期自杀、混乱的恋爱事件、家庭不和等所有类型的个人问题。绝大部分热线工作者仅仅是大学生或刚刚超过大学生的水平，只接受了极少的高强度“上班”训练。我知道在很多这样的危机场合，他们所运用的技巧和判断会让一名职业人士汗颜。如果我们使用传统的标准来衡量，他们是完全“不合格的”。但是总的来说，他们既热忱，也称职。

我也想到我的团体工作经验。在团体中，那些被认为“天真”的成员，往往具有一种应对困难的人和事的内在智慧，远远胜过我自己或其他专业引导者。这个现象令人深思。又或者，当我考虑我所知的最好的配偶团体领导者时，我想到一男一女，这两个人并没有任何令人满意的纸面资历。在资历的藩篱之外，存在着十分合格的人。

但是你可能会提出抗议：“你如何阻止江湖郎中为了获取金钱利益而从心理上剥削人们呢？”我尊重这个问题，但我要指出，如果一个人的目的就是剥削他人，那么他无须称自己为心理学家也能这样做。科学论派（我们从中学到了一些东西，并减少了对资历的关心）现在作为一种宗教信仰走上了无忧无虑且利益丰厚的道路！我经过深思熟虑后的判断是，严格的职业标准未能阻止剥削者和江湖郎中进入，哪怕只是最低程度上的。如果我们致力于发展自身和协助优秀者，那么人们会向我们靠拢，而不是向那些假艺术家靠拢。

我们必须面对一个事实，在应对与人有关的问题时，证书并不能保证真正的合格。如果我们不那么傲慢，那么我们可能会从“没有获得证书”的人那里获益良多。有时，这些人在人类关系方面具有非同寻常的能力。

我非常清楚，我采取的立场是不利的、有风险的。然而，颁发证书和执照的道路同样如此。并且，我已经逐渐得出结论，如果我们废除“专家”“获得证书的职业人士”“获得执照的心理学家”等说法，我们将开放这一职业，使之获得新鲜空气的吹拂和创造力的爆发，就像它曾经默默无闻的那些年一样。

在每个领域——医学、护理、教育、砖瓦匠或者木工，证书都倾向于冻结和限制这个职业，把它跟过去绑在一起，并阻碍创新。如果我们问自己，美国医生是如何变成追求金钱的反动派形象的？是如何成为这个国家中最严密的组织的一员，反对所有进步和改变，尤其反对给那些最需要的人提供保健服务的？那么毫无疑问，是美国医学会（American Medical Association）缓慢甚至无意识地在公众的头脑中建立了这样的形象。然而，美国医学会最初和首要的目的是给合格的医生颁发证书和执照，并保护公众免遭江湖郎中的侵害。看到心理学开始走上同样的道路，我感到难过。

在对此感到极度震惊和反对的人面前，我谦逊地提出一个简单的问题：心理学能找到一条更好的新道路吗？是否有一些更具创造力的好方法，可以把那些需要帮助的人和那些真正善于提供帮助关系的人聚集到一起？

我不知道最终的答案。但是我会指出一条建议性质的原则。它由我的同事理查德·法森在1966年的一次私人交流中首次向我阐述："有问题的人群拥有应对问题的最佳资源。"这条原则在很多方面都表现得真实无虚。药物成瘾者（或前药物成瘾者）在应对有这类问题的个体时是最为成功的；类似地，前酗酒者帮助酗酒者，前囚犯帮助囚犯——他们所有人可能都比职业人士更有用。但是如果我们给这些人颁发证书，或者给予他们作为助人者的优势地位，他们能提供的帮助就下降了。他们变成了"职业人士"，具有所有职业人士标志性的排外性和地域性。

因此，尽管我知道这样的说法骇人听闻，但我还是希望看到我们把所有投入认证规则、合格证书、执照颁发、书面和口头考试的精力重新用于协助临床心理学家、社会心理学家和团体领导者，使他们变得高效并热忱于人类的福祉，以至于不论他们是否拥有纸面上的资历证明，他们都会被公众的慧眼从那些实际上不合格的人中识别出来。

作为引导公众的补充手段，我们可以建立等同于消费者保护服务（Consumer Protective Service）的机制。如果出现了一个有关无效或不道德行为的抱怨，这很好解释。但是如果出现了大量针对某一个人向公众提供的服务的抱怨，那么我们就要向公众公布他的名字，并建议"买家要当心"。

同时，让我们用新的方式完善心理学的学习过程，从而相比那些“快餐式的专家”、未经尝试的新风尚的建立者、利用公众对声称能够解答与人类有关的全部问题的人的渴求的剥削者，我们能够提供明显更多的服务。当我们自己显然能够持续提供帮助时，我们精密的运行机制将不再需要授予证书和颁发执照。

我们能够允许自己成为完整的男人或女人吗？

现在我想谈一个很不一样但并非不相关的挑战。我们大部分人都在教育机构中消耗了二十年或者更长时间，那里将智力视为一切。任何有价值之物、任何重要之事都发生在颈部以上——发生在吸收和记忆、思考和表达中。然而在生活中、在治疗中、在婚姻中、在亲子关系和其他亲密关系中、在会心团体中、在大学院系会议中，我们被迫学到，感受也是生活中同等重要的一部分。但是由于我们所受的教育，我们仍然在很大程度上倾向于将智力与感受这两个方面分开。我观察到，这个倾向在团体中很强烈：如果团体为一个智力上的目标聚集起来，感受就会被否认，尽管它们常常明显得令人痛苦；如果团体是为个人会心的目的聚集起来的，想法就常常被强烈地拒绝，似乎在这样一个团体中没有容身之地。我们看起来像是生活在一个非此即彼的基础上。我们意识到并表达出我们想到的，或我们意识到并表达出我们的情绪反应。我们生活中的这两面几乎从未被放到一起。

临床心理学的状态有趣地呈现了这种分离的深刻程度。训练经常被分成课程（直接的智力方面的努力）和实习体验（其中，个体处理他人的情绪，有时也包括自己的）两部分。如果我举一个假设性的例子，它将把这种分裂清晰地表现出来。一个学生声称，为了他的论文，在做好精密的预防措施的前提下，他想测量组A和组B的差异。他认为这会在智力上有促进作用，会是有价值的。另一个学生声称，在他的论文中，他想通过合适的形式和深思熟虑后的想法，来展示研究生期间最重要的学习成果：他在和一个难以相处的来访者的关系中的富于洞察的自我学习（其中，在他和来访者的关系中，他们实现了共同成长），引发了他自身的和来访者的行为的持续性改变。我们都知道第一个方案毫无疑问会被接受。第二个方案不仅会被否定，还可能会被愤怒地草草否定。这个学生以为他是谁？竟然想引入他自己的感受，他对他自己和来访者在本能水平上的反应的理解，以及他对这些的想法？对一篇论文而言，这会被认为是一个荒唐的主题。

尽管这在老一辈看来只是正常的教育程序，年轻一代却越来越频繁地拒绝接受。我想到在一所充满冲突的大学里教职员和学生的一次周末对抗。它没有得出任何结论就结束了。我想一个学生最后对教职员说的话准确地总结了这一困境："我不知道我们两个世界能否相遇——因为我们的世界存在感觉。"对我来说就是如此。

为什么这么多我们最好的学生都离开了大学？因为他们发现完整的人在这里没有容身之处。为什么这么多年轻人发现生活令人困扰、毫无意义？部分原因是他们不知道，作为一个同时具有思想和热情、充满智慧和好奇心的人生活是可能的。托马斯·汉纳

（1970）在他的杰出作品《身体叛乱》（*Bodies in Revolt*）中，对于躯体——即鲜活的人类机体的美好统一体——在所有方面的展现，发出了强烈的呼吁。关于很多年轻人对我们的“荒唐的”世界的感受，他说：“‘没有意义’的经历是我们的躯体在某个方面过度生长的一个活生生的指控，即有意识的关注和理性的努力。”我完全同意他的看法。正是过度强调意识和理性并低估我们整个反应机制的智慧，阻碍了我们作为完善的、完整的人类个体而生活。

然而，我可以基于个人经历证实，多年来生活在分裂状态中的人们要达到这种统一并不容易。我曾开设过这样的课程，课上所有的人包括我自己都同意，我们的感受和我们的想法一样，是课程重要的一部分。然而，如果一个成员开始探讨他在某些高度情绪化的体验中得到的领悟时，其他成员就会对任何引入情绪反应之外的东西感到迟疑。如果一个人在课堂开始时激动地提出某个想法，与他刚开始发展的一个新近获得成功的理论有关，这堂课就会倾向于关注理性的方面。偶尔才会有一个团体，它的成员能够成为经验中的完整的个体。然而，当他们达到这个程度时，结果是令人难忘的。有些成员上交了具有高度原创性和学术性的论文；其他人表达了他们在诗或文学创作方面的最深刻的学习成果；有人给最后的会议带来木制的“建设”这个词，还刷上了油漆，试图艺术性地展示他所学到的；也有人创作了与课程密切相关的讽刺剧和表演剧。对于传统的被分数捆绑的教师来说，这种现象是混乱的。对于那些对完整和一致的个体的学问这种说法感兴趣的人而言，这是温暖人心的。

尽管存在如此多创新性的努力——且越来越频繁，分裂的个体仍然占据压倒性的大多数。我们仍然要到大学获得想法，到会心团体或治疗中发出我们被扭曲的情绪的“最初的尖叫”。

然而，如果我们真正意识到，我们就能够听到被否认的感受的无声尖叫回荡在大学的每一间教室中和走廊上。如果我们足够敏锐，我们就能够听到公开表达感受而时常萌生的创造性的思维和想法。我们大部分人由两个分离的部分构成，并急切地试图把它们聚合在一起，形成完整的躯体。头脑和身体、感受和理性的区别将会被消除。

谁能够成为完整的人？以我的经验来看，我认为最不可能的人就是大学教师。他们的传统主义和骄矜简直令人难以置信。我记得一位哥伦比亚大学教授的言论。当时正值建筑物被占领，在学生中突然爆发校园骚乱后不久——这些学生没有任何其他方式让别人听到他们的声音。他的言论里隐含着某种近于可怕的东西。这位教授对我说：“在哥伦比亚，不存在任何交流问题。为什么？我几乎每天都对学生们讲话。”他听起来就像一个十七世纪中期的南方奴隶主。

不，我认为，作为思想和感受相互交织的完整的躯体，当我们应对自身和其他人时，如果变化将要来临，年轻一代将是达成这一变化的人。他们正在摆脱传统的束缚。他们已经在很大程度上抛弃了声称身体是邪恶的、只有理性和灵魂是善的宗教教条。他们是抵抗分裂的、丧失人性的存在的强大希望，这些存在能够向越南平民投掷炸弹，并在理智层面上轻松地处理这件事。（在他的头脑中，他不是在杀人，或撕裂血肉之躯——他只是在进行“保护性还击”。）我相信，只有年轻一代能够帮助我们正视，我们的教育系统通过割裂思想和感受——思想是被认可的，而感受最初被认为是动物性的——而导致的可怕的非人化。或许年轻人能让我们再次成为完整的人。上帝知道我们需要再次成为统一的机体，对我们自身的全部和环境的全部做出响应。

这是唯一的实相吗？

最后，我必须提到一个挑战，我认为它对心理学家构成了最可怕的威胁。很有可能存在着不止一个“实相”，实际上可能存在着一系列实相。这不是一个新观念。威廉·詹姆斯（1928）说：“我们正常清醒的意识只是意识的一个特定类型……在一层朦胧的屏障之外，还存在完全不同的意识类型。”他的结论是他可以用这些事实来“阻止我们不成熟地拒绝对于实相的解释”。

现在，我们已经了解药物诱发的多种意识扩展和现实改变，加上对超感官知觉（ESP）的多年研究，对超心理现象的国际化研究，以及重要理论家（如劳伦斯·乐善）对这类现象的阐述，我们越来越难以对另一个（或一些）实相的可能性视而不见，以及利用与众所周知的常识性的经验性实相（即大多数心理学家唯一所知的实相）完全不同的规则。

我想把它表达得更私人化一些。我从未有过任何神秘的或超现实的经历，也没有任何药物诱发的状态曾让我窥到过与我们安全的“真实”世界不同的世界。然而，证据越来越明显。你可以注意不到一些不够有力的报告，如《铁幕背后的精神发现》（*Psychic Discoveries Behind the Iron Curtain*）这样的书籍，但你很难无视它的一些方面。你可以将詹姆斯的思考视为一个理应伟大的心理学家的失常。你可以拒绝接受多年来在很多国家发生的神秘事件，如果它们的描述的相似性不是那么明显，并且与他们所持的宗教观念的差别不是那么大的话。你可能发现劳伦斯·乐善（1969）缜密的论证更加难以应对，其中，他从破坏其他现实的神秘性开始，逐渐发现自己建立了一个指向相反方向的理论。他展示了一个对超自然现象"敏感"的人，所有时期的神秘事件，以及与一名现代理论物理学家之间令人惊异的密切关系。一个时间和空间已经消失的现实，一个我们无法生活但可以学习和感知其法则的世界，一个不是基于我们的感官而是内在知觉的现实，这些都是再平常不过的。他继续设计一些天才的方法去验证其理论，这个事实增加了他的可信度。

我不得不说，我读过的最具说服力的资料来自卡洛斯·卡斯塔尼达（1968，1971）。他的旅途，从足以与一个接受过大学教育的人类学家相匹配的彻底的怀疑主义走上了一条由一个聪明的老雅基印度人实践的新道路，变成了一场令人激动的、惊心动魄的历险。之后，他试图将这一切分解成可接受的、理性的思维方式（可能是为了获得博士学位），这是荒唐可笑的（1968）。显然，他被吓到了，以至于不敢像他在第二本书里那样承认，"分离的实相"是存在的（1971）。

为什么关于另一个实相的想法对心理学家来说如此危险？我认为，这是因为心理学是最不稳固的科学之一，我们不敢研究神秘事物。不过，我想到一位极其著名的物理学家，他对心理学所知甚多，正在考虑将自己的兴趣和职业转到心理学领域，因为他觉得自己的年龄太大，已经不能对理论物理学做出更多贡献了（他才三十二岁）。他想向我咨询的主要问题与心理学中“最伟大的奥秘”有关，因为他想把自己的时间都用于这方面。我没法让自己不去想这个，我从未听到一名心理学家将自己的事业目标定为“最伟大的奥秘”。有安全感的科学家才会这样做。

我的意思不是说我们“知道”有一个（或一些）分离的实相存在着。我说的是，如果我们对这种可能性不存偏见，并开始调查它，就像俄国人和英国人正在做的那样，那么我们就不会贬低自己。

为了确认，需要进行更多研究。我希望能够重复母兔及其幼崽的实验。母兔被困在岸边，大脑里被插入电极。它的幼崽在远处海里的潜艇中。研究者每次宰杀一只幼兔，其间的时间间隔是变化的。每一次在幼崽死去的时刻，母兔都表现出清晰的电反应。我们从这研究中知道了什么？

一个具有洞察力的女性拿起一个她以前从未见过的信封（里面装着一块楔形文字泥板的残片），开始描述“这跟一个女孩有关”，她详尽地描述了帮助包装这个物品的秘书的形象和生活史。她的叙述如此细节化，以致在一千人里面也不会有另一个与之相符的女性。然而，在她所说的话中，没有一个字能与泥板扯上关系。这是一个双重的神秘事件，乐善（1969）认为他已经开始揭开谜底。然而，类似的研究和对他的理论的检验肯定是必要的。

还有各种各样的预知或是同时感应到远方亲人痛苦或死亡的实例。或者，我们如何看待心灵感应——在视线以外，隔着一定距离的催眠师，仅仅通过将精神集中在他希望传递给对方的信息上，就可以让一个受过训练的催眠对象入睡？最后，我们又如何看待卡洛斯·卡斯塔尼达奇特的超自然经历？

或许在新一代更年轻的心理学家中——希望大学的禁令和限制没有阻碍他们——会有一小部分人敢于研究这种可能性，即：有一个合法的实相是我们的五感无法触及的；有一个实相，其中，现在、过去、未来交织在一起，空间不是阻碍，而时间已经消失；有一个实相，只有当我们被动地接受而不是主动地下定决心去了解时，才能够感知和了解。这是心理学面临的最激动人心的挑战。

结　论

开始这次讨论时，我就声明，我提出的多个问题之间没有逻辑上的关联，它们只是各种不同的挑战。当我检查这些资料时，我确实看到了——当然，从我的私见出发——我提出的问题之间的特定联合。我并不确定自己已经提出了最重要的问题。我看待这些挑战的方式可能被极大地误导了。但是且让我尝试用崭新的方式重申它们，然后指出在我看来将它们捆绑在一起的线索。

我已经提出这个问题：心理学是否仍然作为科学的一个狭隘的技术片段，与它本身过时的哲学概念绑在一起，依赖可观察的行为来获得安全感？或者，它是否能够成为一门真正广泛而具有创造性的科学，植根于主观所见事物，并容纳人类状态的所有方面，足以被称为成熟的科学？

我已经提出这个问题：我们是否敢于制订从一门以过去为导向的矫正技术转变为专注于未来导向的计划？我们是否敢于参与到一个混乱的世界中去建立这样一个环境——其中，人们可以选择去学习，少数派可以选择通过与当权派结合去改造他们，人们可以学会合作？心理学家是会继续处在我们社会的边缘，还是说将冒险成为社会的重要部分？

我已经指出，能够通过证书和执照获取的安全、特权和传统主义的礼服，可能其价值还不如它们的成本。我想知道，我们是否敢于将自信建立在我们作为人所拥有的品质和能力，而不是我们可以挂在墙上的证书上？

我已经提出疑问——可能有点绝望：我们是否能够看到这样一天，教师、学生和心理学家总体而言可以像一个完整的人那样行事——既没有好高骛远的心智，也没有对彼此的胡乱抱怨和缺乏理性的感受？我们可以接受我们自己作为一个充满智慧的、完整统一的机体吗——如果我们只能听到和意识到那个智慧？

我迟疑地指出：我们如此确信的现实，通过我们的感官如此平凡地展现在我们面前的现实，可能并不是唯一向人类开放的现实。我已经提出这个疑问，即：我们是否乐意冒着可怕的风险，不存偏见地去探索这一可能性？

随着对这些问题的反复思考，我相信，如果心理学（作为一门科学和一门职业）对这些问题中的每一个都给予了清晰肯定的回答，对这些挑战中的每一个都做出了积极的回应，它将会继续发展、前进。

因此，在我提出的问题中，我看到的每一条线索都代表了可能提高、深化、丰富我们职业的一步。简言之，每一个问题都代表了心理学走向自我实现的一步。如果我的认识大体上是正确的，那么我留给你们的最后一个问题将是：我们敢吗？

第三部分

教育过程及其未来

第十二章

学习能够涵盖观点和感受吗？

这一章涉及广泛的教育领域的内容，从“完整的人”的学习的定义、教师教育的根本性改变的计划，到教师态度影响学生学习的一些研究。但是我相信，在这些不同的主题背后，有一个共同的主题：将实验学习和认知学习结合起来的价值。我很早就对这个主题有浓厚的兴趣。我强烈反对从早年就使儿童分裂的教育方式：大脑被带去学校，身体作为无关紧要的部分被允许尾随，然而感受和情绪只有在学校之外才能自由地存在和表现。

我写这篇论文是为了表明，允许一个完整的、具备感受和心智的儿童去学校，这样做是可能的，并且儿童的学习也会因此得到促进。

这一章涉及洛杉矶圣心高中和圣心学院预科系统，以及肯塔基州路易斯维尔的内城区学校系统的经验。在本章末尾，我给出了一份关于它们状况的最新报告。

我常常在课堂和研讨会上跟其他人交流观点和理性的术语。我也在心理治疗和会心团体中促进了个体在感受领域内的学习——发生在机体内部的重大情绪活动的经验，常常处于非言语的、直觉的水平。但是我对这两种截然分离的学习类型并不满意。应该有个地方，让感受和观点相融合的“完整的人”进行学习。认知学习向来是必要的，而情感经验的学习在如今的教育中被严重地低估了。我就两者结合的问题考虑了很多。我使用的都是抽象的术语，因此请让我用一个私人的例子来描述这种融合类型的学习。

四年来，我一直试图在车道的入口两边培育金叶灌木。最近它们终于茁壮成长了。有一天我十分匆忙。我很快地在车道上倒车，侧转车轮，撞到了什么东西，然后停了车。我的生理反应到了极限，全身都因为自己干的“好事”而紧绷收缩起来。在检查被压坏的灌木时，我责骂自己，那些话我自己都不忍重复（说出来肯定会损害我的自我概念）。我也感到懊悔，可能只是对园丁。我发现自己一遍遍地重复这句话：“开到路上之前不要打轮！开到路上之前不要打轮！”这就是学习。它有认知的成分——一个五岁的孩子都能掌握。它当然也有感受的成分——有好几种情绪。它还有直觉水平的经验学习。我学到了难忘的一课。这是我想谈论的东西。

当然，经验学习并不一定是负面的。它也可以是温暖的生理性激情——当你发现自己与刚认识的某个人在各个方面都意气相投时，你在理智和情感两方面都认识到，“我正在交一个新朋友”。

我来尝试给出这种学习的其他维度。我说的当然不是类似教授讲座这样的情况，在这种情况下，所有情感和经验的含义存在于表面上正在发生的事情之外。教授正在讲解概念，但除此之外他或她也急切地想知道：“这个我能持续讲五十分钟吗？”而学生在急于抓住教授观点的同时，也在经历同等的焦虑：“你觉得这种垃圾会是期末考试里的一道题吗？”所有这些情感—经验与讲座本身是完全分离的。

我说的也不是两名教授之间热切的知识讨论。在这里，情感和认知并存于同样的经验中，但是它们运作的方向完全不同。每个教授的头脑都在冷淡地说：“我的抽象概念比你的更具理性和逻辑性！”而感受在说：“我会打败你，就算这是我最不想做的事！”不幸的是，说话者仅仅意识到了他们的认知过程。

我说的更加接近于我在一个人类关系团体中所说的话。在团体中，一个人可能获得了与另一个人相联结而被深深打动的体验，然后参加了一堂普通课程，课上讨论了会心团体的运作过程。“哦，”这个人想，“那正是我刚刚经历的。”情感—经验的成分和认知的成分被及时地紧密相连，彼此绑定。经常读我的书的人们给我写信，质朴地说：“现在我理解我在治疗（或团体）中所经历的事情了。”此时，认知的成分和情感—经验的成分在意识中相融合了。

因此，关于作为一个完整的人去学习有何意义，如果我尝试给出一个粗糙的定义，我会说它是包含认知、感受和直觉水平上的统一的学习。我怀疑，它极少以最纯粹的形式发生，不过，学习的经验也许能够通过其接近或远离这个定义的程度来判断。

让我举一个更靠近学术界的例子。罗杰·哈迪伯格是科罗拉多初级中学的一名教师，他描述了他尝试开放课堂而产生的一系列影响。他说："开放把我吓坏了——它也让我感觉良好。"关于它对学习的影响，他谈论了通过询问和发现进行的分享学习：

激动的女孩通过显微镜观察雪花晶体："哇，瞧这个，老师！"男孩在做电磁实验时不经意地生成了碳酸铜："这种古怪的蓝色物质是什么？它是从哪里来的？"他继续研究了几个星期，既快乐又兴奋。有的人感到惊奇——当他们把酒精和盐放到雪里时，容器外面就形成了一层霜；有些人说"冰激凌！"——他们学到的比这多得多，因为他们"鬼混"了好几天。事实上，他们激起了全班对"冰箱"的兴趣。

学生们的确在一个开放的环境中学习。他们学到了发现的激动之情和重要性，了解到了他们的能力、局限、自我修养以及责任。他们也学习事实。学到了多少？谁知道？我只知道他们学到了一些事实。他们也知道这一点。我认为我之前并不真正清楚这一点，我认为他们也不清楚。真正地了解一些东西，并在内心深处知道我们正在学习，这让我感觉良好。开放……你应该体验它、经历它、实践它！

对我而言，这段描述听起来像是完整的人的学习。它有大量的认知成分——理性以最高速度在工作。它肯定也有感受的成分——好奇、兴奋、热情。它有经验的成分——谨慎、自我修养、自信、发现时的兴奋。这是我想谈的另一个例子。

目前的形势

美国的教育机构里正在发生的事情让我深深地担忧。他们热切地专注于想法，已经彻底地将自身限制在“脖子以上的教育”中，其导致的狭隘性造成了严重的社会后果。我考虑用一个周末的时间，与参与其中的理事、管理者、学生及教师，一起来尝试弥合哥伦比亚大学里的交流分歧。我已经取得一些进展，但是不多。看起来，教师可以只交流关于知识的想法，而学生则表达了与他们对教育和教育机构有关的深刻感受。

那个周末之后，有个叫格雷格·诺克斯的学生写了一封信。他叙述了作为一名新生，他如何听到了一次演讲——这次演讲说哥伦比亚的学生的目标是成为一个“完整的人”，并且这个想法“炸开”了他的脑子。他接着说：

我认为我已经成功了，不只是成为一个完整的人，更重要的是，理解一个人是什么。我的发现是，一个完整的男人是由头脑、心、灵魂、肌肉和睾丸组成的。关于教师，我的发现多半是，一个男人是由头脑构成的。这是个不幸的发现，因为在一个需要如此多理解、力量和行动的年龄，它很难被容忍。

阿奇巴尔德·麦克利什在多年前就很好地表述了这个问题："我们无法感觉我们的知识。没有什么能更好地描述我们文明的心脏处的瑕疵……缺少感受的知识不是知识，只能导致公众的不负责任和漠不关心，其造成的破坏也是可想而知的。"这个"缺少感受的知识"已经使我们的军人以及作为普通人的我们，犯下了令人难以置信的暴行而没有任何负罪感。我们不应该忘记东南亚战争中的一些事件。在对南北越和柬埔寨的轰炸中，我们频繁地屠杀无辜者。然而，在一定程度上，要感谢我们分隔成功的认知教育，我们只知道作为知识的事实，并不去感觉我们的知识。但是当我们被迫注视我们自己的男孩用机关枪扫射而死的男人和女人的尸体时，直觉层面的反应就会显现出来，让我们因为自己所做的事情而惊骇欲绝。只有我们各自走过轰炸造成的可怕后果，经验的恐怖才会跟知识标签联系起来，我们才会彻底地认识到我们所做的令人难以置信的事情。

有很多天我都在考虑，教育机构在各个水平上都是注定失败的，也许应当建议我们向它们告别——课程表、强制出席、终身教授、几个小时的讲课、分数、学位……所有这些——让真正的学习在沉闷空洞的教室之外兴盛起来。假设每个教育机构明天都被关掉——从幼儿园到最有威望的博士生培养项目——那将会是一个多么令人愉快的场面！父母、儿童、青少年和年轻人（甚至还有少数教师）或许会开始设计他们可以学习的情境！你还能想出有什么能比我们所有人的灵性更令人振作的吗？它将会是悲伤的，同时也是十分奇妙的。几百万人将会询问同一个问题："有什么是我想学的吗？"他们会发现，这样的东西是存在的，并且他们会创造出学习方法。

关闭所有学校将会永远地杀死这样的态度。一个学生在伊利诺伊大学的一门自我导向课程（由罗伯特·门格斯指导）中很好地表述了这种态度：

> 我眼中的教育是，在我能够最终独自离开去做一些我想做的事情之前要做的事情……当我上一年级时，回家后，母亲问我："你觉得怎么样？"她说我是用一个问题来答复的："我还得去多久？"在这门课程出现之前，我从未想过我要如何学习，或为什么要学习。

理性、情感和直觉学习的条件

在我的职业生涯中，有一些经历让我记忆犹新。其中一次发生在1956年，在密歇根大学带有空调和豪华座椅的精美礼堂中。这些美好的东西只是让我感到惊讶而已——它们并不是我记得这个场景的原因。当时我在对顶级水平的职业听众做演讲，我提出了一个非常新、非常不确定的理论观点——即在一对一心理治疗中让个体发生改变，必要的和充分的条件是什么。我隐隐约约地意识到——幸运的是，只是隐隐约约地——我正在挑战治疗界几乎全部的"圣牛”[1]。尽管不是非常直白，但我事实上是在说，它与一个治疗师是否接受过精神分析训练，或拥有人格理论的知识，或具有诊断方面的专门技能，或非常熟悉治疗技术无关。相反，我说治疗师在治疗中的有效性依赖于他或她的态度。我甚至敢于定义我认为的那些态度是什么样的。

那不是一场很受欢迎的演讲。也许是因为我被观众可能的反应吓到了。它是我做过的逻辑最严密、表述最谨慎的演讲之一。我仍然为它感到自豪。并且，尽管不是很受欢迎，但它引发的研究比我的其他任何演讲都要多。首先，一系列研究显示，当心理治疗满足这些条件时，个体产生的自我学习的确能够促进改变。

当我变得更加自信时，我假设同样的态度条件可以促进任何完整的人的学习——它们应该既适用于教室也适用于治疗师的办公室。这个假设同样引发了研究。在简单评价其中一些研究之前，让我描述一下这些态度条件，因为它们与教育有关，并且因为我多年来一直在审视它们。据我的判断，它们是以促进学习为特征的态度。前面我已经描述过它们（见第六章），但是我想在这里再重复一遍，因为它们与学习有关。

学习的促进者的真实性

也许在这些基本态度中，最根本的就是真实性或真诚性。当促进者是一个真实的人时，做他或她自己，进入一段与学习者的关

① 在印度，牛是神圣的。这里引申为不可批评的人（事、物）。

系，而非展示一个华丽的假象，这样做的促进者则更可能产生效果。这意味着促进者能够意识到他或她所体验的感受，他或她能够经历这些感受，成为它们，并且在合适的情形下能够与之交流。它意味着促进者与学习者进行直接的、私人化的接触，在一对一的基础上与他们一一会面。它意味着促进者不会否认他或她自身。促进者是与学习者同在的。

奖赏、接纳和信任

在促进学习方面取得成功的人，都有另一种显而易见的态度。我观察到了这种态度，也体验到了这种态度。它很难形容，所以我会使用几个术语。我把这种态度作为每个学习者的奖赏来看待——是对他或她的感受、观点和人品的奖赏。它是对学习者的关心，但是它是一种不具占有性的关心。它是对另一个人作为独立的个体的接纳，是对另一个人因他或她自己的能力而具备的价值的尊重。它是一种基本的信任——相信这个人在本质上值得信任。它可以通过多种多样可观察的方式显现出来——不论我们如何称呼它，用“奖赏”“接纳”“信任”或一些其他术语。具备较高程度的这种态度的促进者能够完全接纳学习者在遇到新问题时的害怕和犹疑，以及对成就的满足感。这样的教师会接纳学生偶尔的漠然、沿着知识的道路探索的不稳定的渴望，以及为达到重要的目标做出的训练有素的努力。他或她能够接纳妨碍或促进学习的感受——与某个兄弟姐妹的竞争、对权威的憎恨、对个人胜任与否的担忧。我正在描述的是对作为拥有许多感受和潜力的、不完美的人类个体的学习者的奖赏。促进者对学习者的奖赏或接纳，是其在作为人类个体的能力方面的基本自信和信任的操作性表达。

共情理解

建立自我激发的经验学习的氛围的另一因素是共情理解。当教师能够从内心理解每个学生的反应，并敏锐地意识到学生是如何看待教育和学习的过程时，显著的学习将可能发生。

这种理解与一般的评价性理解完全不同，后者遵循这样的模式：“我理解你出了什么问题。”然而，当存在敏锐的共情时，学习者的反应遵循这个模式：“终于有人理解我的感受和看法，而不想分析或评判我了。现在我可以成长和学习了。”

这种站在学生立场上，通过他们的眼睛来看待世界的态度，在这个课堂上几乎闻所未闻。但是当教师以一种让学生感受到被理解——而非被判断或评价——的态度做出回应时，其作用将是巨大的。

对这些态度的感知

完整的人的学习还有一个条件，这个条件在教育当中尤其重要：学生必须在某种程度上感知到，在教师身上，存在这些态度的成分。学生甚至比治疗中的来访者更多疑。学生已经被“欺骗”了这么长时间，一个对他们真诚相待的教师在一段时间内往往被看成在展示一种新的骗局。老师以非评判的方式奖赏学生，这唤醒了最深层的不信任。老师真诚、热情地去了解每个学生的个人世界，这是如此令人难以置信，以致学生确信是他们弄错了。然而，共情反应也许是完成这一切的首要因素，也是让学生们开始相信这是一个新的体验的首要反应。

个人的结果是什么？

结果是什么？我想首先给出几幅图像，以呈现当这些态度存在时所发生的事情，然后转到研究发现。

安德森博士是我很熟悉的一位高中教师。她在一所典型的城市社区学校教课。她似乎既不伪装矫饰也没有戒备心理，你只要跟她谈五分钟，就会发现她认为高中生是“最棒的”。我怀疑她最喜欢那些捣蛋鬼。并且她能够以一种惊人的方式敏锐地和共情地（用她直接、坦率的风格）理解她的学生的感受和反应。

她开设的课程名为心理学、人际关系，等等，但是它们可能更适合被标定为学习经验。学生可以谈论他们关心的任何事情——毒品、家庭问题、性、避孕、怀孕、流产、退学、找工作、学分制，差不多包括任何主题。他们学会了信任她和信任彼此，其诚实程度和自我揭露水平是惊人的。

说到这里，你们当中有些人可能会想：“好，好，也许他们在个人调整方面得到了帮助，不过他们真的学到什么东西了吗？”事实上他们学到了。安德森小姐阅读了大量图书，她对书籍的热情是具有感染力的。因为这个契机，她的学生们几乎都被“激励”去阅读他们想读的、感兴趣的主题的书。看看他们挑了什么样的书啊！一些学生被划分为学习迟缓者，但是他们在读马丁·布伯[①]、索伦·克尔凯郭尔[②]、埃里希·弗洛姆[③]、菲利普·斯莱特[④]、威廉·赖希[⑤]、约翰·霍特[⑥]和A.S.尼尔[⑦]的书——但凡你想得到的，他们都读过。人们对她说这些书对于高中生来说太艰深了，她只是笑着说，他们喜爱解决高难度的挑战。他们也挑选想看的电影，为社区旅行做计划。他们是振奋的、个人参与程度高的学习者。

安德森小姐获得了一名教师所能够得到的最奇特、最谄媚的恭维。在她的学校中，如果一个学生被发现吸毒，他或她会被停课，不允许来校。这样的学生有不少。但是他们发现，如果避开停车场，穿过后门，迂回绕行，他们能够不被任何人看见地到达安德森小姐的房间。他们知道她不会把他们赶出去，因此他们溜进学校，继续上她的课。他们宁愿违反禁令也要学习！即便如此，人们还是说，高中生是“无法激励的”。

---

① 马丁·布伯，哲学家、翻译家、教育家，他的研究工作包括宗教有神论、人际关系和团体。

② 索伦·克尔凯郭尔，丹麦宗教哲学心理学家、诗人，现代存在主义哲学的创始人，后现代主义的先驱，也是现代人本心理学的先驱。

③ 埃里希·弗洛姆，二十世纪著名的心理学家和哲学家，被尊为“精神分析社会学”的奠基人之一。

④ 菲利普·斯莱特，美国演员、社会学家和作家。

⑤ 威廉·赖希，生于奥地利的美国心理学家，继弗洛伊德之后的第二代精神分析学家之一。

⑥ 约翰·霍特，美国作家和教育家，二十世纪六十年代美国教育改革运动的促成者。

⑦ A.S.尼尔，英国教育家，现代西方自由学校运动的倡导者，夏山学校（Summerhill）的创办人。

让我再举一个例子。一名大学教师尝试着去相信，学生在为他们自己即将走上的教师岗位做准备时能够负责任地行动。他取消了考试。他鼓励他们做个人导向的图书评论和个人成长日记。只要他能做得到，他就让自己表现出我所描述的态度。

结果如何呢？在一门为期六个星期的课程中，学生平均阅读和评论差不多七本书；他们写个人日记；他们做各种新颖的事情。关于学生们学到了什么，这里有三个简要的例子。第一个例子来自一份个人日记：

如果有人问，从这门心理课程中你到底得到了什么？我会说，爱。爱，老兄，理解吗？我模糊地感觉到了一切的统一。真理的时刻。它在一份文字稿上看起来如何？可爱。它是空洞的。我认识到了我一直以来尝试去认识的。我变得有动力了，而且将会永远让真理在我心中飞腾。

或者，如果你想看到不那么情绪化的例子，这是一名学生对整个课程的反应：

我很荣幸承担学习的责任，并且在一个更广泛的意义上，对自己的人生负责任。

这是我的另一个学生——在他学生的帮助下——从为期两个星期的暑期学校中学到的：

他们教会了我一些东西。孩子们有爱人的需求，他们乐意付出爱，他们需要的只是某个人来接受这份爱。这应该是教师的功能之一，就是说，他应该能够接受这些爱，并回馈给孩子们。他们向我展示了，一名教师不能远离他的学生，而是必须加入他们，和他们分享。

从来没有一门课程像这门课对我的帮助那么大。我真的感到我在成长。

我相信，这些例子表明了两个教育者在“完整的学生”的学习过程中将认知和情感—经验成分结合起来的方式。我还可以说说其他人——一位诗歌教师、一位法语教师、一位高等数学教授、一位有着“无可救药的不读书的学生”的五年级教师、一位英语教师——不过这样就太冗长了。不如让我们转而讨论已经成形的以经验为依据的学习，看看它们会向我们展示什么。

研究的结果是什么

看到数年以来积累的研究证据显示，我在多年前试探性地提出的假设具有一定的正确性，这是非常令人陶醉的。我希望详述教育领域的证据，但首先是来自治疗领域的一个小发现。

在一个关于治疗师—来访者关系的研究中，巴雷特·伦纳德发现，与最终表现出较少的治疗改变的来访者相比，最终表现出更多治疗改变的那些来访者，会在第五次晤谈时更多地感知到这些治疗师的品质。莱因哈特·陶奇在一个更大的团体案例中对此发现进行了修正，他发现在第二次晤谈之后就可以做出预测。我确信这个发现在课堂上同样有效。如果我们在一个学年的头五天里测量教师的态度——被学生感知到的教师的态度——我们就可以预测哪个教室里装着学生，哪个教室里装着囚犯。根据人们持有和感知这些态度的程度，我们可以预测，哪个教室里是完整的人在进行学习，并且积极投入、兴致高昂。我们也可以预测，哪些教室里的学生将是消极的、坐立不安或桀骜不驯的，而绝大多数生搬硬套的学习将发生在这些教室里。

尽管其他人也有贡献，但是试图揭示这些态度条件和学习过程的各种因素之间的具体关系的研究，在很大程度上还是通过戴维·艾思派及其同事的努力而产生的。这里的篇幅不够描述研究的细节了，不过我将简要地讨论其中一些发现。

举几个例子：这些人际条件的水平可以基于合理的客观性进行测量。它们与三年级学生在阅读成就上更大的收获呈显著的正相关。它们与平均绩点呈正相关；类似地，与认知成长呈正相关；与创造性兴趣和生产力的增长呈正相关；与认知思维水平及学生发起的演讲的数量呈正相关。它们与爱好和信任在教室里的传递相关，反过来，又与学生更好地运用他们的能力和更强大的自信相关。

艾思派（1971）揭示了这项研究令人激动的一面。他展示出，十分准确地挑选出拥有那些人际品质的教学人员是可能的。这些品质已经显示出对完整的人的学习尤其具有促进作用。这里面蕴含着很多意义。

在其早期研究之外，艾思派（1972）不仅以令人信服的形式提出了许多调查，而且证明了我们所讨论的态度品质可以让教师进行自我评估，或让其他人评估。他也证明了，一个学校可以使用这些评估手段来提高其课堂学习环境的有效性。

从这许多研究中得出的结论就是，在课堂上，个人化和人性化是有回报的。友爱的气氛不仅能让所有相关的人感到更加愉快，它也会更多地——更显著地——促进学习。当真诚的态度、对个体的尊重、对学生的个人世界的理解都具备时，激动人心的事情就会发生。回报不只是分数和阅读成就等，还包括更加难以捉摸的东西，如更加自信、创造力增长、更喜爱其他人。总而言之，这样的课堂会导向积极的、统一的、完整的人的学习。

教师培训的意义

如果我们能够选择结合认知和情感—经验（理性和直觉水平）的学习，如果我们——哪怕是在最粗略的程度上——知道产生这样的学习的人际条件，那么下一步是什么？对我来说，很明显，在教师培训方面，我们需要一个改变，或者说一场革命。不幸的是，大多数教师培训机构是非常传统的，只强调认知学习和其学习方法。它们是过去的大师，善于提供一种宣称“不要照我做的去做，照我说的话去做”的情境。对这样的机构施加影响，有可能使其发生改变吗？

我们必须先提出这个问题：帮助教师或其他准备成为教师的人发展这些人际品质，这是可能的吗？基于两点，我认为答案是肯定的。第一，正如我说过的，挑选在其关系中显示出在真诚、鼓励和共情理解方面有高度潜力的候选人，这一点我们现在完全能做到。因此，我们可以在此基础上挑选教师候选人，且此基础与现在的基础完全不同。第二，越来越丰富的证据表明，这样的态度是可以发展出来的。在培训中的咨询顾问身上，我看到这种态度已经发展出来。艾思派（1972）已经展示，教师的态度能够通过在职培训得到提升。我确信我们现在还不知道全部方法，但是如果有任务导向团体或会心团体作为后续，那么强化团体经验的一些变量似乎有很大的促进作用。另一条途径是向教师提供大量独立学习的机会。这会鼓励教师在他们未来的教学生涯中相信选择，而不是处于被动。

让我举个例子说明这样的改变是如何发生的。一位三十多岁的校长，在一堂研讨会上进行了大量独立学习，并经历了两次周末的会心团体。在最后的论文中，他是这样开头的：

当我坐在桌前开始撰写这篇论文时，我有一种真正的发自内心的激动。这是一种我从未有过的体验。写作的时候，我没有遵循任何形式，只是把我的想法按照它们产生时的样子写下来。这几乎是一种飘飘欲仙的感觉。对我来说，你或任何人对我的想法有何反应，都没关系了。尽管如此，与此同时，我感到你将会认可它们作为我的产物——即使它们缺少风格、形式或学术化的表达……我真正关心的是，尝试和我自己交流，从而可以更好地了解自己。

我猜想我真正想说的是，我不是在为你或为分数、为班级，而是为我自己在做。并且我对此感觉很好，因为这是我过去不敢去做，甚至不敢去想的事情……

很明显，在情感—经验的层面，他学到了很多，这是他二十年教育生涯中的第一次。作为一个个体，他成长了。然而，人们可能会质疑，这个改变是否真的会让他成为一个不同类型的管理者或教师。这里是他的论文的另一小段：

星期二的教职员会议意义显著，因为我能够对员工说出我真正的感受了。之后很多人告诉我，他们非常惊讶、印象深刻，并且想要鼓掌，不是因为我说了任何不一样的内容，而是因为我说话的方式。我的办公室里每天都有很多教师想跟我交谈，他们说现在发现我的接纳程度比以往任何时候都高……我感到生活有了更多意义。

这是我的经验：当内在改变发生在个人的态度和自我概念上时，改变就开始表现在他或她的人际行为上。

教师培训中的一个改变计划

现在我应该转向一个更加困难的问题：改变教师培训机构是否可行。我的鲁莽和轻率足够让我说出，如果我不受约束，并且拥有能量和丰富的资金（比如等同于半打B-52轰炸机的成本），我想一年时间里就可以把这样一场骚动引入学校，从而开始一场革命。我确信这听起来像是一份傲慢的声明，因此我想尽可能准确地说明我会做的事情。当然，因为会遇到障碍，或是参与者想走一些另外的方向，大部分计划会有变化。

首先，我会争取大量老练的、熟悉小团体流程的主持者的帮助。这是完全可行的。然后，因为需要某个地方作为起点，我会在每个机构里指出，任务导向团体应当围绕一个主题形成，这个主题就是："这所学校应该如何帮助完整的人进行学习？"学生和教师应该在自愿的基础上被邀请加入。

我将在全体会议上解释，这些团体的目的不只是学习这些主题，参与者自身也会作为完整的人而进行学习；它将不只是纯粹的认知体验。这会让很多人打退堂鼓。人们害怕在学习中掺杂个人的和经验的成分。如果只有极少的人愿意加入怎么办？这不会让我感到担忧。

我的目标是开设为期三个星期、具有认知和经验成分的强化团体体验课程，可能设在暑期；后续的小团体课程每个星期都有；或许在三个月后的一个周末，相同的团体会讨论他们遇到的问题，评估他们已经产生的改变，并以改变为方向，计划未来他们想采取的步骤。

主持者的选择极其重要。在挑选主持者时，既使用客观的测量也用主观的指导来挑选那些更具有我描述的品质的人。艾思派（1972）展示了此种做法，并且展示了这个选择有多重要，我相信他是无意的。他发现，如果主持者这些品质的等级高，那么在"人际机能、自我概念，以及在课堂上获取学生主动行为的能力"方面，团体中的教师和管理者就显示出积极的改变。如果主持者的等级低，团体成员则没有明显改变。换句话说，要训练教师去提供完整的人的学习所需要的态度，主持者必须已经具备这些态度。然后，就像我在《学习的自由》（*Freedom to Learn*，1969）中描述过的，个体的和行为的改变发生了。

许多教育者可能害怕这些强化团体体验会导致个体的损害。然而，李柏曼、亚罗姆和迈尔斯（1973）的研究表明，导致损害的情形主要发生在领导者对抗、挑战、攻击或侵扰时。当主持者具备我所描述的态度时，造成心理损害的可能性是非常小的，而且产生正面改变的可能性显然更大。在《卡尔·罗杰斯论会心团体》（*Carl Rogers on Encounter Groups*）一书中，我已经讨论过这个问题，以及其他与领导力和强化团体过程有关的问题。

在教师培训机构中发起这个完整的计划，有一个绝对清晰的前提条件。它可能会被系主任放弃，或者好一点的情况是，被资助机构放弃。这个条件是，没有人会因为对机构里正在实行的惯例有异议，或者在课堂上引入了新的想法和训练而被开除。近年来，有太多这样证据充分的例子，教师和培训中的教师因为拒绝服从而被他们的机构开除——相信学生应该在课程安排上提出自己意见的教师，试图让课堂气氛更加自由、鼓励独立思考或实践新的评分法的指导者被解雇了。管理者不喜欢破坏现状的人。因此，在我们的教师培训实验中，必须为他们提供保护以免遭受这类专断行为的伤害。

改变和骚乱

我想强调一下这些机构的一种结果。基于我的经验，我十分确信我所描述的过程将倾向于在教师和学生两个群体中都造成两极分化，并在机构内部形成骚乱。我恰好相信，这样的骚乱将会是建设性的。保守主义者会对创新者感到愤怒，反过来同样如此。“圣牛”将会受到质疑。实习教师，甚至是他们的教师，将倾向于思考、学习和成长。

这种骚乱的一个后果可能是：形成一种“自由大学”形式的教师培训机构——其中学生安排他们自己的课程，参与学习促进活动，并寻找分数以外的其他评估方法。从这种培训项目中出来的人将被引入一个人数有限并欢迎他们的学校。在这些学校中，一些两极分化现象可能再次发生。

这类新教师在他们的课堂上会如何做呢？最重要的是，他们会采用我已经描述过的那种态度，并且会出现新的参与方法。如果他们感到有点不知所措，那么哈罗德·里昂的著作《学习感受——感受学习》（*Learning to Feel-Feeling to Learn*）中充满了非常实用的实施这些态度的方法。教师们建设其课堂的方法如此新颖，以致它们与旧的形式几乎或完全没有相似之处。

持续性的改变所引起的骚乱

这些是在教师培训中启动改变所必需的步骤。总的来说，它们的意义的重点是什么？在任意一年的年底，教师培训机构里会有很多人，这些人自己已经完完整整地学会了，并且他们会热情地、激动地让他们的学生用同样的方式去学习。这就像把酵母放进面团。一开始参与的人数也许很少，但扩散效应是巨大的。你可能会问：“你怎么能确定呢？”我这么确信，是因为我已经两次亲眼看到它发生。第一次是在洛杉矶的圣心学校系统，在我们短暂的干预结束后，自我导向的改变在那里迅速发生。第二个案例牵涉到对这样一个项目的更好的财政支持和计划，其在肯塔基州路易斯维尔的内城区学校系统造成了惊人的骚乱。你能想象针对一千六百所学校的员工的密集交流工作坊和人际关系实验室，在六个月的时间里成形吗？参加这些项目的是学校董事会成员、中心办公室职员、校长和教师。在两个学校系统中，两极分化似乎是一段时间里最为不幸的事情，但是其中成长出了崭新的、自信的方向意识，并且有新的、更重要的个体管理着那些新的方向。在圣心学院，教师教育方面的变化是令人难以置信的。学院的一位教育学教授这样写道：

我们正在为教师教育方面的一个自发的和自我导向的项目工作。我们最近已经举办过一个极其激动人心的工作坊。学生、教职员和管理层，一共七十五个人，以最具创造性和产出性的方式进行头脑风暴。结果，学生自发地深入全城的学校，观察课堂、参加教职员会议，与教师、学生和管理者面谈。为了教学，我们的学生将描绘那些他们需要知道的、需要体验的和需要去做的。他们将把教职员和其他学生聚集在身边，协助他们达成自己的目标。

有几堂课来自这一经历。教授被会心团体的经历深深打动，这让她接受了进一步的团体领导力和团体动力学培训，并主动协助团体。她不仅变得对学生更加开放，而且变得更加自信，能够产生和实施新的想法。她已经作为一个完整的人在学习。她在学院里的影响力变得如此之大，以致她成为一个教师培训项目的负责人。她鼓励这些年轻的未来教师在教学的学习中将认知的和情感—经验的因素结合起来，她的信证实了她鼓励他们的方式。跟平时一样，当被给予自我导向的机会时，当被信任着去学习时，比其他人工作得更努力的学生应该有权利去要求这些。毫无疑问，他们将反过来给他们的学生提供类似的机会，以及这些学生也能够在思考之外学会感受环境。这种激动人心的骚乱无处不在，当某个个体有机会作为一个完整的人学习时，就会引发这样的骚乱。

结　论

我不得不下结论说，我们拥有彻底改变整个教育系统的理论知识、实践方法和日常技巧。智力学习、个人情绪的范围和基本的生理影响构成了完整的人的重要学习，而我们知道如何在某个经验中将它们汇集到一起。我们知道如何让实习教师成长为这种改变的代理人。我们是否有这个愿望和决心去利用这个诀窍，让我们的教育机构更加人性化？这是一个我们所有人必须回答的问题。

后　记

以上，我已经列举了我在洛杉矶圣心学校系统的一些经历，下面我将对这个项目进行一个非常简短的说明，然后是一些摘要——来自三年后的后续学习，以及七年以后的另一份个人跟踪报告。

在1967年，我撰写了一篇论文，名为“教育系统中的自我导向改变计划”。圣心的一些管理者和教职员希望他们的系统能够成为这个实验的目标系统，因而这个项目是作为人类学习中心（the Center for Studies of the Person）的联合项目启动的。

这个项目的核心由一系列会心团体组成，它的参与者包括所有教员和管理层，还有一些学生团体，其中也包括教员。项目是自愿参与的，有些人并不想加入。

尽管我们在项目的计划和实施阶段犯了很多错误，但参与者的反应几乎都是热情洋溢的。教员开始改变他们的教学方法，一些重要的管理政策也开始发生改变。改变过程中的混乱常常让非参与者感到震惊，在某些情况下，他们变成了激烈的批评者。然而毫无疑问，有一些改变是显著而深远的。教育学教授关于教师教育新项目的陈述证实了这些变化。

三年后，两个外部评估人员做了最终研究，他们从一开始就在观察这个项目。总的来说，评估组观察到了一些已经被预测到的积极改变、一些没有被预测到的改变，以及一些超出预料之外的混乱的和两极分化的态度。在学生和年轻教师当中产生了最大的积极改变。改变最小的是管理层人员及其结构，以及年龄较大的教师和管理者。

在这个持续了十八个月的实验结束的七年后，领导着作为实验结果而开展的教师培训项目的教员给我写了一封关于她个人感受的长信。我在这里仅列举三段。

在疑虑的阴影之外，我知道，我不会自告奋勇去开展教员研讨班（其导致了教师教育的新项目）——假如我没有机会在会心团体中稍稍超越我对于能力不足的恐惧，令人麻痹的恐惧……

新的自发的和自我导向的教师教育项目现在正处在第四个成功的年头……

我猜测，如果没有这个项目，任何系统的改变都不会在校园中发生。

路易斯维尔项目由校长纽曼·沃克尔博士启动，绝望的学校董事会雇用了他，试图恢复急速恶化的内城区学校系统。

在为校董会、所有教员及管理层开设的人类关系实验室之外，沃克尔引入了各个类型的革新：开放式课堂、由家长和教师组成的社区学校董事会，以及其他的新想法。他信任学生、教师、家长、校董会成员，甚至来自约翰·柏奇会（John Birch Society）[①]的激烈批评者。有一个时期，就像圣心项目一样，发生了大量骚乱。骚乱逐渐平息，第三年末，一个崭新的学校系统正在运行，其平稳程度

① 美国一个保守的反共团体。

正如一个大型组织理应达到的那般。大家信心十足。

然后，一系列与系统中的新政策无关的悲惨境遇终结了整个实验。沃克尔给教员和管理层引入了满额的黑人，而学生们以黑人为主。因此，一个法院指令融合了内城区系统和由郊区白人构成的极端保守的县系统。这两种教育哲学互相对立，沃克尔被迫辞职。激烈的反跨区学童[①]暴动——对抗事件造成了一团大乱。它们足以埋葬这一成长中的成功事业。许多富有革新精神的教师离开了。只有一个社区学校董事会得以存活——其力量也受到了极大的削弱。在大型教育系统中，一次前景光明的冒险自此终止了。

① 反对用校车接送跨区学童（为硬性维持校内学生的种族比例）。

第十三章

超越分水岭：现在在哪里？

在本章中，我集中关注与人性化教育有关的几个主题。资料来自1972年到1979年之间我对教育团体所做的演讲。我强调新的发展，但决不忽视倾向于保守和传统的当前趋势。

我引入的因素之一是教育的权力。我是慢慢才意识到这一点的。过了很多年我才意识到，为什么我的著作、我的咨询和教学方式充满了争议。我在近几年才意识到自己的观点的威胁性。如果人们接受这些观点，那么它们会有效地减少治疗师或教师的政治权力：他们不再拥有“凌驾于”其他个体之上的“权力”。在这一章中，我自发地把个人中心的教育方法所造成的威胁变得更加清晰——对于管理者、教师，甚至学生。

我也引入令人激动的新研究证据来支持人性化教育方式的有效性。戴维·艾思派、芙洛拉·罗巴克及其同事的大量研究努力在教育界似乎相对更受忽视，这样的事实令我迷惑。我想知道这是因为他们正在进行的是一项新型的研究，还是因为这个研究结果同样是具有威胁性的。我不知道。

在本章末尾，我让我的想象漫游到学习领域可能的未来前沿，尤其是调查研究的前沿。在这里，我的想法相当激进，这可能会让一些读者感到惊讶。不过我将会让本章为其自身辩护。

走过分水岭

我坚信，新颖的、人性化的经验学习，不管发生在课堂上还是课堂外，都能够留存下来并拥有未来。因此我不仅会诉说教育是什么，还会展望未来。我们超越了分水岭。让我解释一下我的意思。

当早期探索者和先驱们闯荡西部时，他们跟着河流和水道走。在很长一段时间里，他们向上游走，往往是逆流而行，而随着他们穿过丘陵进入山中，河水的流速也越来越快。某个时刻，他们走过了分水岭。道路仍然崎岖难行，河流变成了徐徐细流。不过现在他们是顺着河流的方向前进了，而河流汇入了更壮阔的大河。现在，重要的力量会协助他们，而不是阻碍他们。

我认为这就是我们如今在教育领域所处的位置。我们已经走过了分水岭。现在，我们发现有越来越多的人投入更适合人类的教育中，而不再是零星几个孤独的先驱者。每个城市都有另类学校[①]（alternative school）、免费学校和开放课堂。在大学层面，我收到了天文学、数学、机械工程、法语、化学、生物学、心理学、英语教师的信件——都述说了他们已经采取的试验性步骤来给学生提供学习自由，这是极其令人兴奋的回报。学校之外的学习甚至可获得学分奖励。还有一些其他信号：有九百名医学教育专家出席关于医学教育人性化的工作坊，我是该项目中的一员；他们现在呼吁咨询师在各自的医学院校里帮助他们达到这个目标。没有围墙的大学、独立研究的项目、赋予学生更多自主性的研究生院——这些都在迅速发展。我们是美国教育界需要计算在内的一股清流。

政治权力

然而，尽管人性化的教育方式已经站住了脚，但是它显然不是最盛行的教育方式。因此我想看看我们的教育模式的两个极端，以及每种方式所隐含的政治意味。

在深入之前，我要谈谈“政治”这个词在我这里的意思。我想到的与政治党派或政府机构无关。我用的是这个词的现代意义。我们听过关于“家庭的政治”“心理治疗的政治”或“性的政治”的

---

① 这类学校大多面向有犯罪记录的、无人看管的或有生理障碍的孩子招生，独立于其他公立或者私立中学，采用特殊的教育模式，一般是寄宿制的。在这种学校经过“感化”的孩子也可以继续去普通学校上学。

演讲。在这个现代意义上，我认为“政治”这个词与人际关系中的权力或控制，以及个体为获取或放弃这种权力而努力的程度有关。它与做决定的方式有关。谁来做决定？决策权的所在地或中心在哪里？“政治”牵涉到这类权力导向的行动对个体或系统的影响。因此当我使用“政治”这个词时，它在我的头脑中是包含这个意味的。

传统模式

如果我们考虑教育的政治特征，那么传统模式位于这个连续体的一端，而个人中心的模式位于另一端。我认为每份在教育上的努力和每个教育者都能够被定位在这根标尺上的某处。你可能会思考你、你的部门或你的机构将位于标尺的何处。

首先，让我们看看传统教育。在美国，我们在很长一段时期内对其是熟知的。我将描述我所认为的学生和教师体验到的传统教育的主要特征。

1. 教师拥有知识，学生是预期的接受者。教师是专家，他们了解自己的领域。学生坐着，带着削好的铅笔和笔记本，等待智慧的话语。教师和学生之间有极大的地位等级差异。

2. 讲课或一些口头教学的方式是让接受者获取知识的主要手段。考试被用于评估学生获取知识的程度。这些是这种教育模式的核心成分。为什么讲课被视为教学的主要手段，这对我来说是个谜。在书籍出版之前，讲课是有意义的，但是目前，它的基本原理几乎从未被解释过。越来越强调考试也是个谜。当然，在美国，考试的重要性在过去二十年里已经有了巨大的上升。

3. **教师拥有权力，学生是服从者。**（管理者同样拥有权力，而教师和学生都是服从者。）控制总是向下实施的。

4. **在课堂上，权威的统治表现为被接受的政策。**新教师常被建议："确保在第一天控制住你的学生"。权威人士（教师）是教育的核心人物。他或她可能作为知识的源泉得到极大的敬重，或者被蔑视，但是教师总是核心。

5. **信任处于最低水平。**最引人注意的是教师对学生的不信任。如果没有教师的持续监督和检查，则学生被认为不能够做出令人满意的工作。学生对教师的不信任更加扩散——对教师的动机、诚实度、公平性、胜任能力都缺乏信任。也许在使人愉快的讲课人和被愉悦的听课人之间确实存在真正的友好关系；也许对教师的敬重是存在的，不过相互的信任并非一个显而易见的成分。

6. **通过将对象（学生）置于间歇性或持续性的恐惧状态中来控制他们。**如今，体罚不多见了，但是公开批评和嘲笑，以及学生对失败的持续性恐惧甚至更加强烈了。在我的经验中，这种恐惧状态随着我们的受教育程度变高而增加，因为学生有了更多可以失去的东西。在小学，个体可能受到鄙视或被视为傻瓜。在高中，多了对不能毕业的恐惧，及其对职业、经济和教育等方面的不利之处的恐惧。在大学，这些后果都被放大和增强了。在研究生院，由于一些独裁式的心血来潮，一个教授的奖学金甚至会带来更大的受到极端惩罚的可能性。

7. 民主及其价值在实践中被忽略和轻视。学生不参与选择他们的个人目标、课程安排或工作方式。其他人为他们选择。学生不参与教师的选择，对教育政策也没有任何话语权。相似地，教师同样不能选择他们的管理人员。教师常常也不能参与制定教育政策。这些都明显地与关于民主价值的全部教导、“自由世界”的重要性等背道而驰。学校在政治上的实践与其教导的内容显著对立。学生被教导说自由和责任是“我们的民主”的最荣耀的特征，同时却感受到他们自身缺乏力量、没有自由，并且几乎没有机会去做出选择或承担责任。

8. 教育系统中没有完整的人的位置，只有他们的知识分子的位置。在小学，正常儿童具有的好奇心和体能的快速增长被限制，甚至有可能被扼杀。在初中和高中，所有学生的最优先的兴趣——性及与其有关的情绪和身体关系——几乎被完全忽视，并且理所应当地被认为不是学习的一个主要方面。在中学，没有给情绪留下一席之地。在大学，情况更加极端——只有理性是受欢迎的。

如果你认为这样的观点已经消失了，或者我在这方面夸张了，那么你只要看看1974年11月13日的《洛杉矶时报》（*Los Angeles Times*）。其中，你会发现加利福尼亚大学（包括所有州立大学——伯克利、洛杉矶的加利福尼亚大学，以及其他）正在陈情，让约翰·瓦斯康赛罗斯——一位州委员——远离任何与大学政策有关的委员会。瓦斯康赛罗斯在此前的三年中领导着一项高等教育的立法研究，表现杰出。为什么这所大学试图让他远离大学政策？因为他所偏爱的两个改变。首先是因为他喜欢留出一部分预算用于创新型的教育项目。大学官员强烈反对这一点。不过根据杰·迈克尔的说法，反对他的最重要的原因是，他喜欢包含“情感和认知”的学习。迈克尔说：“我们认为……脱离个人感受的知识是存在的……并且人类所积累的知识是认知性的。它可以被传播，可以被教授和学习，对这种知识的追求就是学术研究。”他继续说：“在我们看来，他（瓦斯康赛罗斯）想要抛弃认知学习，或者至少要将它的重要性降低到学者们无法接受的水平。”

作为答复，瓦斯康赛罗斯说他重视认知技能，“但是我也认为，情感的、情绪的成分……是极其重要的”。他认为认知技能应当与更好的对自我和人际行为的了解结合起来。

这个分歧的政治意味相当引人注意。副校长显然抱持教育的“壶和杯子”理论（the “jug and mug” theory of education）[①]，其中教师拥有纯粹的才智和事实性知识，并将之传递给被动的接受者。因此任何改变的可能性都让迈克尔博士感到威胁，以致他反对教育程序上的任何创新。但是最具威胁性的是这样的观念：教师和学生同样是在所有知识中体验其感受成分的人类。如果这个观点被部分地接受了，那么学生和教师将会处于更平等的地位，政治上的优势将被削弱。这是1975年“非常好”的大学系统之一的领导者的立场！他反对创新，他反对完整的人的学习！

---

① 这个说法是罗杰斯提出来的，也是他强烈批判的。这个理论认为，在教学当中，教师（作为壶）拥有理性和事实性的知识，学生（作为杯子）是消极的容器，知识可以被灌入其内。

教育的传统景象太普遍了。我肯定我们都看到过和经历过它。然而现在，它不再被视为施行教育的唯一途径。人性化的、个人中心的、过程导向的学习方式已经取得了很大的进展。这样一来，就值得我们尝试去描述这种学习在操作中的特征了。这是一次尝试，考虑到这项事业的政治性。

个人中心学习的核心基本原则

第一项基本原则主要是一个前提。其他原则作为在人性化教育已经扎根的中小学、大学或研究生院中可能会经历或观察到的特征而被列举出来。

1. **前提**。领导者，或被视为该场合中的权威人士的个体，在他们自己内心和与其他人的关系中都有足够的安全感，从而能够体验到必要的信任，即相信其他人有为自己思考和学习的能力。如果这个前提存在，那么随后那些方面都是可能的，并往往能够被实现。

2. **促进者与其他人——学生，可能还包括家长或团体成员——分担学习过程的责任**。课程计划、管理和运行模式、资金和政策制定都属于所涉及的特定群体的责任。因此，一个班级可能为它自己的课程安排负责，而整个团体可能为整体政策负责。在任何情形下，责任都是被分担的。

3. **促进者提供学习资源**。这些资源来自他们自己的头脑和经验，来自书本或其他资料，或来自团体的经验。如果他们拥有相关的知识或经验，学习者被鼓励添加资源。促进者为团体开启他们的经验之外的资源。

4. 学生建立他们自己的学习计划，包括个人的或与他人合作的学习计划。他们探索自己的兴趣，面对丰富的资源，他们各自对自己的学习方向进行选择，并承担这些选择的后果。

5. 提供促进学习的环境。在以班级或学校为整体的集会中，一种真实的、关爱的、理解性倾听的气氛是明显的。这种气氛可能最初从被视为领导者的个体身上发源，随着学习过程的进行，它越来越经常地由学习者向彼此提供。相互学习变得跟从书籍、影片或团体经验中学习一样重要。

6. 对学习核心的关注主要在于促进学习的持续过程。学习的内容尽管重要，但只能排到第二位。因此，一门课程的成功结束，不在于学生已经“学到了所有他们需要知道的”，而在于他们已经在“如何学习想知道的东西”的学习中取得显著进步。

7. 达到学生目标所需要的纪律是一种自律，被学习者作为他们的个人责任来看待和接受。自律代替了外在的纪律。

8. 对每个学生的学习程度和重要性的评价主要由学习者自己进行，尽管自我评价可能被团体中其他成员和促进者的爱心反馈影响和丰富。

9. 相比传统课堂中所要求的学习，在这种促进成长的环境中，学习往往更加深入，以更快的速度进行，并且在学生的生活和行为中更普遍。这是因为方向是自己选择的，学习是自发的，并且整个人及其感受、热情和心智都投入到了这个过程中。（在本章后面的部分，我将描述一些支持这个说法的研究。）

个人中心教育的政治

也许通过回想之前给出的定义，我们能够更好地思考这种方法的政治含义，并尽力在此应用它。

谁拥有必要的权力和控制权？很明显是学习者或学习者团体，包括促进者—学习者（facilitator-learner）。

谁在试图控制谁？学生正处于取得对自己的学习和生活进程的控制权的过程中。促进者放弃了对其他人的控制，只保留了对他或她自己的控制。

在权力方面，人们使用的是何种策略？我看到了两种。促进者提供心理环境，学习者能够在其中获得需承担责任的控制权。促进者也帮助降低不变的或满意的目标的重要性，从而促进学习者对过程和体验学习发生的方式的关注。

决策权力在何处？这种权力属于受到决策影响的一个或多个个体。也就是说，这个问题的答案可能是作为个体的学生或作为团体的学生和促进者，或者涉及管理者、家长、当地政府成员或社区成员。在特定的科目中，学习什么内容可能完全由学生和促进者来决定。是否要修建一座新建筑的问题会影响到一个更庞大的团体，因此也应该这样来处理它。

谁来控制感受、思想、行为和价值观的模式？显然，答案是每一个人。

很明显，在这样的教育中，正在成长和学习的人是政治上的强大力量。学习者是核心。这个学习过程代表了不同于传统教育政治的革命性的大转变。

为什么教育者改变了他们的政见?

是什么导致教育者转到促进的方向，远离传统教育而趋向个人中心的学习类型？我想先以自己的经验为例。

在进行个体咨询和心理治疗的过程中，我发现信任来访者走向自我理解、采取积极举措去解决他或她的问题的能力，变得越来越有意义。如果我可以创造一个具有促进性的环境，在这个环境中，我是共情的、关切的和真实的，那么这些事情就会发生。

如果来访者值得信任，为什么我不能给学生创造同样的环境，并培养他们应用自我引导式的学习过程？这个问题越来越困扰我。因此，我决定在芝加哥大学进行尝试。我在学生中遭遇了大量的抵制和敌意，这比我在来访者当中发现的更多。典型的评论是："我为这门课付了很多钱，我想让你来教我"，或者"我不知道学什么——你是专家"。这些抵制一部分源于这些学生多年来一直处于依赖状态这一事实。我认为另一部分源于另一事实——我可能把所有责任都交给了班级，而不是由我们所有人共同承担。我当然犯了很多错误。有时我怀疑自己在试图去做的事情上是否足够有智慧，然而不论我如何笨拙，结果是惊人的。相比之前的任何班级，学生学习更努力，阅读更深刻，更负责地表达自身观点，学得更多，进行更多的创造性思考。因此我坚持着，渐渐地，我作为一个学习促进者取得了进步。我发现我回不了头了。

在这种新的方法中，我从其他人的经验中得到了很多鼓励。

越来越多的教师写信给我，他们说他们正在鼓起勇气改变他们的方法，沿着这个连续体走向个人中心的方向。对于那些以传统方式教学或在约束性强的学校管理层之下工作的教师，这些经验极具威胁性。然而他们发现，当他们信任学生时，回报是如此丰厚，以致满足感胜过了对放弃地位和控制权的恐惧。

我和越来越多的人已经开始体验到个人中心的教育的满足感，随之而来的是，这一小部分教育者先驱已经成长，并进入当前学习事业的一个非常重要的潮流。我想谈谈我在这种发展方面的一些个人学习。

威　胁

我已经逐渐意识到个人中心取向所施加的可怕的政治威胁。教师（包括前教师——现在的学习促进者）不得不面对权力和控制从教师转移到整个学习者团体，这是令人恐惧的。放弃权力对一些人来说是可怕的。在学校里，一个以个人为中心的老师对其他每个老师都会构成威胁。

我认识一个老师，她是一个好的学习促进者，被学生选为学院里最好的三名教师之一。她最终离职了，因为她坚决拒绝在成绩分布曲线上给学生分级。换句话说，她拒绝提前承诺她会让特定比例的学生不及格，而不管他们的学习质量如何。这被作为她不相信标准的证据，因为在传统学校的拐弯抹角的逻辑中，“标准”实际上意味着使部分学生不及格。事实上她也说道：“我拒绝将分数作为惩罚工具。”因而她不仅削弱了“标准”，也削弱了教师的惩罚权力。这是一个让人极不舒服的威胁，以致他们不得不摆脱她，尽管这样做让他们感到尴尬。这远远不是一个孤立事件。它显示了一个人也能对整个教师团体产生威胁。

从我和其他人的经验中，我已经学到一件事，那就是在采取任何放弃控制权的步骤之前，我完全乐意冒这个风险。最好以令人舒服的程度循序渐进地行动，这比放弃权力后却被吓到，然后又试图取回它要好。没有什么比这样做更糟了。

第二个认识是，对很多学生来说，负责任地管理他们自己是令人恐慌的，因为是教师给了他们这个机会。很多学生呼喊着要更多自由，当被给予有责任的自由时，却到达了一个完全的、困惑的停止状态。当他们尝试选择行动方向时，在他们的成长背景中，没有什么能让他们为做选择、犯错误、承担后果以及结束不确定的混乱状态提前做好准备。当他们探索新道路时，他们都需要从促进者那里了解同伴关系。他们需要具有支持性的环境，从而在失败之余仍然可以认可自己，能够成功而不觉得是在竞争。

管理者同样需要我们的理解。在一个没有理解、只有从上至下的控制的文化中，如果他们把信任和决策权交给教师、学生和家长，他们害怕自己被认为是软弱无力的。然而，正如一些学校和学校系统的经验所示，它能够被以令人兴奋和满意的方式完成。

总的来说，我们应该认识到，向真正人性化的、个人中心的教育的转变形成了一次彻底的革命。它不是对传统教育做小修小补。相反，它必须把教育政治掀个“底朝天”——我们需要认识到这个事实。我喜欢把自己看成一个沉默的革命者。很多教师也是一样。当我们鼓起勇气、艰苦工作，为实现我们的革命愿景而行动时，我们需要冷静地直面这种新的政治责任。我们正在为使教育的民主深入群众而努力。它值得我们付出最大的努力。

个人问题

我们已经走过了分水岭，只是简单的反对已经不够了，这给教育者带来了新的困难。它在教育的人际政治方面提出了新问题。朝着创新的人性化教育的方向行动的教师和管理者正在问他们自己一些高难度的问题：

在内心深处，我在多大程度上相信我的学生能够在促进性的环境中自我引导？我如何处理我在这个问题上常常感受到的矛盾心理？

我能够从哪里得到鼓励？我的饥渴的自我是否需要大量直接的满足？或者在促进其他人成长时，我能否找到同样巨大的自我激励？

我如何防止自己变成人性化教育的僵化、刻板的“忠实信徒”？不容异议的“忠实信徒”对任何领域都是威胁，然而我怀疑我们每个人都能在内心当中发现那个“忠实信徒”的痕迹。我是否相信我拥有终极的、最佳的教育方式？如果是这样，我如何才能超越它？

我如何维持自我的统一性，并在哲学层面上与我正在做的事情相对立的系统中占据一个位置？这是个极端困难的问题，我估计我们很多人常常遇到。

我没法回答这些问题。每个教育者必须以个体的、私人的方式找到他或她自己的答案。

有证据吗？

我已经谈论了个人中心的教育方法的优越性，读者可以很明显地看出，这是我的偏好。这个声明和这个态度有任何证据支持吗？答案是肯定的。事实上有一批可靠的证据。

戴维·艾思派及其同事在国家人性化教育协会（National Consortium for Humanizing Education）的研究刚刚为人所知，不过我认为它们非常重要。多年来，艾思派领导着一系列研究，其目标是找出人性化的、以个人为中心的特征在课堂上是否有任何可量化的效果，如果是，这些效果是什么样的。他和他的主要同事芙洛拉·罗巴克，撰写了一篇关于他们的发现的综合报告，他和其他同事也撰写了一系列技术论文。

作为起点，艾思派采用了我们在以来访者为中心的治疗中已经形成的基本假设，他对术语的定义做了微小的调整，让它们更适用于学校场景。共情（empathy，E）被重新定义为教师了解学校经历对每个学生的个人意义的尝试。积极关注（positive regard，PR）被定义为教师对作为个体的学生表达尊重的方式。真诚一致（congruence，C）无须被重新定义，它是教师在与学生的关系中的真诚程度。

其方法是首先将用磁带录制的讲课过程收集起来。然后发展出从低到高的等级评定，用于评估教师在其行为中表现出来的三个主要态度的多个指标。公正的评估者基于他们对这三个等级体系的测量来评估每个教师所展示的“促进性环境”。然后将这些评估与学生的成就测验分数、问题解决能力、缺席时间以及大量其他变量关联起来。

研究者将已经建立的一套方法论应用在以前没听说过的等级体系中。最终报告表明，他们记录和评估了五百五十所小学和中学教师的近三千七百个小时的课程。这些研究在美国各地和其他几个国家进行。教师和学生包括黑人、白人和墨西哥裔美国人。没有任何其他研究曾达到过这个规模。

下面是我对艾思派及其同事的发现的总结：

1. 教师提供的促进性环境与学生的学业成就之间存在明显的相关关系。这个发现已经得到反复确认。“高水平”（促进性环境的质量高）老师的学生更可能在学业上得到更大的收获。一个令人深思的发现是，对于“低水平”的老师的学生而言，老师的能力不足可能会妨碍其学习。

2. 对学习而言，最具产出性的是这样的环境——表现出高水平的促进性态度的教师能够得到同样高水平的校长的支持和指导。在这些环境中，学生在学校教授的科目中和其他重要领域都能得到更多收获。

他们变得更善于使用较高的认知加工技能，如问题解决。（当教师表现出高水平的积极关注和尊重时，这一点尤其显著。创造性的问题解决显然需要具有培养性的环境。）

他们拥有比其他团体中的学生更积极的自我概念。

他们在课堂上有更多自发行为。

他们表现出的纪律问题更少。

他们的缺勤率较低。

在一项激动人心的研究中，他们甚至展现出智商的增长。在这个研究中，有二十五名黑人小学一年级学生和“高水平”的教师，以及另外二十五名小学生和“低水平”的教师，他们在九个月里分别接受个人智力测验。第一组的平均智商从八十五分增长到九十四分。第二组的数据是八十四分到八十四分——没有任何变化。

3. 通过至少十五个小时的仔细计划的强化训练，包括认知学习和经验学习，教师可以提升其促进性环境的水平。考虑到这些态度条件所展现的影响，知道它们能够被提升这一点是非常重要的。

4. 只有当教师培训者展现出高水平的促进性环境时，教师的这些态度条件才能有所提升，这个发现对教育的各个领域都具有重要意义。换句话说，这意味着这样的态度是经验性的，是从其他人那里“捕捉到的”。它们不是简单的知识学习。

5. 展现出高水平的促进性环境的教师倾向于具有其他特征：

他们拥有更积极的自我概念。

他们在学生面前的自我暴露更多。

他们更多地回应学生的感受。

他们给予学生更多表扬。

他们更积极地回应学生的想法。

他们更少在课堂上滔滔不绝。

6. 班级所处的地理位置、教师的种族或学生的种族构成对这些发现都没有影响。不管我们谈论的是黑人、白人或拉丁裔教师，黑人、白人或拉丁裔学生，不管教室位于北方、南方、维尔京群岛、英格兰、加拿大或以色列，这些发现基本上是一样的。

艾思派和罗巴克在对堆积如山的数据进行分析后，得到了如下结论：

> 结果在大体上支持我们最初的发现，尽管我们已经在很大程度上使其变得更加清晰。那就是，对条件（E、C、PR）的测量仍然与学生的良性成长呈显著的正相关。此外，它们与学生的退步——如纪律问题和对学校的消极态度——呈显著的负相关。

对我来说，这些研究提供了足够的证据，即课堂上的心理气氛越以个人为中心，重要的创造性学习就越能得到培养。这个说法对小学和中学课堂都适用。我们还需要对大学阶段的教育进行调查研究，不过没有理由假设这个发现会与前者有很大的差异。因此我认为，从我所说的话中可以明显地看到，我相信个人中心的教育可以被定义，并且它是有效的。

可能的研究重点

我还没有鲁莽到去尝试预测这种促进学习的新模式的未来，除了说它的含义意味着其未来可能会是多层面的、激动人心的、充满争议的和革命性的。然而，关于它的未来，我想表达两点期望。

我们需要进一步研究来了解更多这种不同的学习方式的意义，第一点就是关于这些研究的。我认为，如果这个首要的重点落在对自我导向的经验性学习结果的评价上，将是一个大错误。在这里，我想引用自己在心理治疗研究中的经验。

个人中心取向的治疗师需要证明我们的治疗方法有效，他们因此承受着压力——就像如今的创新教育者一样。我们逐步进行了越来越多的详细研究，以对结果进行评估。不过，当这成为研究的全部目的时，即使关于有效性的证据是正面的，结果也是令人失望的。我们发现，就像预测的那样，一些来访者比另一些更成功，一些治疗师比另一些更有效。但是评估研究不是探索性的，不会超前。它们几乎不提供我们为了改善治疗或了解其过程而需要知道的因素。只有当我们形成多样化的“如果……那么……”假设时，我们才能开始辨别特定的因素在关系中是否存在，以及特定的建设性变化是否发生。如果存在其他因素，变化可能导致行为的退化或崩溃。

这是我用这么长的篇幅描述艾思派的研究的一个原因。我个人希望研究将沿着这个大方向进行。从一个建立得很好的“如果……那么……”理论开始，艾思派调查了前置态度因素和大量结果变量之间的关系。因此，在他的发现中，他能够指出哪些因素对学习起到了积极作用，哪些有消极影响。最终结果不只是对学习的评估，还精确地指出了教师培训中应该被强调的细节。然后他继续表示，教师应该通过培训改善这些细节。

因此，我希望，创新教育中的研究把对评估的强调放在第二位，而着重强调基于理论的假设，这可以让我们更深刻地理解与这种教育的有效性或无效性相关的前置条件。

内心世界的探索？

无论是对是错，到这时，我已经对自己所说的话感到十分放心。现在，带着一些不安，我希望表达第二个愿望。它在我的头脑里还没有清晰地成形，其轮廓仍是不确定的。

我认为我们将在学习的第二个重大的前沿领域之中激动地探索新的可能性的区域，这个区域是讲究实际的研究者极少提及的地方。它是隐约出现在我们面前的直觉的、精神的、广阔的内心世界。这是一个本质上非认知的学习的王国，一个目前看起来是无逻辑和无理性的区域，我希望创新的教育能够推进人们在这里的学习。

越来越多难以忽视的证据表明，心灵的能力和潜力看起来几乎是无限的，并且我们对它的了解几乎完全处于科学的领域之外。例如，如果一个人失重地浮在一缸温水里，几乎没有视觉、听觉、触觉、味觉或嗅觉方面的任何刺激输入，他或她将体验不到任何东西，这似乎是显而易见的。但是事实是什么？这样一个人受到丰富的视觉意象、幻觉、想象的声音以及各种各样古怪的甚至常常是可怕的经验的冲击，这些经验来自未知的内在刺激。这是什么意思？看起来我们的内心世界始终持续地进行着某事，但我们对此一无所知，除非我们关闭了外部刺激。

或者另一个问题，即探索的另一个方面是：应用整个身体和机体，学习头脑不知道的某个事物，这是可能发生的吗？还是说机体只能在头脑之后学习？那么关于非洲的马赛部落（Masai tribe）以及其他被称为原始部落的成员之间的心灵感应交流的证据充分的报告，又该怎么解释？我们的西方文化已经忘记了他们曾记得的某个事物，会是这样吗？当我们与世界的脉搏一致时，我们就能够知道这些吗？像他们似乎已经知道的那样？沃特在其经典著作《杀死鹿的男人》（*The Man Who Killed the Deer*）中对这样的能力有扣人心弦的虚构却逼真的叙述。我相信，关于我们的直觉能力、我们感觉整个机体的能力，我们需要学习更多。

我的一个朋友正在撰写一本关于心灵梦的书，他已经收集和研究了大量这类梦境。“心灵梦”被定义为关于发生在距做梦者一定距离之外的真实事件的梦境，并且做梦者并未被预先告知；或者被定义为一个预知的梦，其预言了一个实际发生的事件。例如，我认识的一个女人做了个梦（或出现了一个幻觉），梦见她的一个亲戚正在外国医院的病床上垂死挣扎。一个来电证实了这是真的——梦和事实是相符的。我认识的另一个人从显灵板[1]（Ouija board）上得

① 一块刻了英文字母和数字的木板，人们认为可以通过它跟灵魂对话，类似于中国的“碟仙”。

到了一个信息，预言是“即将死去”。这个预言对于其所涉及的人的信息含糊不清，但给出了预测的死亡日期。在该日期的前后两天内，她的兄弟死于车祸。

我相信很多人都有这样的梦或预知，不过我们已经十分系统化地将它们排除在共同意识之外。但是如果我们（或即使是我们当中的一些人）有一点理解能力，它们就应当在我们学习的首要领域之中。

我不会进一步强调我的观点了。我只会说，这个直觉的、心灵的世界对于经过深思熟虑的、严肃认真的调查研究是开放的。这里有两个例子，弗朗西斯·克拉克对直觉的学术评论以及格罗夫博士对D–麦角酸二乙胺（Lysergic acid diethylamide，简称为LSD）[①]作用下的人的令人迷惑和具有挑战性的内心体验的仔细研究。有足够的理由认为，个体的内心体验构成了如不可思议的银河和外层空间的“黑洞”一样宽广而神秘的待探索的领域。我仅仅希望创新教育者和学习者有勇气、创造力和技巧去进入和了解这个内心世界。

结　论

随着人性化的创新教育作为一股主要的社会力量得到越来越多的认可，我已经尽力在对它正在和将要面临的新问题进行快速的

① 也被称为“麦角二乙酰胺”，常简称为“LSD”，是一种强烈的半人工致幻剂。

调查。当我察觉它、将它与传统方法进行对比时，我已经对这个新的、个人中心的学习方法下了定义。我简述了随着创新教育的发展，教育者正在和将会受到的一些挑战。

人们不经常讨论新发展对教育机构的政治威胁。在这里，我已经强调了创新教育对当权派的权力的巨大威胁。

在研究领域，我已经展示了近期的一些不为人所知的发现，也表达了希望后续的研究将不限于评估，而致力于研究“如果……那么……”性质的关系。

最后，我推测学习的下一个重大的前沿可能与一些在西方文化中最不被看重的能力有关——我们的直觉和心灵力量。

第十四章

大团体中的学习：它们对未来的意义[①]

我在本章中详细叙述的这些经历是我永远不会忘记的。1977年1月，一个由五名个人研究中心（the Center for Studies of the Person）成员组成的团队到巴西举行一系列大团体工作坊。在冒着常被视为莽撞的风险，面对超过八百名听众时，我们是彼此的支持团队。

在事情发生后不久，我们中的四个人记述了我们这段激动人心的冒险经历。在本章的结论部分，从“教育的未来意义”起，由我撰写。1977年8月，在经过一段独处时期后，我有时间去阅读一些令人烦恼的新资料——关于西方文化的一般方向。

我只希望当我们把信任赋予大团体及其智慧，从而将我们的职

① 由玛丽亚·博文博士、莫林·米勒博士、卡尔·R.罗杰斯博士和约翰·K.伍德博士撰写。

业名声置于风险之中时，这一章能够向读者传达那种如绷紧的钢丝一般的激动。

对“ciclos”的描述

我们的团队促进了三个大型团体工作坊，叫作“ciclos”①，分别位于累西腓②、圣保罗③和里约热内卢④。这些大型团体的影响深远。我们感到它们非常重要，不仅在于它们的短期效应，还在于它们的长期可能性。从这些团体中学习，对于未来有重要意义——它们可以帮助我们形成关于“教育将会变成什么的”长期目标。

这些两天的ciclos或机构，并非我们去巴西的主要目的，不过它们提供了激动人心的新学习。在每个案例中，它们由一个当地委员会组织，委员会由一些热心投入的个人组成，绝大多数是专业人士，代表了不同的组织或兴趣。其目标是招募一大批人，交纳一定费用（常常是被免除的），签字参加两天十二小时的ciclos——两个下午和两个晚上的课程。课程的反响非常好，每个城市中的听众数量几乎是相等的。一堂下午的课上只有五百个人，但晚上的课就有

① 西班牙语，意为“周期”。

② 葡萄牙语为“Recife”，又被译为“勒西腓”“海息飞”，是巴西第五大城市，也是巴西东北部最大的城市。

③ 葡萄牙语为“São Paulo”，位于巴西东南部，是圣保罗州的首府，也是巴西乃至南半球最大的城市。

④ 葡萄牙语为“Rio de Janeiro”，意为“一月的河”，有时被简称为里约（Rio），位于巴西东南部，在1960年以前为巴西首都，是巴西的第二大城市。

六百到八百人参加。就会议场地而言，有时是一些供更小的团体使用的房间，有时则是正式或非正式的礼堂。

听众展现出了很大的多样性。其中有很多教育者，从小学教师到大学教授，还有咨询师、心理学家、精神病学家、学生、家庭主妇以及其他各种各样的职业。他们的年龄跨度很大，从二十五岁到七十岁。不过，从外表判断，大部分听众属于中产阶级。其中约四分之三是女性：在巴西，在很大程度上，社会科学和人类问题似乎仍被视为女性关心的领域。

“Ciclos”的内容

我们有各种各样的资源可支配。其中最具影响力的资源之一是一部纪录片《嘿，人》（*Ô Gente*），内容是关于巴西东北部的一群低收入农民。为了应对旱灾造成的混乱，他们开始形成可以被认为是个人中心取向的团体。他们是一个自我导向的团体，其中每个人都分享权力：“没有人下命令，没有人统治。我们都下命令，都统治。”他们通过“一直讨论，直到我们达成一致”来做决策。他们懂得支持团体的价值：“当你有同伴的时候，你就更有勇气，不是吗？我们知道我们不再孤单……而是很多人在一起。”这个与我们的想法一致的团体效果惊人。这个土生土长的巴西人的个人中心的范例，是非常有价值的。它消除了我们正在做的事情的“异国”风味。

尽管许多听众“只是为了听卡尔·罗杰斯的演讲”而来，但他唯一真正成功的演讲是对这个影片的一段简短而具有诗意的评论，显示出其示范和说明了多少个人中心的原则。约翰也对影片做了深思熟虑的评论。此外，卡尔在累西腓做了两场短的演讲，还有一场在里约。一般而言，这些对听众来说是令人失望的，因为它们与大团体中的自发交换的生动性形成了鲜明的对比，尽管这些演讲之后的提问是活跃而缜密的。

有两次，玛莉亚（说葡萄牙语）引导会心团体“在台上”的展示，这些展示很有价值并且很有趣，其无疑在某种程度上模仿了自我表达、共情倾听和促进作用，后者最终成为大团体的一部分。

有几次，工作人员向一些团体提供了特殊的焦点话题。接下来的内容提示了探索的问题的范围：一个女性团体；一个男性团体；教育、心理治疗、社区发展、同性恋、性治疗、团体过程和意识进化方面的团体。

绝大部分时间被用在了包括全部听众在内的大圈子里，除了我们所有人共同产生的话题外，没有任何议事日程。我们从这个地方学到了最多的东西。

大团体过程

混乱的开始

对每个人而言最困难的时期是这个过程的摸索中的、困惑的、高度情绪化的开端——大团体的最初一课。你可以想象一个由八百人形成的巨大圈子，十到十五层，人们一层一层地围坐在椅子上或地板上。将你自己随机地置于人群中，就像我们这五个从美国来的人一样。在我们当中，有三个人身边站着翻译人员，帮助我们理解滔滔不绝的葡萄牙语。有四个人拿着带长线的麦克风站在空地上，将麦克风传递给每一个想说话的人。一名记者的引述也许暗示了这些开场集会混乱和不连贯的方面。这名记者发表了对其中一堂课的几乎是一字不落的记述。这里是他的记述中的一些内容：

紧张感开始攀升。气氛火热起来。罗杰斯似乎是在沉默中让自己镇定下来。很多人拿起麦克风要求他做演讲。他没有回应。

一个女人说：“我是到这儿来听罗杰斯演讲的，不是来听没有答案的问题的。我们都离开吧。”

另一个女人说：“听着，我来这儿是为了给予，不是为了获得。我想在这儿给出一些东西。”

一个年轻男人说：“这不是一场演讲，伙计们。这是一次体验，我认为我们应该一起做点什么。”

一个站在听众最后头的男人说：“总是这样。每个人都期待某个人来告诉我们做什么。我们总是渴望获得打好包的知识。关于我们想做什么，我认为我们应该回到我们自身，从我们内心寻找答案。”

一个女人说：“我们不得不做点什么。我们不得不采取主动。我们不得不克服我们的焦虑，而不是让它征服和引导我们。我们不需要答案，而是行动。”

听众不安、激动、紧张、沉默，且有所期待。

一个女人说："我知道！让我们唱每个人都会的歌吧。"其他人大笑和反对。

其他人大声讲话，再次要求罗杰斯发表演讲："因为我们都付钱了。"

一个男人建议组成工作组，其他人谈论起日程安排。

然后一个女人述说了她和城里的一群其他女性共同分享的团体经验。这个团体每周聚会一次。"我们谈论生活和我们的焦虑。它不是关于女仆和孩子的无意义的闲聊。"其他人欣赏地大笑。

罗杰斯说："我不知道正在发生什么事，但是我知道，当团体中的人认识到他们是自由的和自主的，他们就会拥有巨大的力量。有些人谈论混乱。我习惯了这种混乱。尽管如此，我相信，如果一个团体是自主的，这种力量就会出现，它来自我们这里的所有人。"

房间里一片彻底的安静。很多期望。

一些人建议分成小团体。其他人想要一个清晰的结构。还有人坚持以每个团体中有一名工作人员的方式组织团体。听众被划分开了，一些人喊着要罗杰斯，其他人则要求更多的结构。

然后一个冷静的年轻女人站起来，对每个人说话："我认为从这里正在发生的事情当中学习是可能的。我们似乎没有意识到这里正在发生什么。你们当中一些人表现出你们想要一个领导者，一个发号施令的人。我认为那些人和罗杰斯称为促进者的人在一起会做得更好。但是我们从现在正在发生的事情里能够学到很多。你们一些人称自己为罗杰斯人，但是你们看起来对于从经验中学习感到不适。”

会议快结束时，罗杰斯站起来说：“我不知道这堂课的结果是什么，将会发生什么事情，但是我想让你们知道，我对于将要发生的任何事情持开放态度。说我们可以从这里正在发生的事情当中学到很多的这位女性，我感到和她非常亲近。”

团体发展的模式

因为对我们和其他人来说，这个令人迷惑的开始是最难理解和忍耐的，也许我们可以指出一些因素，这些因素对于ciclos的每一次最初的大团体集会而言都是常见的。当一个团体开始学习如何运用它自身的力量时，这些似乎就发生了。

这里存在着对领导、对某个负责的人的需求。

这里有对“打好包的知识”的渴望，帮助、建议、答案——一些可以带回家的东西。

这里有对结构、日程、强制性命令的需求。

因为期望没有得到满足，沮丧、愤怒和失望都被一一体验和在自由的气氛中表达。专家没有提供答案！

这些陈述存在极端的不连续性。人们分开行动，不注意他人的陈述，也不听取他人已经说出来的话。

这里有一种想要做一些事情（任何事情）的愿望，而不是就这样停滞着，伴随着它所产生的未知和焦虑。

这里有一种愿望，所有事情都能有快速的解决方案。

当大团体试图有意识地做出特定的选择，如是否分组时，它变得瘫痪了。只有晚些时候它才认识到，它充分而有组织地做出了一些清晰的、有意识的选择。

这里有兴奋之情，即成为一个结果未知的、流动的过程的一部分。（这就是为什么最好的演讲相形之下也显得苍白。）

这里有参与、给予和发起的渴望。

这里是分享重要体验的开端。

这里有这样的认可，即解决该局面依赖于团体的力量，并通过每个人自发的机能运作来展示其自身。

这个过程的中段可以被称为工作段。在这一段，当然，区分得不是很清楚，个体开始使用会话来表达对于他们自身和团体的更多感受，以及他们的个人问题和忧虑。这是团体的一部分，也是愿意去听和听进去的开始。演讲者通过谈论高度个人化的事情，在无意中为听众当中的很多人发声了。因此，尽管只有极少数人能够获得“上场时间”，但很多人在发现他们自己的问题被演讲者说出来时感到舒适并得到帮助。对普遍的感受和经历的认可成为形成团体意识的基石。

在这个过程的终段，如果有必要的话，整个团体能够将它的全心关注给予每个人。这里有一种“我们在一起”的感觉。个体开始谈论他们将如何在“回家”的场合中应用新的学习——在婚姻中、在工作上、在与同事和学生的相处中。八百个人中的绝大部分形成了一个合作团体，尽管有些人仍心存疑虑，还有其他人公开反对正在发生的事情。然而这些人感受到了他们自己的力量。他们已经努力完成了一个成功的决策过程。他们感到“在一起”。

大团体工作人员的职责和动力学

作为参与者的工作人员

在开始的时候，听众的预期和他们所经历的现实之间存在极大差异。他们有这样的预期和希望：这个“著名的心理学家”和他的“工作人员”来自美国，将给予我们权威的新知识、新理论，以及针对我们困境的答案。而现实的场景是：这里有五个非常人性化的人，他们没有提供答案，似乎反而创造了更多问题；他们只做了简短的演讲，激发了一些还算不上是热情的东西，并以促进某个奇怪的、不定型的过程的形式提供他们的专门知识或技能。预期的“垫子”被从参与者身下抽出，我们共同处在一个复杂的过程中。一个新闻标题这样总结它：“心理学家引发骚乱——讲得太少”。

但是在这门给情绪以出口的课程中，产生了一种“能量集中”，整个团体从紧紧抓住导师言辞的消极态度，发展到体验他们自己的创造性能量和自己的力量。从一个混乱的开端开始，一个秩序正在建立起来；情绪表达和接纳的能量正在找到其方向。

尽管工作人员并没有对这个过程实行独裁式的控制，但我们仍然以持续的和精确的方式对它做出贡献。显而易见，在质疑、对抗甚至混乱的期间，工作人员在专心聆听，在每个人说话时关注他或她，并重视对某个人的回应——如果其他人没有这样做的话。

例如，在一堂最开始的课上，一个女子对工作人员发出了猛烈的抱怨，言辞非常激烈。其他人批评了她。但是约翰马上拿起麦克风说：“索尼娅，我拿不出任何借口或答案，但是我并没有忽视你。我的确听到了你的失望，并且它对我来说很重要。我听到了你的愤怒，它传达给了我。”索尼娅的好斗性明显地被弱化了。她感到作为一个人被聆听和尊重了。

事实上，工作人员通过这样的行为，帮助整个团体把注意力集中于实际正在发生的事情上。简单的观察具有强大的组织效果。在混乱的中心，像是“在最后几分钟我已经注意到有几个人说话了，然而没有人回应”或“现在我感到恼怒，我感觉其他人内心也有怒火，但是我不知道该怎么处理它”这样的陈述，都有助于把注意力带到当下。我们注意细节，也注意显而易见的事物。这就像是我们在团体面前举起一个多面镜，说：“瞧，这就是我们此时此刻的样子。”提出解决方案是不必要的。团体智慧会处理这个方面。

我们也听到了微弱的声音、不同的意见、迟疑的感受，因而告诉八百个人，每个在场的人都值得被聆听。每个人因他或她自身的价值而有意义。对很多人来说，这是一个激动人心的新领悟。当整个团体将注意力集中于其当前状况的整体性（包括个人的和团体的）时，不论这个团体看起来如何杂乱无章，它以某种方式创造了下一个步骤，基于与它现在意识到的东西有关的信息。

我们所拥有的、对我们的工作产生了影响的另一个态度是：结果——不论是个人的还是团体的——对我们而言并没有多高的优先级。我们专注于——更好的说法是“创造性地投入”于——促进某个特定的过程，并且我们并不能从根本上控制这个过程。通过经验，我们知道在这个过程中，通常可以预期得到特定类型的结果，不过我们也知道从未期待过的结果可能也会产生。这些可能导致了个体参与者、整个团体和我们自身的改变。对此的另一种表述方式是，对工作人员而言，一个积极向上的过程的演变就是结果。

我们所做的每件事当中都包含我们的理念。在促进性的情境中，人们是能够被信任的。人们发起一个过程，在这个过程中，他们以其现在的样子被赋予信任，并产生有价值的结果。这一理念通过工作人员对他们自己和对彼此所采取的信任态度表达出来。这在他们和听众的关系中也显而易见。它不是被宣扬出来的，而是他们在内心深处体验到的。我们相信这个过程将会变得积极向上，但是这不会导致我们在这个进程中采取消极的立场。作为个体和作为团队的一员，我们都意识到我们自身的力量，并选择通过以各自的方式参与到这个过程中来使用它。我们不是通过尝试控制结果来参与的，而是通过作为拥有思想、感受、直觉和价值观的完整的人的主动回应来参与的，这在每时每刻都变得更明确。我们是作为人在场的。

对我们来说，在课程刚开始的时候，有一些让人非常不舒服的时刻。有时我们发现自己成了一个充满困惑、失望、愤怒的八百人团体的靶子。下面的报道是由一位工作人员在与团体一起超过十个小时后撰写的，它活灵活现地展示了一幅包含促进团体进程的困难和奖赏的图景：

甚至是现在，在这最后一堂课上，我的感受也是熟悉的过山车式的“上上下下”。我的思绪回到了我们花在团体会议上的时间，以及那些起起伏伏上：混乱、幽默、理性的辩论、宣讲、爆发的情绪、微妙的寻求、眼泪、厌倦、沸腾的人性经验。

但是现在，我的内心深处有着冷静的联结和确信无疑的感觉。我们共同呼吸，并且这里存在某种秩序。这并非规则和僵化的秩序，而更像是一个充满活力的系统中的动态组织的秩序。团体已经发现的不只是它自身的组织，还包括它的力量和温情，我不再感到害怕。人们彼此聆听、回应，并花费时间沉默地相处。

在思考中，我认识到，没有跟随之前由恐惧引发的冲动去控制这个过程，这让我感到多么喜悦。我一度彷徨至此，以至于真的想终止正在发生的事情，并强行施加一些我自己的安排。我想要把整件事转变成少量经过精心组织的谈话！当在整个群体中爆发出对工作人员不负责任的指控时，我感到内疚。然而总是这样，在我就要放弃的时候，某个人就会说些什么，让我再次与团体及团体自身过程的智慧保持联系。

现在是分离的时候了。伊莎贝尔正在说话：“直到现在，我还没有说过任何话，然而我只是不得不表达我的喜悦。我不能参加你们正在举行的为期更长的工作坊，但是现在我不介意了。你们看到了，我得到了比我梦想过的更多的东西。我来到这里，感到如此失落，就像我是独自一人处在痛苦和挣扎中。它对我来说太庞大了——我的贫困、所生活的世界的政治现实、婚姻的痛苦、我的家庭、我的工作，我无法独自去面对这些……现在我认识到我不是独自一人。这里的每个人都以某种方式成为我的一部分支持，从卡尔·罗杰斯——通过他撰写的书——到你们当中的那些人，那些虽然不同意我说的很多话，但是仍然在为同样的问题而奋斗的人。我感到强壮有力，我感到被滋养，现在我能够继续前进。也许这不会持续下去，但是在某种程度上来说，那并不重要。对我来说要紧的是，今天我感觉到了它。”她继续说着。但是现在，我意识到了自己的眼泪。我正在深深地呼吸，环视四周寻找我的朋友。相信一个八百人的团体能够启动它自己的建设性过程，也许我们并不疯狂。我微笑着，思考着这令人难以置信的十二个小时的共处的时光。它是一种具有巩固性的经验。

“Ciclos”的短期影响

三次ciclos产生了一些大有希望的结果。

约翰在里约热内卢带领了一个兴趣团体，面向的是那些想继续分享个人体验的人。五个月后，团体还在继续会面，每个星期日花一整天时间在一起。成员在变化，但十二到十五个核心成员说，这个团体正在变得对他们越来越有用。

由莫琳在里约热内卢带领的一个女性团体是第一个面向绝大部分女性的团体。莫琳被告知，在这些女性中，差不多有十个人现在在一个意识提升团体中定期会面。

在我们的工作人员的协助下，累西腓的巴西组织团体成员谈论了他们对彼此的憎恶感受。这是第一次，他们在生活中用这种坦白的、开放的方式应对彼此，或应对任何职业上的同事。这个团体——代表了各种各样的当地组织——继续作为其成员的支持团体而存在。他们正在用新的方式组织他们的职业生涯和个人生活，并将改变的肇始归因于在ciclos中的经历。

一个富有的专业人士的妻子，努力过着顺从的（和无助的）巴西女性的生活，最终鼓起勇气挑战对她僵化的角色预期的约束，并追求她的个人生活。她申请了几个美国的工作坊，决定违背她丈夫的最后通牒——“要么选你的事业，要么选我们的婚姻”，并遵从自身强大的需求，去发现独立的自我。这段婚姻看起来正在恢复健康。

一个成功的精神分析师决定作为一个人本主义心理学家接受培训，因为他感到他“作为一个人的力量”跟他的职业导向同样重要，并且，在参加ciclos之后，他对自己有了信心。

在ciclos结束四个月后，一个巴西心理学家写信给卡尔：

里约热内卢的一位女性治疗师认为第一天是荒唐的。第二天，她发现一些极其重要的事情可能正在发生。她正在改变她的工作方式。

我的一个来访者不能接受你的教育观点，并在公开场合向你表达了这一点。这对她来说是一次意义深远的经历，因为她一直害怕当众发言，即使是面对一小群人。Ciclos向她展示了，你（或任何其他“权威”）并不具威胁性，这给予了她一种全新的生存方式。

一位精神病学家报告说，里约热内卢的ciclos在改变很多人的职业方向或个人方向上起了决定性作用，并帮助其他人采取了大胆的步骤或冒了更大的风险。

另一方面，很多人似乎对混乱和缺乏产出感到失望和愤怒，称其为“无政府状态”。他们认为自己所得甚少，或毫无收获。

因此，尽管很多人无动于衷或心怀不满，但是考虑到人数之多和时间之短，这些团体体验的整体影响似乎是惊人的。显然，大团体工作是一种强有力的处理模式。

对未来教育的暗示

为了思考我们的经验对长远未来的教育的意义，我想退一步，尝试洞察西方文化中的重要社会趋势。

很多我们时代最敏锐的思想家都同意，我们正在接近一段历史时期的终点。威廉·汤姆森说，后工业时代已经到达了它的极限。勒芬·斯塔夫里阿诺斯[①]说，我们正在接近一个新的、大有希望的黑暗时代。在斯坦福研究中心的一份特别深刻的分析中，威利斯·哈曼指出了我们文明不能解决的问题，以及如果我们要生存下

---

① 勒芬·斯塔夫里阿诺斯（Leften Stavros Stavrianos，1913—2004），美国当代历史学家，著有《全球通史：从史前史到21世纪》《即将来到的黑暗时代的前途》等。

去，人类及其动机和价值观就必须改头换面。证据十分令人信服，我们最严重的问题并不是由我们社会的失败造成的，而是由其成功造成的。因此，我们的过去和现在的范式并不能通过对旧原则的延伸来应对我们目前的问题。我们不能通过提高生产效率、提高工业自动化、改进我们的技术，或提高我们对跨国公司的盈利动机的信心——一些把我们带到目前状态的主要操作原则，来应对日益增加的财富分配不均和数百万人之间的疏离，或缺少统一的意志和目标。科学和管理不足以解决这些问题。

我们的文化存在着深刻的、以目前的手段无法解决的矛盾。下面是从大量矛盾中选择出来的极少数：

1. 有报告说，按照美国人的生活标准，地球现在只能支持五十亿人，但是现在活着的人就有三十五亿。我们的生活标准越提高，令人难以置信的贪婪和浪费的消费方式就变得越明显。

2. 1800年，发达国家的人均国民收入被估计为发展中国家人均国民收入的三倍。1914年，这个数字是七。现在，发达国家的个人收入是发展中国家个人收入的十二倍。无须强调这一差异所激起的日益增长的愤怒，尤其是当无孔不入的媒体让大量贫困者对少数人的富有一清二楚时。

3. 在美国，真正的失业者——包括想要工作的无业者，比如年轻人、老人，以及那些对找到工作彻底失望的人——估计为潜在劳动人口的25%—35%。随着技术的提升，这个数字更可能提高而非下降。这意味着对于约三分之一的潜在劳动人口，我们没有让他们发挥作用、产生价值。我们不应为其造成的疏离感到惊奇。

这些越来越大的分歧将对我们的文明造成什么样的后果？就像地震产生断层一样？一个可能性是对这个星球上的绝大多数生命造成核破坏，在这种情况下就没有什么可说的了。

不过，除核灾难或生态灾难之外最可能发生的灾难，汤姆森称之为“文明的毁灭”，其中，我们的机构组织将因其自身的重量和复杂性而坍塌。不可能吗？罗马人也是这么想的。但是他们庞大帝国的架构分崩离析，一部分是因为野蛮人的入侵，更多的却是因为帝国自身的缺陷和官僚主义的过度复杂。这可能以类似的方式发生在我们身上。或许我们巨大的城市中心的灯火熄灭，我们最大的城市的银行破产，汽油禁运期间的极度恐慌，以及我们最无能为力地——即使用上我们全部的力量——将我们的文化强加给小小的越南，只是这样一个文化坍塌的最微弱的声音。

我们需要什么来帮助我们面对这个新的黑暗时代及其动荡，还有它严峻的、激动人心的可能性？什么有助于实现哈曼所说的这个“即将来临的改头换面”？什么样的特征将使时代通往生存而不是毁灭？那些对这个问题进行了深刻思考的人在相当大的程度上达成了一致。至少有三点应该强调。

第一，价值观的基础被认为是可发现的内部，而不是物质世界中的外部。简言之，内在生命、更高的觉悟、认识到创造好生活的大量资源存在于个体内部，是这个即将到来的时代所需要的特征之一。

达成一致的第二点是，生存的另一个关键是“参与的冲动”，这已经是另一个可以观察到的趋势。人们将越来越多地要求参与到影响他们生活的选择中，参与到政治规划、政府和工业组织的运作中。当庞大的官僚机构崩溃时，这些组织可能变得更小，从而让参与性更强的选择成为可能。一个组织将倾向于变成“我们的组织”，而不是“他们的组织”，其中做决策的是“我们”。

最后，达成一致的是，生存最重要的因素之一是更强大的协作意识、团体意识的发展、为共同的利益一起工作的能力的发展，而不仅仅是为了个人的强大。通过从出生起普及教育，强调“战胜自己——服务人民”这样的口号，中国在这个方向上创造了奇迹。通过把口号改成“做你自己——建设团体”，也许我们西方文化能够达到一些同样的目标。

似乎显而易见的是，如果我们要以建设性的方式度过即将到来的动荡，这样的形势要求我们生活的目的、价值观、行为和指导原则发生巨大的变化。

这些分析和预测中遗漏的是，实现人类这些巨大变化的程序。即便如此，它们对我们的生存而言仍是必要的，然而通过什么样的过程，它们才会发生呢？专家对此没有答案，只是强调一个事实：社会压力使得人类这样根本性的变化势在必行。在这里，我们把自己在巴西与大团体一起工作的经验作为一个有希望的小典型，一个对未来有教育性的试点项目。

我们的经历显示，我们知道在做选择和决定方向的时候，如何促进更多人参与其中。它展示了八百人能够共同参与，选择行动方式，其目标是让所有人满意，而不是大多数人或少数人。提供合适的条件，能够使一个群体以一致的方式成为参与者。

在这些ciclos中，协作团体的基础存在于十二个小时的短暂相处中。人们开始为共同利益工作。竞争式的地位追求和自我追求显著减少。这已经为让所有人可以为所有人而愉快地共同工作的尝试打下了基础。每个人都被准许成为他或她可以成为的全部。

或许最重要的是一个惊人的转变是，放弃从自我之外寻找答案、价值观和标准。非常明显地，人们开始在内部寻求他们体验到的有价值的东西，而不是寻找别人告诉他们的有价值的东西。毫无疑问，他们开始具备生活在新时代的第一个条件。他们正在自己内部寻找好生活的资源，而不是在外部的教条、格言或物质中寻找。

另一个非常重要的方面是，他们正在为未来的生活做准备。他们正在形成“团体智慧”，形成一个自我修正的行动过程。当团体追随一个有魅力的领导者，形成一个理论的或宗教的信条，或任何人造物时，它归根到底都会被误导。由任何人或者人造物所指出的方向常常含有一些错误。随着时间流逝，这个方向的错误会变得越来越大，最终对它自己的目标造成破坏。但是当一个团体努力去达成某个选择时，已经听到了与之相抵触的需要、要求和请求，逐渐地，所有资料都变得可以被获取，并且决策达到了所有人的想法、需要和愿望的和谐一致，这种一致来之不易。此外，这个决策是他们自己做出的，因此他们会继续接受反馈，并能够在新的资料出现时修正方向。这也许代表了我们所知的最能预防错误的决策模式。

结　论

我们的大型ciclos工作经验包含着重要的教训，未来的教育可能就在其中。

我们学到了，在非常短暂的时间里，大团体的人们可以开始以更加适合不确定的、未来的方式生活。

他们可以建立参与式的决策模式，它几乎适应任何场合，并且具备自我修正的回转机制，像已知的任何决策过程一样没有误差。

他们可以发展团体意识，其主旨是对其他人的尊重，是合作而不是竞争。

他们可以建立对自身的新的信心，发现他们内部的价值来源，逐渐意识到好的生活是内在的，而不是依赖于外部资源的。

我们学到了，这些变化非常适用于生活在一个分崩离析的文化中的人——可以短时间内在一个非常大的团体中启动，如果我们自己能够勉强适应那个变化的世界。

这些学问中没有一项是全新的，但是它们结合在一起，就表明了我们拥有让这些教育策略产生变化的方法，并且这个方法在此时此地是可行的。总的来说，关于下个世纪的教育将变成什么样子，我们的经验给出了一个具有挑战性的提示。

第四部分

展望未来：一个自我中心的剧本

第十五章

明天的世界和明天的人

长期以来，我对未来都抱着热切的兴趣。这是一个变化的世界，而我乐于尝试去辨别我们正在或者将要前往的方向。我确信此时我们正在经历一场转型危机，我们不可能不做任何改变就度过这场危机。不过，我喜欢汉语中的一个类比，其中同一个词代表了两个意思：“危机”和“机遇”。我持有同样的观点——明天非常困难的危机代表了同样大的机遇。在这一章中，我将对这些进行深入的思考。

在某种真实的意义上，我认为这一章是不够牢固的。我探索自己当前正在进行的思考。它包含了我以前没有形成的想法，而不成熟的想法似乎总是不稳固的。它试图把很多模糊不清的想法集合起来，这些想法被阅读过程中的灵感激发，在过去一年里突然出现在我的脑海里。本章的第一部分尤其如此。

然后我吸收了现在和过去的经验，努力描述出能够在这个改变的世界中生存的人。

关于这章，我有一种不安的感觉——我曾经体验过的一种感觉。在某种模糊的意义上，我认为我在这里所说的话有一天会长出更加丰满的血肉，也许是通过我，也许是通过其他人。这是一个开端、一个大纲、一个建议。因此尽管它不成熟、不得体也不完美，我还是把它呈现在你们面前。它描述了和未来有关的、我现在所处的位置。

未来包含了什么？现在有很多人专注于尝试预测我们的未来，但是这些工作充其量是见多识广的猜测罢了。科学家能够几乎绝对准确地预测1985年哈雷彗星到达的日期和时刻，但是那一天人类世界将会是什么样子，没有人知道。原因包含在一个短语中：选择的存在。世界未来协会（the World Future Society）的主席爱德华·科尼什对此有过精辟的描述：

二十世纪八十年代——超越之前的任何年代——将会是人类做选择比以往更加果断的一个时期。技术的迅速发展将人类从环境和生物环境的奴役中解放出来。他不再被限制在某个地理位置，因为他能够很容易地旅行到世界的另一边。他能够通过新的电子设备和全球的人交谈。生物医药的新进展让他能够拥有更长的寿命和更健康的身体。改进的经济系统已经消除了（至少在很多国家）曾经总是存在的饥荒……现在对我们而言，未来不再是一个强加给我们的世界，而是一个我们自己创造的世界。

明天的世界

三个剧本

通过思考这些名词，我们可以设想出关于未来的很多剧本。其中一个极端是核战争的可能性。乔治·布什冷静、真实的语言迫使我清楚地了解了其绝对的恐怖性。他是高级政府官员，截至写作这篇文章时，还是共和党的一名总统候选人。下面的采访发生在乔治·布什和罗伯特·希尔之间，希尔是来自《洛杉矶时报》（*Los Angeles Times*）的采访者：

希尔：通过使用这些战略武器，我们可以将彼此摧毁太多次，以致没有人想要使用它们或愿意使用它们，难道不是这样吗？那么我们的存活率是高还是低，其差异是10%还是2%已经无关紧要了吗？

布什：不，如果你相信核交换中没有一个胜利者，那么这样的争论没有意义。我不相信。

希尔：你如何在核交换中取得胜利？

布什：你的司信部的生命力处于掌控之中，你拥有工业潜力的生存能力，你还向一部分公民提供保护。并且你有能力让对方受到的损害比你受到的损害更大。这就是你能够成为胜利者的方法，并且苏联的计划就是基于这个丑恶的核交换胜利者的概念。

希尔：你指的是5%的人能够活下来？还是2%？

布什：比那要多……如果每个人都倾尽一切，会有更多幸存者。

让我们想一想这些话确切的意思。在核战争的情况下，布什说，最高的军队将领和政府官员将存活下来（毫无疑问是在深山中），一些工业领袖和工厂也会存活下来。但是其他人呢？我们要说的是2%—15%的存活率。这意味着，你、我，还有超过两亿其他美国人将会被杀死，并且这几乎是一定的。布什先生称之为胜利！他对俄国人的死亡比例更高这一点感到满意。

如果我们加上在两个国家里对存活下来的几乎所有生物都足以致命的辐射，以及将会覆盖整个地球的辐射尘时，这幅景象就变得更加令人难以置信。这样的剧本似乎只有疯子的头脑才能构思出来。然而我们知道，在美国和苏联，政府和军队中有思想的人就是这样认为的。在写这篇文章的时候，我们正在威胁说，如有必要，会使用武力来保护我们在中东的石油利益，而看起来这种情况非常可能发生。因此这个几近自杀的剧本我们无法驳回，尽管它是如此恐怖，以致我们根本不愿意去想它。

如果我们假定世界上的领导人将撤回全球性自杀的做法，那么其他剧本就变得可能了。一个剧本是，所有事情在二十世纪八十年代将继续进行下去，就像它们到现在为止所进行的一样。恐怖主义和犯罪将持续，但是科学和技术上的突破同样会持续。世界问题的一些方面将变得更糟糕，但是另一些将得到改善，并且我们的生活将不会发生大的改变。

在另一个剧本中，我们将被最新的技术进展冲昏头脑——计算机智能和决策方面的惊人进步，被植入女性子宫或可能完全在人体外成长的“试管”婴儿，通过基因重组创造出来的新型的微观的和宏观的生命，被穹窿所笼罩、整个环境都由人工控制的城市，让人们能够生活在太空中的完全人工化的环境——这是一些可以影响我们的生活的新技术。它们有一个共同之处，都会让人类更加远离自然，远离土壤、气候、太阳、风，以及所有自然的过程。当我们努力制造完全人工的决策、生命和环境时，这些发展将会造成重要性未知的变化。我们受到的影响是好是坏，现在还不好说，但是唯一能够确定的是，我们与自然界的分离将会比今天大得多。

一个不同的剧本的基础

另一个剧本基于与人有关的改变。它是关于我想详细阐述的这幅图景的。今时今日，有很多新的发展改变了我们对个体潜能的整个概念，改变了我们对“真实”的感知，改变了我们存在和行动的方式，改变了我们的信念系统。我想简单地列举一系列新方向，不加解释，其中很多是你熟悉的，还有一些是陌生的。对这些趋势和其他趋势的活灵活现和非常完善的描述，你可以在玛丽莲·弗格森令人兴奋的作品《宝瓶座阴谋》（*The Aquarian Conspiracy*，1980）中看到，它的副标题解释得更清楚：“二十世纪八十年代的个人和社会转变”。

首先，一些发展扩大了我们对个体潜能的视野。（我使用的分类在很大程度上有重叠，但我对它们进行分类是为了方便思考。）

对所有类型的冥想（内在能量资源的认知和使用）有强烈的、

日益增加的兴趣。

越来越多地把直觉作为一项强大的工具来尊重和使用。

很多人体验了意识状态的改变——很多是通过药物，不过越来越多的人是通过心理训练。我们在这方面的能力打开了新的世界。

生物反馈的研究显示，无须指导，我们的无意识心智就可以在短时间内学会控制一个单独细胞的活动。通过对他或她的一些肌肉群活动的视觉展示，普通人就能够改变由脊椎中的一个细胞控制的肌肉群的活动。这种潜在的影响是非常惊人的。

心灵感应、预知和透视这类超自然现象已经被充分地检验过，并得到了科学的认可。此外，有证据显示，大多数人能够在他们自己身上发现或发展出这样的能力。

我们了解到，通过有目的地使用意识和无意识意念，我们常常能够治愈或缓解很多疾病的症状。整体性的健康拓展了我们对个人的内在能量的理解。

对个体的心灵力量和超越力量的兴趣迅速增长。

大脑方面的主要科学研究者一致同意，存在一个强有力的心智，它拥有智力活动的巨大能力，并且其存在是与大脑结构相分离的。

我们可能进化出超意识和超级大脑，其力量远远超过我们现在所拥有的头脑和意识。

现在让我们看一看改变了我们对现实感知的其他发展。其中一些与科学有关。

理论物理和神秘主义趋于融合，尤其是东方神秘主义——认为整个宇宙，包括我们自身，是“一场宇宙之舞”。在这个观点中，物质、时间和空间作为有意义的概念消失了，存在的只有振动。我们的世界观概念的变化是革命性的。

大脑功能的全息理论，由斯坦福大学的神经科学家卡尔·普里布拉姆建立，不仅彻底改变了我们对大脑运作的观念，而且表明大脑可以创造我们的“现实”。

新的科学认识论和科学哲学将我们目前的线性因果科学概念视为多种多样的理解方式的一个小例子。尤其在生物科学中，相互关联的因果关系现在被视为理性科学的唯一基础。这些新的科学方法将改变我们的学习方式和感知世界的方式，尤其是在生物世界和人类世界中。

在科学的领域之外，我们同样以新的方式感知现实。在生与死的王国中尤其如此。我们更加能够将死亡作为一个现实来接受，并且就作为生存终点的死亡过程而言，我们学到了很多。

其他发展与个体发生改变的方式有关。本书中的很多内容都是应对这类改变的，不过我将把它们列举在下面：

女性运动只是各种意识提升活动的一个例子。同性恋权利运动和黑人权利运动是其他例子。通过唤起对影响了我们的歧视、臆测和刻板印象的密切注意，它们正在改变人们的行为。

在这个时刻，“专注于”或充分意识到一些之前被否认的经验，产生了心理治疗中的心理和生理的变化，导致了改变的行为。

一种新的认识是，个人是一个过程，而不是固定不变的习惯的组合。这激发了行为的改变方式，促进了选择的发生。

一个强烈的趋势是人们更多地使用个体心理治疗，并且越来越多的证据表明，这个经验导致了人们自我和行为的改变。

大量的人在各种强化团体经历中经验到了持续的个体和集体改变。我们在之前的章节中已经讨论过这个发展。

更加人性化的教育态度的趋势对学习和其他行为产生了显著的影响。这也被记录下来了。

最后剩下的一些现代趋势与我们的信念系统的改变有关。我将对其中的少部分进行记录：

越来越多地坚持个人的选择自由，以及相应的对服从和接受权威的抵制。

越来越反对和厌恶大型组织、公司、官僚机构，对小型的、协作式的团体奋斗产生极大兴趣并为之付诸努力。

越来越不信任简化论科学，并且对以前的文化中的古代智慧，以及古代“科学”的兴趣日益增长。

这些趋势的重要性

现代生活中的这些当前趋势的意义和重要性为何?

总的来说，这些趋势显著地转变了我们对他或她所感知的个人和世界的概念。目前，这个人拥有出人意料的潜能。这个人的无意识智慧非常有能力。它可以控制很多身体机能，可以治愈疾病，可以创造新的现实。它可以使人看透未来，看到遥远的事物，直接交流想法。这个人对他或她的长处、能力和力量有新的认识，把寻找自我当成改变的过程。这个人生活在一个新的宇宙中，其中所有熟悉的概念——时间、空间、物体、物质、原因、影响——都已经消失了，除了振动能量，什么都没剩下。

根据我的判断，这些发展构成了“关键性的集中”，将产生急剧的社会变化。在原子弹的爆炸过程中，温度和其他条件逐渐升高，直到达成特定的集中。这个关键性集中的达成导致了爆炸式的扩张过程。这些发展都属于那个类型，只是这个过程将发生在个体和社会系统中。

另一个科学上的类比是“范式改变”。在任何时候，我们的科学世界观都符合一个普遍的模式。的确，不完全符合的事件和现象是存在的，但它们被忽视了，直到它们开始积聚起来，无法再被忽视。然后，某个哥白尼或爱因斯坦给了我们一个全新的模式，一个新的世界观。它不是对旧范式的修修补补，尽管它吸收了旧范式。它是全新的概念化。一个人不能逐渐地从旧的过渡到新的。他必须接受旧的或是新的：这是范式的改变。已经有人指出，在科学界，绝大多数年老的科学家在走向坟墓时还相信之前的范式，但是新一代科学家和新的范式一起成长，可以轻松地适应它。

我的意思是，我列举的很多相似的趋势构成了范式的改变。当然，我们还会尝试生活在我们熟悉的世界中，就像人们在知道世界是圆的很久以后，仍旧生活在一个平坦的世界里。然而，随着这些将个人和世界概念化的新方式被人们理解，并日益成为我们思考和生活的基础，改变就是不可避免的了。伊利亚·普里高津是1977年获得诺贝尔奖的比利时化学家，为科学的新概念做出了很多贡献，他为科学家们辩护说：“我们看到周围有一个新的世界。我们有这样的印象，我们正处在一个新时代的黎明，既有激动和希望，也存在新开始所固有的风险。”

明天的人

我们能够在这个完全陌生的世界中生存下去吗？我认为对于那些在心智和精神方面都年轻的人——这常常也意味着躯体上的年轻——来说，答案是肯定的。如果我们的年轻人在这样一个世界中长大，被我已经描述过的趋势和观点所包围，那么很多人将会变成明天的人——适合生活在明天的世界，并且接受了改变的概念的年长者也会加入他们。

当然，不是所有年轻人都能生存。我听说如今的年轻人只对工作和安全感兴趣，他们不是冒险和创新的人，只是先为自己着想的保守者。这是可能的，不过我接触的年轻人当然不是这样。我确定，一些人将继续生活在我们当前的世界中，然而，很多人将居住在明天的新世界。

他们将从哪里来？根据我的观察，他们已经存在了。我在哪里发现了他们？我在公司管理人员中间发现了他们，这些人放弃了激烈的竞争、高薪和股票期权的诱惑，过着更简单的新生活。我在穿蓝色工装的年轻男性和女性中间发现了他们，这些人蔑视当前文化的大多数价值观，以新的方式生活着。我在修女和牧师中间发现了他们，这些人丢弃了他们组织的教条，以一种更有意义的方式生活着。我在奋力打破社会对她们人格的限制的女性中间发现了他们。

我在黑人、墨西哥裔及其他少数族裔成员中间发现了他们，这些人从几代人以来的消极被动进入到自信、积极的生活状态中。我在那些经历过会心团体的人中间发现了他们，这些人为生活中的感受和思考找到了位置。我在富有创造力的辍学者中间发现了他们，这些人投身于比缺乏产出的学校教育更高的领域。我也认识到，在我作为心理治疗师的岁月中，当来访者为他们自己选择更自由、更丰富、自我导向性更强的生活时，我看到了关于这个人的一些东西。我发现了能够在这个改变的世界中生活的人。

明天的人的品质

因为我已经亲身感受过这些人，我发现他们有特定的共同特征。也许没有任何一个人拥有所有品质，但我相信生活在这个彻底变革的明天的世界中的能力有特定的特征作为标志。我将非常简短地描述一些我看到和体验到的品质。

1. 开放性。这些人对世界是开放的——包括内在的和外在的。他们对经验是开放的，对新的看待事物的方式、新的存在方式、新的思想和概念是开放的。

2. 对真实的渴望。我发现这些人重视交流，并将其作为一种说出事物本来面目的方式。他们拒绝我们文化中的虚伪、欺骗和含糊其词。他们是开放的，例如，开放地对待他们的性关系，而不是过一种偷偷摸摸的或双重的生活。

3. 对科学技术的怀疑。他们对我们当前被用来征服自然界和控制世界上的人们的科学技术存在着深刻的不信任感。另一方面，当科学——如生物反馈——被用于提升自我意识和自我控制时，他们则是热情洋溢的支持者。

4. 对整体性的渴望。这些人不喜欢生活在被严格划分的世界中——躯体和心智、健康和疾病、个人和团体、理性和疯狂、工作和娱乐。他们为生活的整体性而努力，包括想法、感受、躯体能量、心灵能量、康复能量，所有都被整合在经验中。

5. 对亲密的渴望。他们寻求接近、亲密和分享目标的新形式。他们寻求在这样一个团体中交流的新形式——言语的和非言语的、感性的和理性的。

6. 过程中的人。他们敏锐地意识到，生活的一个必然性已经改变了——他们总是处在过程中，总是在改变。他们欢迎这种需要承担风险的存在方式，并且在面对改变的方式上极其活跃。

7. 关爱。这些人是有爱心的。真的需要时，他们会热心地向其他人提供帮助。它是一种温和的、巧妙的、非道学的、非批判的关爱。他们对职业的“助人者”充满怀疑。

8. 对自然的态度。他们对自然有一种亲近和关爱。他们有生态意识，并且他们通过与自然力量的联合，而不是征服自然来获得乐趣。

9. 反机构化。这些人反感任何高度结构化的、缺乏弹性的、官僚主义的机构。他们认为机构是为了人存在的，而不是相反。

10. 内在的权威。这些人明显不信任外部的权威，他们相信自己的经验。他们做自己的道德判断，甚至公开违反他们认为非正义的法律。

11. 对物质的轻忽。这些人对于物质上的舒适和奖赏有着本质上的冷漠。象征地位的金钱和物质不是他们的目标。他们可以活得非常富足，但这对他们而言并无必要。

12. 对灵性的渴望。这些明天的人是追寻者。他们希望在生活中找到超越个人的方法和目标。有些人加入了教派，不过更多的人在检验人类已经找到的超越个人的价值和力量的所有方式。他们希望过一种内在平静的生活。他们的英雄是精神上的人——圣雄甘地、马丁·路德·金、德日进。有时，在意识的改变状态下，他们会体验到宇宙的统一与和谐。

这些是我在明天的人身上看到的一些特征。我很清楚，几乎没有人拥有所有特征，并且我知道我描述的人只是全部人类当中的一小部分。

令人震撼的是，在一个仅仅由振动着的能量构成的世界，一个没有坚实基础的世界，一个正在行进和变化着的世界，一个头脑在其更广泛的意义上既意识到、也创造了新的现实的世界中，具备这些特征的人就像在家里一样自在。他们能够转变。

明天的人能够生存吗？

我已经描述了一些与我们的传统世界中的人极不相符的人。他们能够——他们将被准许——生存下去吗？他们将遭遇怎样的敌对？他们会如何影响我们的未来？

敌对

这种明天的人的出现将会遭遇敌对。让我通过一系列口号式的声明来展示这种敌对，这些声明可能传达了关于对立的来源的信息。

1. **“国家至上。”** 过去十年给了我们大量证据，在美国和大多数其他国家，统治精英以及围绕着他们的大型官僚机构没有给持异议者和拥有不同的价值观及目标的人留下余地。明天的人已经并且还会被骚扰、被拒绝给予表达的自由、被指控阴谋反叛、因不愿服从而被关进监狱。逆转这一趋势需要美国公众的大规模觉醒——这不太可能。承认价值观、生活方式和观点的多样性是民主进程的核心，但是它在美国不再繁荣昌盛了。因此这些正在出现的人肯定会被他们的政府镇压（可能的话）。

2. **“传统至上。”** 我们社会的组织机构——教育、企业、宗教、家庭——站在任何挑战传统者的直接对立面。大学和地区公立学校可能是对这些明天的人怀有最大敌意的机构。他们不符合它们的传统，将会在任何可能的时候被排斥和驱逐。企业，尽管形象保守，但某种程度上对社会趋势的反应更为灵敏。即使如此，对于将自我实现放在成就前面，个人成长放在薪水或收益前面，与自然合作放在征服前面的人来说，它们还将站在其对立面。教会是一个不那么可怕的反对者。家庭和婚姻传统已经处在一个如此混乱的状态，因而敌意尽管存在，却不太可能被有效地实施。

3. **“理性至上。”** 这些正在出现的个体尝试成为完整的人——

身体、头脑、感受、精神和心灵力量整合在一起——这个事实将被视为最为放肆的冒犯。不但科学和学术界，还包括政府，都建立在认知推理是人类唯一重要的功能这一假设之上。他们存在这样的信念，即智力和理性能够解决任何问题。这个信念将我们引入了越南的困境——同样的信念被科学家、教职员工和各个层面的政策制定者所持有，他们首先将轻蔑和责骂倾泻到任何在言语或行为上挑战这一信条的人身上。

4. **“人类应当被塑造。”** 从我们目前的技术文化中可以符合逻辑地推算出关于人类的一种看法。它包括为了受到调控的后工业社会的利益，而应用社会学和心理学技术去控制非传统行为。这样的控制可能不是由某个单一的机构力量施加的，而是由某种被称为“冲突—福利—工业—交流—警察”的官僚机构施加的。很明显，如果这一服从的形象盛行，那么这个复杂网络的首要目标，将会是控制或消除我描述的这种人。

5. **“地位永远维持现状。”** 改变是有威胁的，这种可能性造就了害怕和愤怒的人们。在极端的政治斗争中可以找到最纯粹的这类人，然而在我们所有人身上都存在着对过程和改变的恐惧。因此对这些明天的人的言语攻击将来自高度保守的右翼，他们的恐慌是可以理解的，因为他们在看着他们安全的世界分崩离析，然而这些保守的声音将从全体人类那里得到很多无声的支持。改变是痛苦和不确定的。谁想改变？答案是，几乎没有人。

6. **“我们的真相就是真相。”** 真正的信仰者也是改变的敌人，并且在左翼、右翼和中立派中都能发现他们。他们无法容忍一个寻找真相的、不确定的、温和的人。不论老或少，狂热的左翼或僵化的右翼，他们必须反对这个正在寻找真相的、处于过程中的个体。这些真正的信仰者拥有真相，并且其他人必须同意这一点。

因此，随着越来越多明天的人涌现在光明之中，他们将发现越来越强的来自这六个源头的抵制和敌意。他们很可能会被这些力量压倒。

一个更乐观的观点

尽管他们将受到反对，但我越来越相信，这些明天的人不仅会生存下去，还会在我们的文化中引起一次极其重要的骚动。

我的乐观的理由存在于科学、社会和个人方面的所有改变的持续发展和繁荣之中。理论物理将不会被放回过去的框架中。生物反馈只能向前发展而不能后退，并继续揭开我们未曾梦想过的、内在的和非意识的智力的力量。体验到意识改变状态的人数将持续增加。换句话说，压力将继续累积，直到它们迫使范式发生改变。

明天的人正是那些能够理解和吸收范式改变的人。他们是那些能够生活在新世界里的人，虽然这个新世界的轮廓仍旧只是隐约可见的。但是除非我们把自己毁掉，否则这个新世界将会无可避免地到来，并改变我们的文化。

这个新世界将更加温情、更加人性化。它将探索和发展人类头脑和心灵的丰富性和能力。它将创造出更加完整和统一的个体。它将是一个重视个人——我们最大的资源——的世界。它将是一个更加自然的世界，具有对自然的全新的爱和尊重。它将发展出更加人性化的科学，基于新的、不那么僵化的概念。它的技术将以提升人类和自然为目标，而非压榨它们。当个体感受到他们的力量、能力和自由时，它将释放出创造力。

科学、社会和文化的改变之风正在强劲地吹着。它们将我们包容在这个新世界中，这个我尝试去描绘的明天的世界。这个新世界的核心将会是人——我描述过的明天的人。

这是个人中心取向的未来图景。我们可以选择它，但是不论我们是否选择它，看起来在某种程度上它也会无情地改变我们的文化，并且这些改变将位于更加人性化的方向。

参考文献

第二章

BUBER，M. *Pointing the way.* New York: Harper & Row，1957.

BYNNER，W.（Translator）. *The way of life according to Laotzu.* New York: Capricorn Books，1962.

FRIEDMAN，M. *Touchstones of reality.* New York: E. P. Dutton，1972.

ROGERS，C. R. The necessary and sufficient conditions of therapeutic personality change. *Journal of Consulting Psychology*，1957，21，95-103.

第三章

KOCH，S.（ED.）. *Psychology*：*A study of a science*（6 vols.）. New York：McGraw-Hill，1959-1963.

RICHARDS，F.，& RICHARDS，A. C. *Homonovus*：*The new man.* Boulder，Colo.：Shields，1973.

ROCKFELLER，J. D.，Ⅲ. *The Second American Revolution*：*Some personal observations.* New York：Harper & Row，1973.

ROGERS，C. R. A theory of therapy，personality，and interpersonal relationships，as developed in the client-centered framework. In S. Koch（Ed.），*Psychology*：*A study of a science*（Vol.3，*Formulations of the person and the social context*）. New York：McGraw-Hill，1959.

ROGERS，C. R. Freedom and commitment. *The Humanist*，1964，24（2），37-40.

ROGERS，C. R. The emerging person：A new revolution. In R. I. Evans（Ed.），*Carl Rogers*：*The man and his ideas*. New York：E. P. Dutton，1975.

SHOSTROM，E.（ED.）. *Three approaches to psychotherapy*（Film No.1）. Orange，California：Psychological Films，1965.

SKINNER，B. F. *Beyond freedom and dignity*. New York：Knopf，1971.

STATION WQED，PITTSBURGH. *Because that's my way*（*60-minute color film*）. Lincoln：GPI Television Library，University of Nebraska，1971.

第四章

MITCHELL，A. Quoted in *Los Angeles Times*，February 28，1977.

MOODY，R. A.，JR. *Life after life*. New York：Bantam Books，1975.

STANFORD RESEARCH INSTITUTE. *Changing images of man*. Policy Research Report No.3. Menlo Park，California，1973.

TOYNBEE，A. Why and how I work. *Saturday Review*，April 5，1969，p.22.

第五章

CASTANEDA，C. *The teaching of Don Juan*：*A Yaqui way of knowledge*. New York：Ballantine Books，1969.

CASTANEDA，C. *A separate reality*：*Further conversations with Don Juan*. New York：Pocket Books，Division of Simon & Schuster，1971.

JUNG，C. G. *Memories*，*dreams*，*reflections*. New York：Vintage Books，1961.

LILLY，J. C. *The center of the cyclone*. New York：Doubleday，1971.

MONROE，R. A. *Journeys out of the body*. New York：Bantam Books，1973.

WHYTE，L. L. *The universe of experience*. New York：Harper Torchbooks，1974.

第六章

ADLER，A. *Social interest*：*A challenge to mankind*. New York：Capricorn

Books, 1964. (Originally published in 1933.)

ANGYAL, A. *Foundations for a science of personality*. New York: Commonwealth Fund, 1941.

ANGYAL, A. *Neurosis and treatment*. New York: John Wiley & Sons, 1965.

ASPY, D. *Toward a technology for humanizing education*. Champaign, Illinois: Research Press, 1972.

ASPY, D., & ROEBUCH, F. M. *A lever long enough*. Washington, D. C.: National Consortium for Humanizing Education, 1976.

CAPRA, F. *The Tao of physics*. Boulder, Colorado: Shambala, 1975.

DON, N. S. The transformation of conscious experience and its EEG correlates. *Journal of Altered States of Consciousness*, 1977-1978, p. 147.

FERGUSON, M. Special issue: Prigogine's science of becoming. *Brain/mind Bulletin*, May 21, 1979, 4 (13).

FREUD, S. Instincts and their vicissitudes. In *Collected papers* (Vol. 4). London: Hogarth Press and Institute of Psychoanalysis, 1953, pp. 60-83.

GENDLIN, E. T. *Focusing*. New York: Everest House, 1978.

GOLDSTEIN, K. *Human nature in the light of psychopathology*. Cambridge: Harvard University Press. 1947.

GROF, S., & GROG, J. H. *The human encounter with death*. NewYork: E. P. Dutton Co., 1977.

LILLY, J. C. *The center of the cyclone*. New York: Bantam Books, 1973. (Originally Julian Press, 1972.)

MASLOW, A. H. *Motivation and personality*. New York: Harper and Brothers, 1954,

MURAYAMA, M. Heterogenetics: An epistemological restructuring of biological and social sciences. *Acta biotheretica*, 1977, 26, 120-137.

PENTONY, P. Rogers' formative tendency: an epistemological perspective. Unpublished manuscript, University of Canberra, Australia, 1978.

PRIGOGINE, I. *From being to becoming*. San Francisco: W. H. Freeman, 1979.

ROGERS, C. R. A theory of therapy, personality and interpersonal relationships. In S. Koch (Ed.), *Psychology: A study of a science* (Vol. 3). New York: McGraw-Hill, 1959, pp. 184-256.

ROGERS, C. R. Toward becoming a fully functioning person. In *Perceiving, behaving, becoming*, 1962 Yearbook, Association for Supervision and Curriculum Development. Washington, D. C.: National Education Association, 1962, pp. 21-23.

ROGERS, C. R. The actualizing tendency in relation to "motives" and to consciousness. In M. Jones (Ed.), *Nebraska Symposium on Motivation*, Lincoln: University of Nebraska Press, 1963, pp. 1-24.

ROGERS, C. R. The formative tendency. *Journal of Humanistic Psychology*, 1978, 18 (1), 23-26.

SMUTS, J. C. *Holism and evolution*. New York: Viking Press, 1961. (Originally published 1926.)

SZENT-GYOERGYI, A. Drive in living matter to perfect itself. *Synthesis*, Spring, 1974, pp. 12-24.

TAUSCH, R. Facilitative dimensions in interpersonal relations: Verifying the theoretical assumptions of Carl Rogers. *College Student Journal*, 1978, 12 (1), 2-11.

WHYTE, L. *The universe of experience*. New York: Harper & Row, 1974.

第七章

ASPY, D. *Toward a technology for humanizing education*. Champaign, Illinois: Research Press, 1972.

ASPY, D., & ROEBUCK, F. From humane ideas to humane technology and back again, many times. *Education*, 1974, 95 (2), 163-171.

BARRETT-LENNARD, G. T. Dimensions of therapist response as causal factors in therapeutic change. *Psychological Monographs*, 1962, 74, 477-481.

BERGIN, A. E., & JASPER, L. G. Correlates of empathy in psychotherapy: A replication. *Journal of Abnormal Psychology*, 1969, 74, 477-481.

BERGIN, A. E. & SOLOMON, S. Personality and performance correlates of empathic understanding in psychotherapy. In J. T. Hart & T. M. Tomlinson (Eds.) , *New directions in client-centered therapy*. Boston: Houghton Mifflin, 1970.

BERGIN, A. E. & STRUPP, H. H. *Changing frontiers in the science of psychotherapy*. Chicago: Aldine-Atherton, 1972.

BLOCKSMA, D. D. *An experiment in counselor learning*. Unpublished doctoral dissertation, University of Chicago, 1951.

CARTWRIGHT, R. D. & LERNER, B. Empathy, need to change, and improvement in psychotherapy. In G. E. Stollak, B. G. Guerney, Jr., & M. Rothberg (Eds.) , *Psychotherapy research: Selected readings*. Chicago: Rand McNally, 1966.

FIEDLER, F. E. *A comparative investigation of early therapeutic relationships created by experts and non-experts of the psychoanalytic, non-directive, and Adlerian schools*. Unpublished doctoral dissertation, University of Chicago, 1949.

FIEDLER, F. E. A comparison of therapeutic relationships in psychoanalytic, non-directive and Adlerian therapy. *Journal of Consulting Psychology*, 1950, 14, 436-445. (a)

FIEDLER, F. E. The concept of the ideal therapeutic relationship. *Journal of Consulting Psychology*, 1950, 14, 239-245. (b)

FIEDLER, F. E. Quantitative studies on the role of therapists' feelings toward their patients. In O. H. Mowrer (Ed.) , *Psychotherapy theory and research*. New York: Ronald Press, 1953.

GENDLIN, E. T. *Experiencing and creation of meaning*. New York: The Free Press of Glencoe, 1962.

GENDLIN, E. T. & HENDRICKS, M. Rap manual, *Changes*. Chicago, Illinois, mimeographed document, undated.

GUERNEY, B. G., JR., ANDRONICO, M. P., & GUERNEY, L. F. Filial therapy. In J. T. Hart & T. M. Tomlinson (Eds.) , *New directions in client-centered therapy*. Boston: Houghton Mifflin, 1970.

HALKIDES, G. An experimental study of four conditions necessary for therapeutic change. Unpublished doctoral dissertation，University of Chicago，1958.

KURTZ，R. R.，& GRUMMON，D. L. Different approaches to the measurement of therapist empathy and their relationship to therapy outcomes. *Journal of Consulting and Clinical Psychology*，1972，39（1），106-115.

LAING，R. D. *The divided self.* London：Tavistock，1960. Pelican edition，1965.

MULLEN，J.，& ABELES，N. Relationship of liking，empathy，and therapist's experience to outcome of therapy. In Psychotherapy，1971，*an Aldine annual.* Chicago：Aldine-Atherton，1972.

QUINN，R. D. Psychotherapist's expressions as an index to the quality of early therapeutic relationships established by representatives of non-directive，Adlerian and psychoanalytic schools. In O. H. Mowrer（Ed.），*Psychotherapy theory and research.* New York：Ronald Press，1953.

RASKIN，N. Studies on psychotherapeutic orientation：Ideology in practice. *AAP Psychotherapy Research Monographys*，Orlando，Florida：American Academy of Psychotherapists，1974.

ROGERS，C. R. The necessary and sufficient conditions of therapeutic personality change，*Journal of Consulting Psychology*，1957，21，95-103.

ROGERS，C. R. A theory of therapy，personality and interpersonal relationships as developed in the client-centered framework. In S. Koch（Ed.），*Psychology*：*A study of a science*（Vol. 3，Formulations of the person and the social context）. New York：McGraw-Hill，1959.

ROGERS，C. R.，GENDLIN，E. T.，KIESLER，D. J.，& TRUAX，C. B.（EDS.）*The therapeutic relationship and its impact*：*A study of psychotherapy with schizophrenics.* Madison，Wisconsin：University of Wisconsin Press，1967.

TAUSCH，R. Personal communication，1973.

TAUSCH，R.，BASTINE，R.，BOMMERT，H.，MINSEL，W. R.，NICKEL，H.，& LANGER，I. Weitere Untersuchung der Auswirkung und der Prozesse klientenzentrierter Gesprächpsychotherapie. *Zeitschrift für Psychologie*，1972，1（3），232-250.

TAUSCH, R., BASTINE, R., FRISES, H., & SANDER, K. Variablen und Ergebnisse bei Psychotherapie mit alternierenden Psychotherapeuten. *Verlag für Psychologie*, 1970, XXI/I, Göttingen.

TRUAX, C. B. Effective ingredients in psychotherapy. An approach to unraveling the patient-therapist interaction, In G. E. Stollak, B. G. Guerney, Jr., & M. Rothberg (Eds.), *Psychotherapy research*: *Selected readings*. Chicago: Rand McNally, 1966.

TRUAX, C. B. A scale for the rating of accurate empathy. In C. R. Rogers, E. T. Gendlin, D. J. Kiesler, & C. B. Truax (Eds.), *The therapeutic relationship and its impact*: *A study of psychotherapy with schizophrenics*. Madison, Wisconsin: University of Wisconsin Press, 1967.

TRUAX, C. B., & CARKHUFF, R. R. *Toward effective counseling and psychotherapy*: traning and practice. Chicago: Aldine-Atherton, 1967.

VAN DER VEEN, F. Client perception of therapist conditions as a factor in psychotherapy. In J. T. Hart & T. M. Tomlinson (Eds.), *New directions in client-centered therapy*. Boston: Houghton Mifflin, 1970.

第八章

BINSWANGER, L. Der Fall Ellen West. *Schweizer Archiv für Neurologie and Psychiatrie*, 1944, 53, 255-277; 54, 69-117, 330-360; 1945, 55, 16-40.

BINSWANGER, L. The case of Ellen West. In May, R., Angel, E., & Ellenberger, H. F. (Eds.), *Existence*: *A new dimension in Psychiatry and psychology*. New York: Basic Books, 1958.

MAY, R., ANGEL, E., & ELLENBERGER, H. F. (EDS.) *Existence*: *A new dimension in psychiatry and psychology*. New York: Basic Books, 1958.

第九章

BOWEN, M., JUSTYN, J., KASS, J., MILLER, M., ROGERS, C. R., ROGERS, N., & WOOD, J. K. Evolving aspects of person-centered workshops. *Self and Society*（London），February 1978，6，43-49.

MCGAW，W. H.，RICE，C. P.，& ROGERS，C. R. *The Steel Shutter*. Film. Center of Studies of the Person，La Jolla，California，1973.

ROGERS，C. R. *Carl Rogers on encounter groups*. New York：Harper & Row，1970.

ROGERS，C. R. *Carl Rogers on personal power*. New York：Delacorte Press，1977.

SLATER，P. *The pursuit of loneliness*. Boston：Beacon Press，1970.

WHYTE，L. *The universe of experience*. New York：Harper & Row，1974.

第十章

ROGERS，C. R. *Carl Rogers on encounter groups*. New York：Harper & Row，1970.

第十一章

CASTANEDA，C. *The teachings of Don Juan*：*A Yaqui way of knowing*. New York：Ballantine Books，1968.

CASTANEDA，C. *A separate reality*：*Further conversion with Don Juan*. New York：Simon & Schuster（A Touchstone Book），1971.

COULSON，W. R.，& ROGERS，C. R.（EDS.）*Man and the science of man*. Columbus，Ohio：Charles E. Merrill，1968.

DAGENAIS，J. J. *Models of man*. The Hague，Netherlands：Martinus Nimhoff，1972.

HANNA，T. *Bodies in revolt*：*A primer in somatic thinking*. New York：Holt，Rinehart，& Winston，1970.

HANNA，T. The project of somatology. Paper presented at the annual meeting of the Association for Humanistic Psychology，Washington，D. C.，September 1971.

JAMES，W. *The varieties of religious experience*. London：Longmans，Green，1928.

KOCH, S. Epilogue. In S. Koch (Ed.), *Psychology: A study of a science* (Vol. 3). New York: McGraw-Hill, 1959.

LESHAN, L. *Toward a general theory of the paranormal*. New York: Parapsychology Foundation, 29 W. 57th Street, New York, 1969.

OPPENHEIMER, R. Analogy in science. *American Psychologist*, 1956, 11, 127-135.

OSTRANDER, S., & SCHROEDER, L. *Psychic discoveries behind the Iron Curtain*. New York: Bantam Books, 1971.

POLANYI, M. *Personal knowledge*. Chicago: University of Chicago Press, 1958.

ROGERS, C. R. Persons or science? A philosophical question, *American Psychologist*, 1955, 10, 267-278.

ROGERS, C. R. Toward a science of a person. In T. W. Wann (Ed.), *Behaviorism and phenomenology: Contrasting bases for modern psychology*. Chicago: University of Chicago Press, 1964.

SCHILPP, P. A. (ED.) *Albert Einstein: Philosopher-scientist*, New York: Harper Torchbooks, 1959.

SCHULTZ, D. P. (ED.) *The science of psychology: Critical reflections*. New York: Appleton-Century-Crofts, 1970.

SKINNER, B. F. A case history in scientific method. In S. Koch (Ed.), *Psychology: A study of a science* (Vol. 2). New York: McGraw-Hill, 1959.

第十二章

ASPY, D. N. A study of three facilitative conditions and their relationship to the achievement of third grade students. Unpublished doctoral dissertation, University of Kentucky, 1965.

ASPY, D. N. Counseling and education. In R. R. Carkhuff (Ed.), *The counselor's contribution to facilitative processes*. Urbana, Illinois: Parkinson, 1967.

ASPY, D. N. The effect of teacher-offered conditions of empathy, positive regard, and congruence upon student achievement. *Florida Journal of Educational*

Research，1969，11（1），39-48.

ASPY，D. N. Supervisors，your levels of humanness may make a difference. Unpublished.

ASPY，D. N. *Toward a technology of humanizing education*. Champaign，Illinois：Research Press，1972.

APSY. D. N., & HADLOCK，W. The effect of empathy，warmth，and genuineness on elementary students' reading achievement. Reviewed in Truax，C. B.，and Carhuff，R. R. Toward effective counseling and psychotherapy. Chicago：Aldine，1967.

APSY，D. N., & ROEBUCK，F. N. An investigation of the relationship between student levels of cognitive functioning and the teacher's classroom behavior. Unpublished manuscript University of Florida，Gainesville，1970.

APSY，D. N., & ROEBUCK，F. N. The necessity for facilitative interpersonal conditions in teaching. Unpublished manuscript，University of Florida，Gainsville.

BARRETT-LENNARD，G. T. Dimensions of therapist response as causal factors in therapeutic change. *Psychological Monographs*，1962，76（Whole No. 562）.

BROWNFIELD，C. *A. Humanizing college learning*：*A taste of hemlock*. New York：Exposition Press，1973.

CARR，J. B. Project freedom. *The English Journal*，March 1964，pp. 202-204.

DEPARTMENT OF RESEARCH AND EVALUATION，Louisville Independent School Distirct，1972-73 Final Evaluation Report，Louisville，Kentucky，1973（mimeographed）.

DICKENSON，W. A.，ET AL. A humanistic program for change in a large inner-city school system. *Journal of Humanistic Psychology*，Autumn 1970，10（2），111-120.

FOSTER，C.，& BACK，J. A neighborhood school board：Its infancy，its crises，its growth. *Education*，Winter 1974，95（2），145-162.

HUDIBURG，R. Some frank comments on openness，*ES/ESTPP Newsletter* No. 3. Burbank Junior High School，Boulder，Colorado.

LIEBERMAN，M.，YALOM，I.，& MILES，M. *Encounter groups*：*First*

facts. New York：Basic Books，1973.

LYON，H. C.，JR，*Learning to feel——feeling to learn*. Columbus，Ohio：Charles E. Merrill，1971.

MOON，S. F. Teaching the self. *Improving College and University Teaching*. Autumn 1966，14，213-229.

PIERCE，R. An investigation of grade-point average and therapeutic process variables. Unpublished dissertation，University of Massachusetts，Amherst，1966. Reviewed in Carkhuff，R. R.，& Berenson，B. G.，*Beyond counseling and therapy*. New York：Holt，Rinehart & Winston，1967.

RESTON，J. *The New York Times*，November 29，1970.

ROGERS，C. R. The necessary and sufficient conditions of therapeutic personality change，*Journal of Consulting Psychology*，1957，21，95-103.

ROGERS，C. R. *Freedom to learn*. Columbus，Ohio：Charles E. Merrill，1969.

ROGERS. C. R. *Carl Rogers on encounter groups*. New York：Harper & Row，1970.

SCHMUCK. R. Some aspects of classroom social climate. *Psychology in the Schools*，1966，3，59-65.

SWENSON，G. Grammar and growth：A "French connection." *Education*，Winter 1974，95（2），115-127.

TAUSCH，R. Facilitative dimensions in interpersonal relations：Verifying the theoretical assumptions of Carl Rogers in school，family education，client-centered therapy，and encounter groups. *College Student Journal*，Spring 1978，12（1），2-11.

WHITE，A. M. Humanistic mathematics. *Education*，Winter 1974，95（2），128-133.

第十三章

ASPY, D. N., & ROEBUCK, F. N. From humane ideas to humane technology and back again many times. *Education*, Winter 1974a, 95(2), 163-171.

ASPY, D. N., & ROEBUCK, F. N., ET AL. *Interim reports 1, 2, 3, 4*. Monroe, Louisiana: National Consortium for Humanizing Education, 1974b.

CLARK, F. V. Exploring intuition: Prospects and possibilities. Journal of *Transpersonal Psychology*, 1973, 5(2), 156-170.

GROF, S. *Realms of the human unconscious: Observations from LSD research*. New York: Viking Press, 1975.

WATERS, F. *The man who killed the deer*. Chicago: Sage Books, The Swallow Press, 1942.

第十四章

HARMAN，W. W. The coming transfiguration. *The Futurist*，February 1977，11（1），4-12；and April 1977，11（2），106+.

STAVRIANOS，L. S. *The promise of the coming Dark Age*. San Francisco：W. H. Freeman，1976.

THOMPSON，W. I. Auguries of planetization. *Quest*，July/August 1977，1（3），p. 55-60，94-95.

第十五章

BROWN，B. Supermind：*The ultimate energy*. New York：Harper & Row，1980.

CORNISH，E. An agenda for the 1980s. *The Futurist*，February 1980，14，5-13.

FERGUSON，M. *The Aquarian conspiracy*：*Person and social transformation in the 1980s*. Los Angeles：J.P. Tarcher，1980.

PRIGOGINE，I. Einstein：Triumphs and conflicts. *Newsletter* February 1980，p. 5.

SCHEER，R. *Los Angeles Times*，January 24，1980.